Arbeitszeugnisse in Deutschland

Steffi Grau · Klaus Watzka

Arbeitszeugnisse in Deutschland

Kritische Analysen zu ihrer Erstellung und
Nutzung in der Personalauswahl

Steffi Grau
Unterwellenborn, Deutschland

Klaus Watzka
Jena, Deutschland

ISBN 978-3-658-13919-3   ISBN 978-3-658-13920-9   (eBook)
DOI 10.1007/978-3-658-13920-9

Die Deutsche Nationalbibliothek verzeichnet diese Publikation in der Deutschen Nationalbibliografie; detaillierte bibliografische Daten sind im Internet über http://dnb.d-nb.de abrufbar.

Springer Gabler

Lektorat: Juliane Wagner

Gedruckt auf säurefreiem und chlorfrei gebleichtem Papier

Springer Gabler ist Teil von Springer Nature
Die eingetragene Gesellschaft ist Springer Fachmedien Wiesbaden GmbH
Die Anschrift der Gesellschaft ist: Abraham-Lincoln-Str. 46, 65189 Wiesbaden, Germany

Vorwort

„Das haben wir schon immer so gemacht!" Und wenn man irgedetwas lange genug getan hat, dann wird irgedwann das Nachdenken darüber eingestellt. Man macht einfach. Eine Verrichtung wird zum Ritual. Die kritische Frage nach der Sinnhaftigkeit oder gar die grundsätzliche Frage, ob man auf eine Aktivität vielleicht gänzlich verzichten könnte, wird dann nicht mehr gestellt. Allenfalls wird überlegt, wie man sich der Tätigkeit mit möglichst wenig Anstrengung und Zeitaufwand entledigen könnte. Standardisierung, Verzicht auf Individualisierung und Vermeidung jeglicher Diskussion und Konflikte um die Aktivität sind dann die Lösung. Diese schablonenhafte Erstarrung raubt einer Tätigkeit dann den letzten Rest an Sinnhaftigkeit, den sie irgendwann einmal vielleicht gehabt hat.

Es gibt etliche gute Gründe anzunehmen, dass viele dieser Aspekte auf die Erstellung von Arbeitszeugnissen zutreffen. Ein distanzierter, kritischer Blick lässt den Verdacht aufkommen, dass hier in deutschen Unternehmen vielfach ein relativ „sinnfreies Ritual" tapfer durchgezogen wird. Der Gesetzgeber schreibt es ja vor und außerdem haben wir es schon immer so gemacht. Aber auch Gesetze sind nicht bis zum Sankt-Nimmerleins-Tag aus Stein gemeißelt. Wenn eine Aktivität als nicht mehr zielführend identifiziert und nur noch als bürokratische Last empfunden wird, dann sind alle beteiligten Akteure aufgerufen, substanzielle Veränderungen herbeizuführen oder gar den Mut zu haben, dem Spuk ein gänzliches Ende zu setzen.

Diese Grundskepsis war für uns der Anlass, über einen empirischen Ansatz den Prozess der Erstellung von Arbeitszeugnissen und den Prozess der Analyse von Arbeitszeugnissen einmal näher kritisch zu durchleuchten. Die Befunde enthalten etliche interessante Einsichten in die Zeugnispraxis in Deutschland, die zumindest nachdenklich machen sollten.

Empirische Untersuchungen kosten Geld. Ohne finanzielle Förderung sind sie nicht machbar. Wir bedanken uns daher ganz herzlich bei Prof. Dr. Heike Kraußlach als Prorektorin für Forschung und Entwicklung an der Ernst-Abbe-Hochschule Jena und bei Prof. Dr. Martin Bösch als Vertreter des Alumni-Vereins am Fachbereich Betriebswirtschaft für ihre großzügige Unterstützung, ohne die das Vorhaben nicht möglich gewesen wäre.

Fertigen Büchern sieht man nicht an, wieviel Detailarbeit rein über die Konzipierung des Inhalts hinaus vonnöten ist. Ohne unsere engagierte und aufmerksame Korrekturleserin wäre das Werk in der vorliegenden Form nicht möglich gewesen. Sie hat das Manuskript von etlichen Fehlern und sprachlichen Unzulänglichkeiten befreit. Wir bedanken uns daher ganz herzlich bei Saskia Bach. Alle verbleibenden Fehler gehen sellbstverständlich zu Lasten der Autoren.

Unterwellenborn, Deutschland   Steffi Grau
Jena, Deutschland   Klaus Watzka
im Juli 2016

Inhaltsverzeichnis

Die Autoren

Steffi Grau ist Absolventin des Masterstudiengangs „General Management" und des Bachelorstudiengangs „Business Administration" (Schwerpunkte: Personalwirtschaft und Wirtschaftsrecht) der Ernst-Abbe-Hochschule in Jena. Sie war wegen außergewöhnlicher Studienleistungen 2012 Stipendiatin im Deutschlandstipendium. Einen längeren Praxisaufenthalt absolvierte sie im Rahmen ihres Studiums bei der Postbank AG. Wissenschaftlich setzte sie sich u. a. intensiv mit der Frage der variablen Vergütung für Risk Taker im Bankensektor auseinander. Seit Ende 2015 ist Steffi Grau als Personalreferentin in einem mittelständischen Unternehmen der Medizintechnikbranche im Raum Nordbayern tätig.

Prof. Dr. rer. pol. Klaus Watzka Jahrgang 1959, studierte Betriebswirtschaftslehre an den Universitäten Bayreuth und Siegen. Nach dem Examen zum Diplomkaufmann im Jahr 1984 folgte eine 5-jährige Tätigkeit als Wissenschaftlicher Mitarbeiter am Lehrstuhl für Personal-Management der Universität Siegen. In diese Zeit fällt auch die Anfertigung der Dissertation zur interdisziplinären Thematik „Betriebliche Reintegration von Arbeitslosen". Die Arbeit wurde 1990 mit dem Forschungspreis der Bundesanstalt für Arbeit ausgezeichnet. Es folgte eine dreijährige Tätigkeit im Personalbereich der Mercedes-Benz AG. Im Werk Gaggenau war er zusammen mit seinem Team verantwortlicher Personalbetreuer für etwa 500 Angestellte, insbesondere aus den logistischen Bereichen. Zusätzlich nahm er für alle 2000 Angestellten des Gesamtwerkes die Querschnittsfunktion „Gehaltsplanung" wahr. Im Jahr 1993 erfolgte der Ruf auf die Professur „Allgemeine Betriebswirtschaft, insbesondere Personalwirtschaft" an die FH Jena. Neben dem Aufbau des eigenen Schwerpunktgebiets übernahm er in etlichen Ämtern der akademischen Selbstverwaltung Aufbauaufgaben für die gesamte Hochschule. Ein

zentrales Element der Lehre im Fach „Personalwirtschaft" sind seit 15 Jahren Projekt-
arbeiten in der regionalen Wirtschaftspraxis. Im Jahr 2010 wurde ein studentisches Pro-
jekt für die Bosch Solar Energy AG/Erfurt mit dem TheoPrax-Preis ausgezeichnet. Klaus
Watzka ist Autor zahlreicher Fachaufsätze, insbesondere aus den Bereichen Personalmanagement und Mitarbeiter-/Unternehmensführung. Sein besonderes Interesse gilt interdisziplinären Themen an der Schnittstelle zwischen Betriebswirtschaft und Psychologie.
Über sieben Jahre war er zudem als Aufsichtsrat beim größten Thüringer Zeitarbeitsunternehmen, GeAT AG/Erfurt, tätig. Im Jahr 2011 veröffentlichte er bei Springer Gabler
ein Werk zu „Zielvereinbarungen im Unternehmen", im Jahr 2014 das Buch „Personalmanagement für Führungskräfte" und im Jahr 2016 erschienen die beiden Bände „Ziele
formulieren" und „Zielbasiert vergüten" in der Essentials-Reihe.

Kommentare, Kritik und Verbesserungsvorschläge zum vorliegenden Buch sind jederzeit herzlich willkommen unter den E-Mail-Adressen: st.grau91@gmx.de oder klaus.
watzka@t-online.de

Grundlagen

1

1.1 Einführung

Arbeitszeugnisse haben in Deutschland eine lange Geschichte. Als Form der Bescheinigung über geleistete Arbeit liegen ihre Wurzeln im Mittelalter und sind demnach von der Grundidee her bereits über 500 Jahre alt. Im Zuge des Wandels von den unfreien Arbeitsverhältnissen des feudalen Systems hin zu eher wirtschaftlicher Abhängigkeit und Lohnarbeit, entwickelte sich eine höhere Mobilität und Flexibilität der Arbeitskräfte. Sie waren nicht mehr so eng an Haus und Hof gebunden und gingen auf Wanderschaft. Besonders prägnant war das bei Bergleuten, Handwerksgesellen und häuslichen und ländlichen Hilfskräften („Gesinde") zu beobachten.

Primär zum Schutz der Arbeitgeber und aus Sicherheitsgründen führte die Reichspolizeiordnung im Jahre 1530 die „Atteste für ordnungsgemäßes Ausscheiden" ein. Es handelte sich hierbei um eine Mischung aus Arbeitserlaubnis, polizeilichem Führungszeugnis und Reisepass. Das Dokument enthielt dabei auch eine detaillierte Personenbeschreibung mit Größe, Alter, Statur und Haarfarbe. Kein Dienstherr durfte mehr eine Arbeitskraft in sein Haus holen, die nicht nachweisen konnte, mit Zustimmung des vorherigen Arbeitgebers gegangen zu sein. Umgekehrt musste jeder Arbeitnehmer eine Abschiedsbekundung und eine Beglaubigung sämtlicher Arbeitsortsveränderungen durch die Polizeibehörde vorlegen können. Arbeitszeugnisse hatten damit eher den Charakter eines Kontrollmittels.

Dieser Charakter veränderte sich mit der Einführung des „Gesindedienstbuches" in Preußen. Dienstherren waren nun bei Beendigung des Dienstverhältnisses verpflichtet, ein vollständiges Zeugnis in das Gesindebuch einzutragen. Diese Eintragungen beinhalteten auch Aussagen zu Führung und Benehmen. Vor jedem neuen Dienstantritt sollte es der örtlichen Polizei vorgelegt werden, die eine Prüfung auf Vollständigkeit und anstandsloses Verhalten hin vornahm. Ein schlechtes Zeugnis war also – genau wie heute

© Springer Fachmedien Wiesbaden 2016
S. Grau und K. Watzka, *Arbeitszeugnisse in Deutschland*,
DOI 10.1007/978-3-658-13920-9_1

auch – durchaus eine schwere Hypothek für die weitere berufliche und private Zukunft. Allerdings konnte man zwei Jahre nach einer negativen Beurteilung ein neues Gesindebuch bei der Polizei beantragen, falls keine weiteren Verfehlungen begangen wurden. Insgesamt hatte das Zeugnis – wie heute auch – den Charakter eines Dokumentations- und Leistungsbewertungsinstruments, das eine wichtige Funktion bei der Auswahl des Personals übernehmen konnte. Auch den Fürsorge- und Amnestiegedanken gab es über die Möglichkeit der Neuausstellung eines Gesindebuches schon. Die Möglichkeit zur Einkommenserzielung und damit zur Fristung des Lebensunterhaltes sollte grundsätzlich bestehen bleiben. In der heutigen Zeit zeigt sich die Fürsorgeidee über die Leitlinie der Rechtsprechung, dass Arbeitszeugnisse tendenziell wohlwollend abzufassen sind und dem Arbeitnehmer seine weitere berufliche Entwicklung nicht unnötig erschweren sollten.

Die Führung von Gesindebüchern stellte allerdings eine Art „Zeugniszwang" dar. Dieser wurde 1869 mit der Gewerbeordnung des Norddeutschen Bundes auf Betreiben der Fabrikarbeiter abgeschafft. Es entstand das Recht, auf Wunsch ein Zeugnis ausgestellt zu bekommen. Dieses enthielt zunächst lediglich Angaben zu Art und Dauer der Tätigkeit, konnte aber schon ab 1891 auf das Führungs- und Leistungsverhalten erweitert werden (vgl. zu den historischen Ausführungen Huesmann 2008, S. 22 f.; Schleßmann 2012, S. 5; List 2009a, S. 11).

Aus Zeugniszwang wurde im Laufe der Geschichte ein (freiwilliger) Zeugnisanspruch, wie wir ihn auch heute kennen und wie er bereits im ersten Bürgerlichen Gesetzbuch von 1896 in § 630 geregelt war:

▶   „Bei der Beendigung eines dauernden Dienstverhältnisses kann der Verpflichtete von dem anderen Theile ein schriftliches Zeugnis über das Dienstverhältnis und dessen Dauer fordern. Das Zeugnis ist auf Verlangen auf die Leistungen und die Führung im Dienste zu erstrecken". (Quelle: www.koebler-gerhard.de/Fontes/BGBDR18961900.htm, zugegriffen: 05. Okt. 2015).

Bei aller Zeugnisfreiwilligkeit aufseiten des Arbeitnehmers gilt – damals wie heute –, dass es eine „unechte Freiwilligkeit" ist. Denn wer kein Zeugnis über eine längere Phase seines Arbeitslebens vorlegt, provoziert geradezu den Verdacht, dass er „irgendetwas zu verbergen habe". So verwundert es nicht, dass die Ausstellung von Arbeitszeugnissen – ungeachtet aller rechtlichen Verpflichtungen der Arbeitgeber – zu einem festen Bestandteil unserer Arbeits- und Wirtschaftsrealität geworden ist.

Es dürfte nur wenige berufstätige Menschen in Deutschland geben, die nicht schon in Kontakt mit dem Dokument „Arbeitszeugnis" gekommen sind, sei es als Empfänger einer solchen Bewertung (Arbeitnehmer, Auszubildende), sei es in der Rolle eines Zeugnisausstellers (Arbeitgeber, Führungskraft, Personaler) oder zumindest eines Informationslieferanten (Führungskräfte) oder sei es in der Rolle des Adressaten/Beurteilers eines Arbeitszeugnisses als Teil einer Bewerbungsunterlage (Arbeitgeber, Führungskräfte, Personaler).

Für die privatwirtschaftlichen Unternehmen und öffentlichen Arbeitgeber samt ihrer Personalabteilungen stellt die Formulierung von Arbeitszeugnissen einen Volumenprozess dar. Legt man die unter Personalern übliche Faustformel einer durchschnittlichen jährlichen Fluktuationsquote in Höhe von 8 bis 10 % p. a. der Belegschaft zugrunde, dann errechnen sich bei derzeit etwa 43 Mio. Erwerbstätigen (Stand: August 2015; www. destatis.de) ca. 3,4 bis 4,3 Mio. potenzielle Anlässe für die Ausstellung von Arbeitszeugnissen. Nicht immer wird ein Arbeitszeugnis ausgestellt und nicht immer wird es ein ausführliches Zeugnis inklusive einer Bewertung von Leistung und Verhalten sein, aber die Zahl bleibt trotzdem höchst beachtlich. Auf der anderen Seite findet der größte Teil dieser Zeugnisse Eingang in Bewerbungsunterlagen und löst bei der Personalauswahl im Rahmen der Prüfung von Bewerbungsunterlagen den personalwirtschaftlichen Volumenprozess „Analyse von Arbeitszeugnissen" aus.

Es verwundert daher nicht, dass die Thematik „Arbeitszeugnis" im Internet eine durchaus hohe Präsenz aufweist. Die Suchmaschine „Google" liefert zu diesem Begriff immerhin ca. 640.000 Suchergebnisse (www.google.de, zugegriffen: 05.10.2015). Bei den Beteiligten im Dreiecksverhältnis „Empfänger – Aussteller – Adressat" scheint es also durchaus Beratungs- und Informationsbedarf zu geben. Möglicherweise lässt sich sogar von einer gewissen Unsicherheit sprechen. Dieser Eindruck wird zusätzlich unterstützt durch ein breites Angebot an Ratgeberliteratur. Das Online-Shopping-Portal „Amazon" listet beim Suchstichwort „Arbeitszeugnis" immerhin 635 Treffer auf.

Eher verwunderlich ist angesichts der vorgetragenen Zahlen, dass die Thematik „Arbeitszeugnisse" in der Wissenschaft vergleichsweise wenig Aufmerksamkeit findet. Größer angelegte empirische Studien, wie z. B. von Preibisch (1982), Weuster (1994), Blum (1998), Jahn (2006), Huesmann (2008) und Haufe Lexware (Hrsg.) (2015), sind eher seltene Spezies (vgl. auch die Übersicht bei Weuster und Scheer 2015, S. 38 f.). Und auch personalwirtschaftliche Lehrbücher behandeln die Erstellung und Analyse von Arbeitszeugnissen eher stiefmütterlich. Eine stichprobenartige Durchsicht von 15 etablierten Werken ließ das Stichwort in fünf Fällen komplett vermissen, vier Bücher streiften das Thema auf maximal zwei Seiten und nur in sechs Lehrbüchern waren vertiefte Darstellungen zwischen drei und fünf Seiten zu finden. Die einsame Spitze und zugleich Ausnahme bildete das Werk von Jung (2011) mit fast 30 Seiten.

Auch von Unternehmen, ihren Verbänden und von den Gewerkschaften ist zu Arbeitszeugnissen in der medialen Öffentlichkeit wenig bis gar nichts zu vernehmen. Folgerichtig sieht dann ebenfalls die Politik wenig Anlass, sich mit dem Thema zu beschäftigen. Nur die Arbeitsgerichte melden sich des Öfteren zu Wort und erzielen mit ihren Urteilen rund ums Arbeitszeugnis größere mediale Aufmerksamkeit. Immerhin weist die letzte veröffentlichte Arbeitsgerichtsstatistik des Arbeitsgerichtsverbands für das Jahr 2006 insgesamt 30.817 Streitigkeiten zum Arbeitszeugnis aus. Leider existieren keine aktuelleren Zahlen, da in der derzeit angewandten jährlichen statistischen Erfassung der Tätigkeit der Arbeitsgerichte (www.bmas.de) der Streitgegenstand „Arbeitszeugnis" nicht mehr separat erfasst wird. Es besteht allerdings wenig Grund zu der Annahme, dass die

Fallzahlen signifikant abgenommen hätten. Unter der scheinbar ruhigen Wasseroberflä-
che scheint es also durchaus ein größeres Maß an Konfliktstoff und Problemen zu geben.

Umso erstaunlicher ist es, dass sich die Unternehmen offensichtlich mit dem Thema
„Arbeitszeugnisse" in einer gewissen Erstarrung arrangiert haben und jedes Jahr einen
Standardprozess in millionenfacher Auflage weitgehend kritiklos abarbeiten. Die Hinter-
fragung seiner Sinnhaftigkeit, Effizienz und seines Nutzens sollte in Zeiten, in denen die
Verschlankung von Verwaltungsprozessen und der Bürokratieabbau ein zentrales Ziel der
Unternehmen ist, in aller Schärfe gestellt werden. Zumindest die Frage nach einer etwa-
igen Veränderungsbedürftigkeit von Zeugnisinhalten und Zeugniserstellungsprozessen
würde man im Zeitalter von omnipräsentem KVP (= Kontinuierlicher Verbesserungspro-
zess) auf der Diskussions- und Handlungsagenda von Unternehmen eigentlich erwarten,
aber nichts dergleichen. Abgesehen von einigen wenigen kritischen Rufern in der Wüste,
scheint das Thema „Arbeitszeugnisse" mittlerweile seit Jahrzehnten unterhalb des Auf-
merksamkeitsradars der Unternehmen zu fliegen. Dieser Eindruck erstaunt umso mehr,
als Deutschland mit seiner aufwendigen Praxis der Arbeitszeugnisse unter den Industrienationen weltweit eher zu den großen Ausnahmen gehört.

Ist also alles in Ordnung mit den Arbeitszeugnissen? Kann alles so bleiben, wie es
ist? Wir meinen, nein. Denn eine nähere und kritische theoretische Reflexion der ein-
gespielten Zeugnispraxis offenbart doch eine ganze Menge an Irrationalitäten, Ineffizienzen und offenen Fragen. Diese provozieren eigentlich die Forderung nach einer
gänzlichen Abschaffung von Arbeitszeugnissen in der derzeitigen Form, zumindest aber
nach deutlichen Veränderungen. Um nun diese Forderung nicht vorschnell zu erheben,
sollte der Prozess der Anfertigung von Arbeitszeugnissen einerseits und die Intensität
und Art ihrer Nutzung bei der Personalauswahl andererseits empirisch näher beleuchtet
werden. Dies geschah über den Versand von jeweils 500 getrennten Fragebögen für die
Ersteller und für die Auswerter von Arbeitszeugnissen an Unternehmen unterschiedli-
cher Größenklassen. Ein Rücklauf von knapp 20 % schafft eine gute Datengrundlage zur
Frage, wie professionell und sorgfältig Arbeitszeugnisse in Deutschland angefertigt und
wie intensiv und professionell sie ausgewertet werden. Letzteres schließt die Frage ein,
welcher Nutzen ihnen in der Personalauswahl überhaupt attestiert wird. Denn klar ist,
dass der mit Arbeitszeugnissen betriebene zeitliche und kostenmäßige Aufwand nur sinn-
haft ist, wenn auf beiden Seiten – Zeugniserstellung und Zeugnisanalyse – hinreichende
Professionalität und Sorgfalt herrscht. Sonst wäre wohl eher ein sinnfreies Ritual in deutschen Unternehmen etabliert.

Die empirischen Ergebnisse werden detailliert berichtet und kommentiert. Sie führen zu interessanten Erkenntnissen, die für den künftigen Umgang mit Arbeitszeugnissen von hoher Relevanz sind – für die Personalabteilungen und Führungskräfte in allen
Organisationen, aber auch für den Gesetzgeber, der einen angemessenen rechtlichen
Rahmen für die Zeugnispraxis sicherzustellen hat.

Die Aufbaustruktur des Buchs sieht folgende Vorgehensweise vor:

- Kap. 1: Es werden in diesem Grundlagenkapitel zunächst die zentralen rechtlichen Grundlagen aus Gesetz und Rechtsprechung für den Zeugnisanspruch in Deutschland vorgestellt (Abschn. 1.2). Die Frage „Wie machen es andere Länder?" erlaubt eine Einordnung der deutschen Zeugnispraxis in einen internationalen Kontext (Abschn. 1.3). Der folgende (Abschn. 1.4) arbeitet dann in einer theoretischen Reflexion pointiert die vermuteten Irrationalitäten und Ineffizienzen heraus, die oftmals mit der Anfertigung von Arbeitszeugnissen einhergehen und die den Anlass für die nähere empirische Untersuchung bildeten.
- Kap. 2: Hier wird die Vorgehensweise bei der empirischen Untersuchung näher beschrieben. Weiterhin werden Informationen zur strukturellen Zusammensetzung der Antwortrückläufe geliefert.
- Kap. 3: In diesem Hauptkapitel erfolgt die detaillierte deskriptive Darstellung der empirischen Ergebnisse zur „Erstellung von Arbeitszeugnissen" mit Hilfe von Datentabellen. Begleitend sind Lageparameter und Streuungsparameter angegeben. Die Ergebnisse werden jeweils interpretiert, unter betriebswirtschaftlicher und personalwirtschaftlicher Perspektive kritisch kommentiert und es werden Schlüsse für die künftige Zeugnispraxis aus ihnen gezogen. Mehrere Fragen aus dem Fragebogen sind dabei jeweils zu Themenkomplexen zusammengefasst, hinter denen ein konkretes Aufklärungsinteresse steht. Die einzelnen Themenkomplexe spiegeln sich in der Untergliederung von Kap. 3.
- Kap. 4: Dieses Hauptkapitel ist mit Fokussierung auf die „Nutzung von Arbeitszeugnissen" analog zu Kap. 3 strukturiert.
- Kap. 5: Im Abschlusskapitel werden zunächst in einer verdichtenden Ergebnisdarstellung nochmals die zentralen Ergebnisse und Erkenntnisse herausgestellt (Abschn. 5.1). Es folgt dann die zusammenfassende Ableitung der wichtigsten Handlungsimplikationen für Optimierungen innerhalb der derzeitigen Zeugnispraxis (Abschn. 5.2). In Abschn. 5.3 wird diskutiert, inwieweit das international relativ weit verbreitete Empfehlungsschreiben („letter of recommendation") eine Alternative zum Arbeitszeugnis deutscher Prägung sein könnte. Abschn. 5.4 sieht die ausführliche Darstellung und Begründung eines alternativen Zeugniskonzepts der Autoren vor, das für die Entscheidungsträger in Unternehmen, Verbänden und beim Gesetzgeber eine Diskussionsgrundlage für die Veränderung der Zeugnispraxis in Deutschland bieten soll. Im abschließenden Abschn. 5.5 werden erste empirische Ergebnisse zur Akzeptanz dieses Alternativkonzepts in der Wirtschaftspraxis präsentiert.

1.2 Rechtliche Grundlagen des Zeugnisanspruchs

In Deutschland leitet sich der grundlegende Anspruch auf die Ausstellung eines Arbeitszeugnisses aus § 630 des Bürgerlichen Gesetzbuches (BGB) ab. Danach hat jeder Dienstverpflichtete bei der Beendigung eines dauernden Dienstverhältnisses einen Rechtsanspruch auf die Ausstellung eines Arbeitszeugnisses, in dem Gegenstand und

Dauer des Dienstverhältnisses bescheinigt werden. Auf Wunsch des Dienstverpflichteten muss das Zeugnis auch Aussagen zu „Leistungen und der Führung im Dienst" enthalten. Der genaue Wortlaut der Regelung lautet wie folgt:

§ 630 BGB – Pflicht zur Zeugniserteilung
Bei der Beendigung eines dauernden Dienstverhältnisses kann der Verpflichtete von dem anderen Teil ein schriftliches Zeugnis über das Dienstverhältnis und dessen Dauer fordern.
Das Zeugnis ist auf Verlangen auf die Leistungen und die Führung im Dienst zu erstrecken. Die Erteilung eines Zeugnisses in elektronischer Form ist ausgeschlossen. Wenn der Verpflichtete ein Arbeitnehmer ist, findet § 109 der Gewerbeordnung Anwendung.

Der allgemeine Zeugnisanspruch aus dem BGB umfasst als „Lex Generalis" damit nicht nur Arbeitnehmer als abhängig Beschäftigte, die gemäß § 106 Gewerbeordnung (GewO) dem direkten Weisungsrecht eines Arbeitgebers hinsichtlich Arbeitsinhalt, -ort und -zeit unterliegen, sondern auch alle dauerhaft Dienstverpflichteten mit freien Dienstverträgen. Sie unterliegen zwar keinem direkten Weisungsrecht eines Arbeitgebers und sind auch nicht in einen Betrieb eingegliedert, aber sie befinden sich in enger wirtschaftlicher Abhängigkeit. Diese ist dann auch das Kriterium für die Entstehung eines Zeugnisanspruchs für „arbeitnehmerähnliche" Personen. Damit ergibt sich ein Zeugnisanspruch – bei hinreichender wirtschaftlicher Abhängigkeit – auch für Heimarbeiter, freie Mitarbeiter, selbstständige Handelsvertreter als Einfirmenvertreter, aber auch Geschäftsführer einer GmbH oder Vorstände einer AG, sofern sie persönlich keinen Mehrheitsanteil an der Gesellschaft halten. Zeitarbeiter haben einen Zeugnisanspruch gegen das Zeitarbeitsunternehmen, wobei die Entleiher im Rahmen ihrer Fürsorgepflicht in angemessenem Umfang mitwirken müssen (vgl. Jung 2011, S. 785 f.; Kaufmann 2010, S. 8 ff.; Weuster und Scheer 2015, S. 17 ff., der auch weitere Personengruppen diskutiert). Die Gruppe der arbeitnehmerähnlichen Personen wurde in der durchgeführten empirischen Studie nicht speziell berücksichtigt. Aber viele Erkenntnisse sind sicherlich analog auf deren Arbeitszeugnisse übertragbar.

Speziell für die direkt weisungsabhängigen Arbeitnehmer kodifiziert dann § 109 GewO als „Lex Specialis" nochmals einen eigenen Zeugnisanspruch. Dieser ist ganz ähnlich formuliert wie § 630 BGB. Eine wichtige Ergänzung enthält allerdings Absatz 2, in dem für Zeugnisse ganz explizit „Klarheit und Verständlichkeit" angeordnet wird. Zudem untersagt der Gesetzgeber dort – ebenfalls ganz explizit – alle Formulierungen im Zeugnis, die über den Arbeitnehmer eine andere Aussage treffen sollen „als (…) aus dem Wortlaut ersichtlich" ist. Die exakte Formulierung des Paragrafen lautet wie folgt:

§ 109 GewO – Zeugnis

1. Der Arbeitnehmer hat bei Beendigung eines Arbeitsverhältnisses Anspruch auf
    ein schriftliches Zeugnis. Das Zeugnis muss mindestens Angaben zu Art und
    Dauer der Tätigkeit (einfaches Zeugnis) enthalten. Der Arbeitnehmer kann
    verlangen, dass sich die Angaben darüber hinaus auf Leistung und Verhalten
    im Arbeitsverhältnis (qualifiziertes Zeugnis) erstrecken.
2. Das Zeugnis muss klar und verständlich formuliert sein. Es darf keine Merk-
    male oder Formulierungen enthalten, die den Zweck haben, eine andere als
    aus der äußeren Form oder aus dem Wortlaut ersichtliche Aussage über den
    Arbeitnehmer zu treffen.
3. Die Erteilung des Zeugnisses in elektronischer Form ist ausgeschlossen.

Für die Gruppe der Auszubildenden formuliert der Gesetzgeber als weitere Lex Specialis in § 16 Berufsbildungsgesetz (BBiG) einen separaten Zeugnisanspruch. Dieser ist im
Kern ähnlich gehalten wie § 630 BGB und § 109 GewO. Zusätzlich verpflichtet diese
Norm den Zeugnis ausstellenden Betrieb aber auch noch zur Angabe von „Art, Dauer
und Ziel der Berufsausbildung" und zur Darlegung von „erworbenen beruflichen Fertig-
keiten, Kenntnissen und Fähigkeiten". Im genauen Wortlaut lautet die Regelung:

§ 16 BBiG – Zeugnis

1. Ausbildende haben den Auszubildenden bei Beendigung des Berufsausbil-
    dungsverhältnisses ein schriftliches Zeugnis auszustellen. Die elektronische
    Form ist ausgeschlossen. Haben Ausbildende die Berufsausbildung nicht
    selbst durchgeführt, so soll auch der Ausbilder oder die Ausbilderin das Zeug-
    nis unterschreiben.
2. Das Zeugnis muss Angaben enthalten über Art, Dauer und Ziel der Berufsaus-
    bildung sowie über die erworbenen beruflichen Fertigkeiten, Kenntnisse und
    Fähigkeiten der Auszubildenden. Auf Verlangen Auszubildender sind auch
    Angaben über Verhalten und Leistung aufzunehmen.

Die Gruppe der Bundesbeamten wird vom Gesetzgeber in § 85 Bundesbeamtengesetz
(BBG) ebenfalls mit einem eigenen Zeugnisanspruch versorgt, der sich dann überwiegend in ähnlicher Form in den Beamtengesetzen der Bundesländer wiederfindet. In
Abweichung von den bislang vorgestellten privatwirtschaftlichen gesetzlichen Regelungen existiert kein automatischer Zeugnisanspruch, sondern nur ein Anspruch auf Verlangen („auf Antrag"). Weiterhin kennt das Beamtenrecht nicht nur den Zeugnisanspruch
bei Beendigung des Beamtenverhältnisses, sondern auch den Anspruch „bei berechtig-
tem Interesse". Damit kann sich aus dem Gesetz ein Anspruch auf ein Zwischenzeugnis
ergeben. Exemplarisch ist nachfolgend der relevante Paragraf aus dem Bundesbeamtengesetz im Wortlaut aufgeführt:

§ 85 BBG – Dienstzeugnis

1. Beamtinnen und Beamten wird auf Antrag ein Dienstzeugnis über Art und Dauer der von ihnen wahrgenommenen Ämter erteilt, wenn sie daran ein berechtigtes Interesse haben oder das Beamtenverhältnis beendet ist.
2. Das Dienstzeugnis muss auf Verlangen auch über die ausgeübte Tätigkeit und die erbrachten Leistungen Auskunft geben.

Einen kritischen Zwischenruf kann man sich nach Sichtung dieser Regelungen nun doch nicht verkneifen. Einerseits zeigen die Formulierungen eine extrem hohe Ähnlichkeit, andererseits offenbaren sie aber auch unnötige Abweichungen bei der Reihenfolge und konkreten Wortwahl der Einzelregelungen. An diesem Beispiel zeigt sich wohl punktuell recht gut der Wildwuchs und die eingeschränkte Systematik und Konsistenz, die sich über viele Jahre ins deutsche Arbeitsrecht eingeschlichen haben. Die gesetzliche Verankerung des Zeugnisanspruchs in einem Gesetz – vorzugsweise im BGB – wäre im Sinne eines „schlanken" und übersichtlichen Arbeitsrechts wünschenswert. Sonderregelungen für bestimmte Personengruppen könnten als zusätzlicher Absatz in einem solchen Paragrafen integriert werden.

Ausgehend von den vorgestellten gesetzlichen Regelungen lassen sich verschiedene Typen von Arbeitszeugnissen zum einen nach dem Kriterium „Zeugnisinhalt" und zum anderen nach dem Kriterium „Zeitpunkt der Erstellung" unterscheiden (siehe Abb. 1.1).

Das „einfache Zeugnis" bescheinigt ohne wertende Aussagen die im Gesetz geforderte „Art und Dauer" der Tätigkeit (vgl. Frey und Wörl 2009, S. 5). Im Extremfall kommt dieser Zeugnistyp mit einem einzigen Satz aus (z. B. „Herr XY war in unserem Unternehmen vom 01.01.2014 bis 30.06.2015 als Hilfskraft im Lager beschäftigt."). Solch knappe Zeugnisse wird man tendenziell bei sehr kurzen und/oder sehr gering qualifizierten Tätigkeiten finden. Bei längeren, komplexeren, hierarchisch höher angesiedelten Aufgaben verlangt die Rechtsprechung ausführlichere Beschreibungen, die dem Leser ein hinreichendes Bild von den ausgeübten Tätigkeiten vermitteln (vgl. im Detail Weuster und Scheer 2015, S. 69 ff.; Mauritz 2001, S. 4 ff.). Mitunter wird auch die

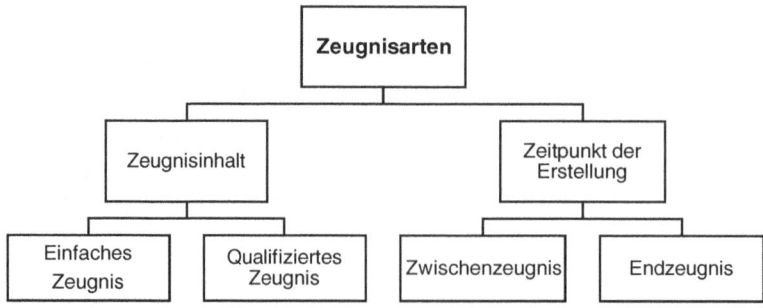

Abb. 1.1 Zeugnistypen

Aufnahme von berufsrelevanten Qualifizierungs- oder Fortbildungsmaßnahmen empfohlen, die der Mitarbeiter durchlaufen hat (vgl. Höfers-Richter 1998, S. 20 ff.).

Die Angabe von Geburtsdatum und Geburtsort wird zunehmend kritisch gesehen, da sie einer Diskriminierung im Sinne des Allgemeinen Gleichbehandlungsgesetzes (AGG) wegen Alters, ethnischer Zugehörigkeit oder religiöser Überzeugungen Vorschub leisten könnte (vgl. Fuhlrott und Fabritius 2011, S. 653).

Hinsichtlich der Dauer der Beschäftigung ist der rechtliche Bestand des Arbeitsverhältnisses ausschlaggebend. Im Zeugnis anzugeben ist also der (theoretisch) erste und letzte Arbeitstag. Durchaus kontrovers wird die Frage diskutiert, ob längere Unterbrechungszeiten der Tätigkeit (z. B. wegen Krankheit, Sabbatical, Erziehungsurlaub, Freistellung für Studium, Freiheitsstrafe) im Zeugnis als relativierende Anmerkung bei der Beschäftigungsdauer Erwähnung finden darf/muss und ab welcher Zeitdauer eine „längere Unterbrechungszeit" anzunehmen ist. Schließlich sammelt ein Mitarbeiter in der nichttätigen Zeit ja auch keine berufsfeldrelevanten Qualifikationen. Unter Praktikern hat sich die Faustformel herausgebildet – z. T. auch gestützt durch die Rechtsprechung –, dass Auszeiten zu erwähnen sind, wenn sie mehr als die Hälfte der gesamten Tätigkeitszeit umfassen. Einige Arbeitsgerichtsurteile betonen in Einzelfallentscheidungen stärker den Aspekt, wann die Auszeit stattgefunden hat und wie wichtig in einem Berufsfeld aktuelle Kenntnisse sind (vgl. im Detail Weuster und Scheer 2015, S. 66 f.).

Es ist kaum anzunehmen, dass Unternehmen bei dieser unklaren Gemengelage die Angabe von Ausfallzeiten in den Zeugnissen einheitlich handhaben (können). Hinsichtlich der Einschätzung der Berufserfahrung von Beschäftigten existieren also beträchtliche Unschärfebereiche, zumindest wenn man sie auf Basis der Angaben der Tätigkeitszeiten in Arbeitszeugnissen vornimmt.

Bei der Angabe des Beendigungsgrunds für das Arbeitsverhältnis ist die Situation klarer. Dieser darf nur genannt werden, wenn es der Arbeitnehmer wünscht (vgl. Höfers-Richter 1998, S. 20 ff.), denn Informationen zum Auflösungsgrund eines Arbeitsvertrags gehören nicht zu den gesetzlich genannten Zeugnisbestandteilen. Andererseits haben Zeugnisleser im Rahmen der Personalauswahl natürlich ein Interesse zu wissen, unter welchen Umständen ein Arbeitsverhältnis endete, insbesondere wenn der Arbeitgeber gekündigt hat. Weuster und Scheer (2015, S. 130 f.) verweisen darauf, dass sich daher in der Praxis Formulierungsvarianten herausgebildet haben, an denen der „kundige Zeugnisleser" erkennt, von wem die Kündigungsinitiative ausging, aus welchem Grund und mit welcher Fristigkeit gekündigt wurde. So kann aus dem Fehlen von Angaben wie „auf eigenen Wunsch" oder „einvernehmlich" im Verbund mit der Formulierung „Das Arbeitsverhältnis endete am …" auf eine verhaltensbedingte Kündigung geschlossen werden. Wir haben Zweifel, ob der „kundige Zeugnisleser" wirklich immer vorausgesetzt werden kann und die Schlüsse jeweils so eindeutig zu ziehen sind.

Hinsichtlich einer Schlussformel, die einen „Dank für die geleistete Arbeit" und/oder „gute Wünsche für die Zukunft" enthält, hat das Bundesarbeitsgericht (BAG) eindeutig festgestellt, dass solche Aussagen nicht zu den geschuldeten Zeugnisinhalten gehören. Demnach besteht also – auch bei sonst sehr guten Zeugnissen – kein Rechtsanspruch auf diese Abschlussformel. In ihrem Fehlen ist kein Geheimzeichen zu sehen, das vorherige positive Formulierungen relativiert (BAG 2012, 9 AZR 227/11). Empirische Untersuchungen zeigen aber, dass der ganz überwiegende Teil der Zeugnisse trotzdem solche Schlussformeln enthält (vgl. den Überblick bei Grau 2015, S. 16).

Der zweite Zeugnistyp – das „qualifizierte Arbeitszeugnis" – entsteht, wenn zu den Bestandteilen des einfachen Arbeitszeugnisses zusätzlich wertende Aussagen zu Leistung und Verhalten des Mitarbeiters getroffen werden. Diese muss der Arbeitgeber gemäß der vorgestellten gesetzlichen Grundlagen nur vornehmen, wenn es der Arbeitnehmer wünscht – mündlich oder schriftlich oder per E-Mail; es existieren keine Formvorschriften. Es ist davon auszugehen, dass Unternehmen vielfach von sich aus ein qualifiziertes Zeugnis ausstellen, wenn der Arbeitnehmer seinen Zeugnisanspruch geltend macht. Weuster (1994, S. 16 ff.) konnte in einer Untersuchung mit 390 Unternehmen zeigen, dass gut die Hälfte (52,9 %) unaufgefordert ein qualifiziertes Zeugnis erstellt. Allerdings kann der Arbeitnehmer auch auf ein einfaches Zeugnis bestehen und das ungefragt ausgestellte qualifizierte Zeugnis zurückweisen. Die Initiativmacht für die Anfertigung qualifizierter Zeugnisse liegt eindeutig beim Arbeitnehmer (vgl. Kaufmann 2010, S. 20). In der Unternehmenspraxis dürfte aber ein Zeugnis ohne wertende Aussagen zu Leistung und Verhalten – zumindest nach längeren Beschäftigungszeiten – beim Zeugnisleser auf Skepsis stoßen und zur Vermutung führen, dass das alte Arbeitsverhältnis nicht problemfrei abgelaufen ist. Insofern dürfte ein gewisser „informeller Druck" für die Anfertigung und Einforderung von qualifizierten Zeugnissen existieren.

Völlig offen ist hingegen, in welcher Form die Bewertungsaussagen zu Leistung und Verhalten getroffen werden müssen. Das Gesetz schweigt dazu. Freie Formulierungen sind ebenso denkbar wie die Orientierung an einem Kriterienkatalog. Zwangsläufig führen diese fehlenden Vorgaben in der Praxis zu einer großen Streubreite bei der Zeugniserstellung und damit – ebenso zwangsläufig – zu einer nur eingeschränkten Vergleichbarkeit von Arbeitszeugnissen. Zwar haben sich in der Praxis typische Leistungskriterien herausgebildet, zu denen bevorzugt Aussagen getroffen werden, z. B. (vgl. Kaufmann 2010, S. 78 ff.; Höfers-Richter 1998, S. 28 ff.; Backer 2008, S. 40 f.):

- Arbeitsweise, -bereitschaft, -qualität, -tempo, -ergebnis,
- Belastbarkeit und Zuverlässigkeit,
- Fachkenntnisse und Problemlösungsfähigkeit,
- Auffassungsgabe und Engagement.

Aber weder ist die Aufzählung abschließend, noch sind die Kriterien über Unternehmen hinweg einheitlich. Die konkrete Zeugniswelt ist daher so bunt und vielfältig wie die Kreativität der Zeugnisersteller, die hinzugezogene Beraterliteratur oder der eingesetzte Zeugnisgenerator.

Eine Art Beurteilungs-/Erwähnungspflicht gibt es aber nach der Rechtsprechung des BAG, wenn die Aussage zu einer bestimmten Leistung oder Eigenschaft eines Arbeitnehmers innerhalb einer Branche oder eines Berufsstandes allgemeiner Brauch ist (z. B.

Ehrlichkeit bei Kassierern, Kreativität bei Grafikern). Fehlende Angaben zu solchen Kriterien könnten dann als versteckter Hinweis auf eine unterdurchschnittliche Leistung gewertet werden (BAG 2008, 9 AZR 632/07). Verdeutlicht man sich, in welcher Geschwindigkeit sich in den letzten Jahren neue Berufsbilder oder gar Branchen entwickelt haben, dann wird klar, dass solche berufstypischen Merkmale vielfach auch nur auf einem wackeligen Fundament stehen und letztlich dann doch wieder die Einzelfallabwägung der Arbeitsgerichte erforderlich ist.

Für die Beurteilung des Verhaltens der Mitarbeiter haben sich ebenfalls gewisse Usancen herausgebildet. Relevant sind insbesondere das allgemeine Auftreten des Mitarbeiters, seine Fähigkeit mit anderen Personen zusammenzuarbeiten und sein generelles Verhalten gegenüber wichtigen Bezugsgruppen (vgl. Huesmann 2008, S. 57). Als relevante Bezugsgruppen wären zu nennen:

- Vorgesetzte,
- Kollegen,
- Unterstellte Mitarbeiter (bei Führungskräften),
- Kunden,
- Externe Kooperationspartner.

Typische Verhaltenskriterien sind z. B. (vgl. Höfers-Richter 1998, S. 25 ff.; Backer 2008, S. 40 f.; Künzel und Warnecke 2013, S. 342):

- Verantwortungsbereitschaft,
- Vertrauenswürdigkeit und Loyalität,
- Kooperationsfähigkeit,
- Kompromiss- und Kritikfähigkeit,
- Sorgfalt,
- Selbstständigkeit.

Speziell bei Führungskräften treten dann noch Kriterien wie zum Beispiel Ausdrucks- und Durchsetzungsvermögen, Führungsstil/-verhalten, Entscheidungsfreudigkeit und Motivationswirkung hinzu (vgl. Höfers-Richter 1998, S. 25 ff.; Nasemann 2005, S. 58; Mauritz 2001, S. 6 ff.).

Bei aller Plausibilität der aufgelisteten üblichen Kriterien, so sind auch sie nicht aus Stein gemeißelt, nicht abschließend und nicht einheitlich.

Quasi als Zusammenfassung des Leistungsverhaltens wird in Zeugnissen oftmals noch eine Gesamtbewertung vorgenommen. Diese besteht in der Regel nur aus einem Satz (z. B. „Insgesamt hat Frau XY stets zu unserer vollen Zufriedenheit gearbeitet"), der den detaillierten Leistungsbewertungen entweder voran- oder nachgestellt wird. Eine empirische Untersuchung von 1100 Arbeitszeugnissen zeigte auf, dass lediglich in 12 % der Zeugnisse eine solche Gesamtbewertung fehlte (vgl. Personalmanagement Service GmbH 2010, S. 2 ff.).

Hinsichtlich des Erstellungszeitpunkts des Zeugnisses kann in das Endzeugnis (=
Schlusszeugnis) und das Zwischenzeugnis differenziert werden (siehe Abb. 1.1). Endzeugnisse beziehen sich auf die gesamte Tätigkeitszeit und werden nach Beendigung
des Arbeitsverhältnisses ausgestellt. Nur auf diesen Zeugnistyp besteht gemäß den oben
vorgestellten rechtlichen Regelungen ein gesetzlicher Anspruch. Lediglich das Beamtenrecht bildet hier in § 85 BBG eine Ausnahme, indem dem Bediensteten die Beantragung
eines Zwischenzeugnisses expressis verbis ermöglicht wird, wenn er ein „berechtigtes
Interesse" hat.

Für andere Arbeitnehmergruppen ergibt sich der Anspruch auf ein Zwischenzeugnis
zwar nicht direkt aus dem Gesetz, aber mitunter aus den geltenden Tarifverträgen. Exemplarisch sei hier die Regelung für Angestellte des öffentlichen Dienstes in § 35 Abs. 2
des geltenden Tarifvertrags (TVöD) wiedergegeben:

§ 35 TVöD – Zeugnis

…

2. Aus triftigen Gründen können Beschäftigte auch während des Arbeitsverhältnisses ein Zeugnis verlangen (Zwischenzeugnis).

…

Voraussetzung für den Anspruch auf ein Zwischenzeugnis sind also immer „triftige
Gründe" oder ein hinreichend „berechtigtes Interesse" des Arbeitnehmers. Liegt dies vor,
dann gebietet schon die Fürsorgepflicht des Arbeitgebers als arbeitsvertragliche Neben-
pflicht die Ausstellung eines Zwischenzeugnisses.

Laut Bundesarbeitsgericht kann unter anderem als triftiger Grund gelten (BAG 1993 6
AZR 171/92 und BAG 1998 6 AZR 176/97; siehe auch die umfängliche Beispielsamm-
lung bei Weuster und Scheer 2015, S. 30 f.):

- Bewerbung um eine neue Stelle,
- strukturelle Änderungen innerhalb des Betriebsgefüges (z. B. deutliche Veränderung
  der Arbeitsaufgabe, Abbau von Hierarchieebenen, Betriebsübergang nach § 613a
  BGB),
- bevorstehende persönliche Veränderungen des Arbeitnehmers (z. B. Versetzung des
  Arbeitnehmers, Beendigung/Übernahme großer Projekte, deutliche Reduzierung der
  Arbeitszeit, Aufnahme eines betrieblich geförderten Studiums, Übernahme eines poli-
  tischen Mandats),
- geplante längere Arbeitsunterbrechungen (z. B. Elternzeit, Sabbatical),
- Vorgesetztenwechsel.

In einer Befragung von 385 Unternehmen gaben zwei Drittel der Befragten (67 %) an, dem Wunsch von Mitarbeitern nach einem Zwischenzeugnis auch ohne konkrete Prüfung der Triftigkeit der Gründe zu entsprechen (vgl. Weuster 1994, S. 33).

Nicht zu unterschätzen ist die rechtliche Bindungswirkung, die von einem Zwischenzeugnis ausgeht. So kann ein Arbeitgeber bei der Beurteilung im Endzeugnis nur dann substanziell schlechter bewerten, wenn sich dies auch tatsächlich durch eine deutlich negative Leistungs- und/oder Verhaltensentwicklung fundieren lässt. Weitere (ungeplante) Bindungswirkungen können auf die tarifliche Einstufung entstehen (vgl. Kaufmann 2010, S. 22 f.). Bescheinigt der Arbeitgeber im Zwischenzeugnis bei der Tätigkeitsbeschreibung ein bestimmtes Anforderungs- und Komplexitätsniveau der Aufgabe, dann hat dies zumindest Indizienfunktion, wenn die Frage der richtigen Einstufung in die Vergütungsstufen des Tarifvertrags streitig wird. Rein aus Motivationsgründen überaus positiv formulierte Zwischenzeugnisse sind also nicht ohne Risiko.

Weitere wichtige Rechtsfragen, die sich aus dem grundsätzlichen Zeugnisanspruch ergeben, sollen nachfolgend in Kürze skizziert werden (vgl. zu Details Grau 2015; Kaufmann 2010; Weuster und Scheer 2015 und die jeweils zitierte Literatur und Rechtsprechung):

- **Erstellungsverpflichteter:** Erfüllen muss den Zeugnisanspruch grundsätzlich der Arbeitgeber. Er kann diese Aufgabe aber an einen angestellten Vertreter delegieren (z. B. Führungskraft, Personalabteilung). Allerdings muss dieser Erfüllungsgehilfe hierarchisch ranghöher eingestuft sein als der Zeugnisempfänger. Dies muss aus der Unterzeichnung erkennbar sein. Sind Mitarbeiter direkt unter der Geschäftsleitung angesiedelt, dann muss das Zeugnis auch von einem Geschäftsleitungmitglied unterzeichnet werden.
- **Erstellungszeitpunkt:** Abschlusszeugnisse müssen gemäß den aufgeführten Gesetzen bei „Beendigung des Vertragsverhältnisses" ausgestellt werden. Eine eindeutige gesetzliche Frist existiert also nicht. Was heißt das konkret in der Praxis? Zunächst einmal entsteht der Zeugnisanspruch im Augenblick der Kündigung – egal welche Seite kündigt – oder der einvernehmlichen Vertragsauflösung. Benötigt der Arbeitnehmer für eine Bewerbung in einem anderen Unternehmen ein Zeugnis, dann ist ihm also ein Zwischenzeugnis oder ein „vorläufiges Abschlusszeugnis" auszustellen. Grundsätzlich ist vom Arbeitgeber zu erwarten, dass er seiner Zeugnispflicht „ohne schuldhaftes Zögern" nachkommt. Einfache Zeugnisse kann der Arbeitnehmer innerhalb von ein bis drei Tagen erwarten. Für qualifizierte Zeugnisse werden Zeiträume von zwei bis drei Wochen genannt. Äußert der Arbeitnehmer also mit hinreichendem Vorlauf seinen Wunsch nach einem Zeugnis, dann kann er die Aushändigung auch an seinem letzten Arbeitstag erwarten. Besondere Umstände im Einzelfall (z. B. großzahliges Zeugnisverlangen bei Massenkündigungen oder Betriebsübergängen, längere Abwesenheit zeugnisrelevanter Informationsträger) können zu angemessenen Verlängerungen der Ausstellungszeiten führen.

- **Kostenübernahme:** Mangels einer gesetzlichen Regelung gilt der Grundsatz, dass der Arbeitgeber als „Zeugnisschuldner" die Erstellungsverpflichtung auf eigene Kosten erfüllen muss. Laut Rechtsprechung beinhaltet dies aber nicht die Zusendung des Zeugnisses. Als Erfüllungsort gelten also die Geschäftsräume des Unternehmens, in denen der Arbeitnehmer im Sinne einer „Holschuld" sein Zeugnis entgegennehmen kann. Ausnahmen ergeben sich, wenn dies dem Arbeitnehmer nicht zugemutet werden kann (z. B. wegen eines Umzugs) oder wenn der Arbeitgeber mit der Zeugniserstellung in Verzug ist. In der Praxis dürfte aber – ungeachtet dieser juristischen Spitzfindigkeiten und einzelner Streitfälle – die Zusendung dominieren.
- **Zweitausstellung:** Bei Verlust oder Beschädigung des Arbeitszeugnisses muss der Arbeitgeber im Rahmen seiner nachwirkenden Fürsorgepflicht ein unverändertes Zweitexemplar (ohne Hinweis auf die neuerliche Ausstellung) anfertigen. Die Kosten dafür hat allerdings der Arbeitnehmer zu tragen.
- **Verjährung und Verwirkung:** Im Grundsatz unterliegt ein Zeugnisanspruch nach § 195 BGB der regelmäßigen Verjährungsfrist von drei Jahren. Praktisch wird er aber oft viel früher verwirkt sein. Ein Prüfstein in der Praxis ist die Frage, wie lange sich ein Arbeitgeber noch an einen konkreten Arbeitnehmer erinnern kann. Verwirkungszeiten für einfache Arbeitszeugnisse, deren Inhalte aus der Personalakte rekonstruierbar sein sollten, sind damit tendenziell länger als Verwirkungszeiten für qualifizierte Zeugnisse, die bei der Leistungs- und Verhaltenseinschätzung das Erinnerungsvermögen von Personen voraussetzen.

Das Bundesarbeitsgericht hat für die Verwirkung drei Prüfkriterien definiert:

1. Zeitlicher Rahmen: Der Arbeitnehmer macht den Zeugnisanspruch längere Zeit nicht geltend.
2. Umstandsmoment: Der Arbeitgeber kann davon ausgehen, dass der Anspruch auch künftig nicht mehr geltend gemacht wird und hat sich darauf eingestellt.
3. Unzumutbarkeit: Die Zeugnisausstellung ist dem Arbeitgeber nicht mehr zumutbar.

Die Verwirkungsdauer ist damit letztlich eine Einzelfallentscheidung. Gemäß bisheriger Gerichtsentscheidungen wird sie oft im Bereich zwischen 6 und 12 Monaten anzunehmen sein.

- **Zentrale Zeugnisgrundsätze:** Als zentrale Formulierungsprinzipien für Arbeitszeugnisse gelten die Wahrheitspflicht einerseits und das Prinzip des Wohlwollens andererseits. Wegen ihrer überragenden Bedeutung für die Zeugnispraxis in Deutschland und ihrer kritische Beurteilung, werden sie vertieft in Abschn. 1.4 aufgegriffen.

- **Formvorschriften:** Mit Ausnahme des Schriftlichkeitsprinzips unter explizitem Ausschluss der elektronischen Form, macht der Gesetzgeber keinerlei Formvorschriften für Arbeitszeugnisse. Über die Rechtsprechung haben sich etliche Gestaltungsprinzipien etabliert, die nachfolgend – ohne Anspruch auf Vollständigkeit – stichwortartig aufgelistet sind: DIN-A4-Format, Firmenbriefpapier von haltbarer und guter Qualität, einheitliches Schriftbild, würdige und gehörige äußere Form, orthografisch und grammatikalisch fehlerfrei, mangels anderer Vereinbarung in deutscher Sprache, Orts- und Datumsangabe, Unterschrift mit dokumentenechtem Stift.

Die Fülle an Rechtsfragen und die aufgelisteten Stichworte bei den Formvorschriften deuten schon an, wie vielfältig (und zum Teil haarspalterisch) die Streitanlässe sind, die rund ums Arbeitszeugnis vor die Gerichte getragen wurden und werden – zum Teil bis vor das Bundesarbeitsgericht. Eine wichtige Ursache dafür liegt in dem weitgehenden Fehlen von präzisen gesetzlichen Vorgaben für das Arbeitszeugnis. Dieser Regelungslücke, samt der durch sie entstehenden Rechtsunsicherheit, musste die Wirtschaftspraxis über Jahrzehnte durch eigenmächtige Gestaltungen begegnen. Mangels eines einheitlichen Standards entstand Vielfalt – wenn nicht sogar Wildwuchs –, der wieder zu neuer rechtlicher Unsicherheit führt.

1.3   Arbeitszeugnisse im internationalen Vergleich

Wie verbreitet sind Arbeitszeugnisse weltweit, speziell in anderen Industrienationen? Entspricht die deutsche Zeugnispraxis internationalen Standards oder stellt sie eher einen „deutschen Sonderweg" dar? Letzteres ist zunächst völlig wertfrei zu sehen, da eine Sonderlösung sowohl ein Wettbewerbsvorteil sein kann, wenn sie die Personalauswahl verbessert, als auch eher ein Wettbewerbsnachteil, wenn sie überwiegend den Charakter einer kostentreibenden bürokratischen Last hat. Für eine finale Einschätzung ist zunächst einmal eine internationale Bestandsaufnahme zur Zeugnispraxis nötig, die nachfolgend nach Kontinenten gegliedert wurde. Die Informationen fußen neben den angegebenen Literaturquellen auf Nachfragen bei den Außenhandelskammern der einzelnen Länder.

- EUROPA

Betrachtet man die Verbreitung von Arbeitszeugnissen in Europa, so fällt auf, dass sich die Verwendung hauptsächlich auf den deutschsprachigen Raum beschränkt (vgl. Knobbe 2010, S. 136). Deutschland ist somit eine „Insel, was Arbeitszeugnisse und ihre Rolle im Bewerbungsprozess angeht, mit zwei Nachbarinseln, Österreich und der Schweiz." (Frey und Wörl 2009, S. 134).

Tab. 1.1 Arbeitsnachweise auf gesetzlicher Basis

Land	Art des Arbeitsnachweises	Bedeutung
Österreich	• Dienstzeugnis: § 1163 ABGB • Ausstellung bei Beendigung des Arbeitsverhältnisses • Zwischenzeugnis wird auf Kosten des Arbeitnehmers ausgestellt • Schriftliches Zeugnis über Art und Dauer der Dienstleistung • Formulierungen, die das berufliche Weiterkommen erschweren, sind unzulässig	• Vergleichbar mit dem einfachen zeugnis in Deutschland • Gibt lediglich Aufschluss über beruflichen Werdegang • Gerichtsprozesse um Zeugnisse sind sehr selten
Schweiz/ Liechtenstein	• Gesetzlicher Anspruch auf ein qualifiziertes Zeugnis: Art. 330 a OR • Ausstellung jederzeit möglich • Auf Verlangen des Arbeitnehmers kann Umfang auf Art und Dauer der Tätigkeit beschränkt werden • Grundsätze: Wahrheit, Woshlwollen, Vollständigkeit, Klarheit	• Qualität der Arbeitszeugnisse ist überdurchschnittlich hoch • Ähnliche Bedeutung im Rahmen der Personalauswahl wie in Deutschland • Zeugnisse führen jährlich zu tausenden Klagen
Frankreich	• „Certificat de traivail": L 122–16 Code du travail • Ausstellung am Beschäftigungsende • Beschränkung auf Angaben zur Art und Dauer der Tätigkeit	• Unüblich, Zeugnisse den Bewerbungsunterlagen beizufügen • Zertifikat wird zum Gespräch mitgenommen oder auf Anfrage des Unternehmens zugesandt
Italien	• „Certificato di lavoro": Art. 2246 Code Civil • Beschränkung auf Angaben zur Art und Dauer der Tätigkeit • Inhalt häufig zwischen Arbeitnehmer und -geber abgesprochen	• Spielt bei der Vorauswahl keine Rolle • Wenn überhaupt, erst im Einzelgespräch im Einsatz • Empfehlungsschreiben haben meist größeren Stellenwert
Spanien	• „Certificado de trabajo": Art. 80 LCT • Nur als Bescheinigung für Art und Dauer der Tätigkeit bei Praktika oder Studenten üblich	• Nicht Teil der Bewerbungsunterlagen • Referenzschreiben spielen oft eine bedeutendere Rolle
Polen	• Arbeitszeugnis: Art. 97 polnisches Arbeitsgesetzbuch • Ausstellung am Ende des Arbeitsverhältnisses • Enthält Angaben, die zur Feststellung arbeits- und sozialrechtlicher Ansprüche nötig sind • Auf Wunsch: Angaben zum Entgelt und erlangten Qualifikationen	• Dient eher zur Festlegung gesetzlicher Ansprüche als zur Bewerberauswahl

(Fortsetzung)

Tab. 1.1 (Fortsetzung)

Land	Art des Arbeitsnachweises	Bedeutung
Tschechien	• Unterscheidung zwischen Arbeitsbescheinigung (wie in Deutschland) und Arbeitsgutachten • Arbeitsgutachten: § 314 Gesetz Nr. 262/2006, Arbeitsgesetzbuch • Umfang und Inhalt nicht genau definiert	• Durch fehlende Einheitlichkeit kann das Arbeitsgutachten kaum als Vergleichsinstrument bei der Personalauswahl dienen

Die Tab. 1.1 zeigt eine Übersicht zu Dokumenten, die dem Arbeitszeugnis im weitesten Sinne vergleichbar sind. Zunächst sind diejenigen Staaten dargestellt, die ebenfalls regelmäßig Bescheinigungen ausstellen und dies auch gesetzlich festgeschrieben haben (vgl. Frey und Wörl 2009, S. 118 ff.; Müller und Thalmann 2012, S. 7 ff.; List 2009a, S. 113 ff.).

Es zeigt sich, dass die Anfertigung von gesetzlich veranlassten Zeugnissen/Arbeitsnachweisen in Europa zwar durchaus stark verbreitet ist, jedoch variieren die gesetzlichen Grundlagen bezüglich ihres verpflichtenden Charakters und der strukturellen Vorgaben sehr stark. Folglich spielen nur in wenigen Ländern Arbeitszeugnisse eine vergleichbare Rolle wie in Deutschland. Noch stärker wird der Unterschied bei der Betrachtung der weiteren europäischen Staaten, die in dieser Hinsicht keinerlei Rechtsanspruch definiert haben (siehe Tab. 1.2; vgl. Huesmann 2008, S. 127 f.; Kolberg 2010, S. 24 f.; Frey und Wörl 2009, S. 127 ff.).

Durch die Übersicht wird ersichtlich, dass jedes Land seine eigene Verfahrensweise im Umgang mit Arbeitsdokumenten hat. Während in den näheren Nachbarländern Deutschlands Zeugnisse noch relativ stark verbreitet sind, wächst mit zunehmender Entfernung die Bedeutung von Referenzen und Kontaktpersonen. Zum Teil befinden sich die Staaten in einer Findungsphase, was die Arbeitsnachweise angeht. Vor allem in Osteuropa laufen verschiedene Ansätze weiterhin parallel (vgl. Kolberg 2010, S. 24 f.).

• ASIEN

Während Arbeitszeugnisse für Personalverantwortliche in Deutschland ein wichtiges Entscheidungskriterium darstellen, sind sie in den meisten Volkswirtschaften und Kulturen Asiens zwar bekannt, zu einer Ausstellung kommt es jedoch aufgrund mangelnder gesetzlicher Ansprüche nur selten. Dort werden Bewerber oft sogar ohne jegliche Referenzen eingestellt. Als Ursache ist das sogenannte „Job hopping" zu sehen. Vor allem qualifizierte Fachkräfte wechseln häufig bereits nach kurzer Zeit ihre Stelle und haben so kaum die Möglichkeit, einen Referenzgeber zu finden (vgl. Kolberg 2010, S. 24 f.). Tab. 1.3 zeigt die Praxis in den wichtigsten Wirtschaftsnationen.

Tab. 1.2 Arbeitsnachweise ohne gesetzliche Basis

Land	Art des Arbeitsnachweises	Bedeutung
Griechenland	• Bei Beendigung des Arbeitsverhältnisses wird üblicherweise auf Wunsch des Arbeitnehmers ein Zeugnis ausgestellt • Kein gesetzlicher Anspruch oder vorgeschriebener Aufbau	• Zeugnis ist keine Einstellungsvoraussetzung • Wenn es Bewerbung beigefügt wird, fließt es in Bewertung des Kandidaten ein
Niederlande	• Arbeitszeugnisse werden nicht verwendet • Manche Arbeitgeber erstellen eine Bestätigung über die Beschäftigungsdauer	• Meist werden im Lebenslauf Kontaktpersonen angegeben • Mündliche Referenzen sind häufig
Dänemark	• Freiwillige Empfehlungsschreiben oder Arbeitsbescheinigung („Tjenesteattest") • Keine gesetzliche Vorschrift	• Empfehlungen und Referenzen sind durchaus üblich und im Rahmen der Personalsuche sehr bedeutend
Schweden	• Recht auf eine Arbeitsbestätigung für das Arbeitsamt • Arbeitszeugnis ist unüblich	• Zeugnisse werden weder verlangt, noch im Bewerbungsprozess eingesetzt • Mündliche Referenzen sind entscheidend
Norwegen	• Ausstellung eines „Attestes" • Aufbau und Formulierung unterliegen dem jeweiligen Arbeitgeber • Minimalanforderungen: Art und Dauer der Tätigkeit	• Wie in Deutschland, wird fast immer ein gutes Attest ausgestellt • Erfüllt das Dokument lediglich die Minimalanforderungen, wird dies als negativ angesehen • Oft erfolgt im Lebenslauf zusätzlich die Angabe von Referenzkontakten
Slowenien	• Obwohl eng mit germanischem Sprachraum und Gesetzgebung verbunden, hat sich Zeugniserstellung nicht durchgesetzt • Zeugnisse im Arbeitsgesetz gar nicht verankert	• Arbeitgeber darf nur die Bewerbungsunterlagen verlangen, die auf die Qualifikation des Bewerbers schließen lassen
Baltische Staaten	• Arbeitszeugnisse sind unüblich • Referenzen mit Kontaktdaten werden verwendet	• Referenzen sind im Bewerbungsprozess sehr entscheidend
Rumänien/ Ukraine/ Kroatien	• Gesetzlich vorgeschriebene Arbeitsbücher • Einzelne Arbeitsstationen werden kurz festgehalten • Referenzkontakte sind ebenfalls wichtig	• Das Arbeitsbuch beurteilt nicht die Leistung des Arbeitnehmers • Nachfragen beim vorherigen Arbeitgeber dienen zur Informationsbeschaffung

(Fortsetzung)

Tab. 1.2   (Fortsetzung)

Land	Art des Arbeitsnachweises	Bedeutung
Großbritannien	• Arbeitszeugnisse sind unbekannt • Wie im englischsprachigen Raum üblich, existiert der „Letter of Recommendation" • Standards oder Vorgaben für Referenzen gibt es nicht	• Referenzen sind nicht Teil der Bewerbungsunterlagen • Werden nur angegeben, wenn darum gebeten wird • Austausch zwischen Arbeitgebern ist dagegen häufig

- AMERIKA

Arbeitszeugnisse sind sowohl in Nord- als auch Südamerika fast gar nicht anzutreffen. Hingegen dominiert insbesondere im englischsprachigen Raum der „Letter of Recommendation". Zudem ist es verbreitet, im Lebenslauf „References upon request" zu vermerken. Dabei werden Ansprechpartner beim früheren Arbeitgeber aufgelistet, die dann bei persönlicher Nachfrage Auskunft über den ehemaligen Mitarbeiter geben. Bei derartigen Kontakten achtet man im Rahmen der Personalauswahl vor allem darauf, welches Ansehen das vorherige Unternehmen besitzt und welche Position die Referenzgeber innehaben. Die Empfehlungen dienen zur individuellen Charaktereinschätzung, werden aber meist erst in der zweiten Bewerbungsrunde beim Vorstellungsgespräch eingebracht (vgl. Kolberg 2010, S. 25) (Tab. 1.4).

- AFRIKA

Bei der Analyse der Bedeutung von Arbeitszeugnissen in Afrika ist deutlich der Einfluss der einstigen Kolonialmächte zu spüren. In vielen Ländern sind die Vorschriften des Arbeitsrechts demnach mit den europäischen Regelungen vergleichbar. Die in der Tabelle dargestellten Staaten zeigen eine starke Verbindung zur französischen Gesetzgebung. Trotzdem besitzen die Dokumente auch hier nicht annähernd den Stellenwert, der ihnen in Deutschland zu Teil wird. Darüber hinaus sind Referenz- oder Empfehlungsschreiben ebenfalls wenig verbreitet. Vielerorts erfolgt die Personalauswahl, ähnlich wie in einigen Ländern Asiens, ganz ohne solche Arbeitsnachweise (Tab. 1.5; vgl. Rottmüller (o. J.), o. S.).

- AUSTRALIEN UND NEUSEELAND

In Neuseeland und Australien sind Arbeitszeugnisse durchaus bekannt, wenngleich ihre Ausstellung im Vergleich zu Deutschland weniger strukturiert und nur sporadisch erfolgt. Zum Teil schließen Unternehmen deren Erstellung sogar vertraglich aus. Demnach wird auch in diesen Ländern dem Zeugnis als Arbeitsnachweis kaum Bedeutung geschenkt. Empfehlungsschreiben sind zwar ebenfalls vorhanden, doch ist die Forderung nach Referenzen im Allgemeinen nicht besonders stark (Tab. 1.6; vgl. Kolberg 2010, S. 25).

Tab. 1.3 Arbeitsnachweise in Asien

Land	Art des Arbeitsnachweises	Bedeutung
Russland	• Arbeitsbücher sind gesetzlich verankert mit Informationen zu: Art und Dauer der Tätigkeit sowie Beendigungsgrund • Beinhalten keine genaue Aufgabenbeschreibung • Referenzschreiben gewinnen an Bedeutung, stellen aber meist nur positive Aspekte dar	• Abschaffung des Arbeitsbuches wird diskutiert • Bei der Personalauswahl wird das Arbeitsbuch eher von Großunternehmen angefordert • Referenzen sind vor allem bei der Besetzung von Führungspositionen wichtig • Subjektivität der Empfehlungsschreiben führt häufig zu telefonischen Nachfragen
Südkorea	• Gesetzliche Pflicht des Arbeitgebers zur Erstellung von Arbeitsbescheinigungen • Koreanisches Arbeitsgesetz verbietet negative Äußerungen über ehemalige Mitarbeiter, sowohl mündlich als auch schriftlich	• Arbeitsbescheinigungen spielen im Auswahlprozess kaum eine Rolle • Referenzschreiben sind ebenfalls unüblich
China	• Arbeitszeugnisse und Referenzschreiben können auf Wunsch ausgestellt werden • Es existieren keinerlei gesetzliche Ansprüche auf solche Dokumente	• Zeugnisse und Referenzen werden, wenn vorhanden, in die Bewerberanalyse einbezogen • Entscheidend für die Personalauswahl ist hingegen das Persönliche Gespräch
Japan	• Hier gibt es weder Arbeitszeugnisse, noch andere vergleichbare Dokumente	
Indien	• Arbeitszeugnisse werden nur für höher qualifizierte Tätigkeiten ausgestellt • Keine gesetzliche Grundlage vorhanden	• Aufgrund der hohen Mitarbeiterfluktuation spielen Zeugnisse im Bewerbungsprozess eine große Rolle • Personaler legen viel Wert auf diese Art des Arbeitsnachweises
Indonesien	• „Letter of Recommendation" gilt als offizielles Dokument • Neben der Position und Leistungsbeurteilung sind zum Teil detaillierte Stellenbeschreibungen enthalten	• Empfehlungsschreiben sind ein entscheidendes Instrument im Rekrutierungsprozess

(Fortsetzung)

Tab. 1.3 (Fortsetzung)

Land	Art des Arbeitsnachweises	Bedeutung
Vereinigte Arabische Emirate	• Historisch existiert ein starker britischer Einfluss • „Reference Letter" oder die Angabe von Kontaktpersonen sind üblich • Keine Regelungen im Arbeitsrecht vorhanden	• Referenzen werden bei Bewerbungen angegeben • Stellenwert bei der Personalauswahl deutlich geringer als in Deutschland

Tab. 1.4 Arbeitsnachweise in Amerika

Land	Art des Arbeitsnachweises	Bedeutung
Nordamerika		
Mexiko	• Empfehlungsschreiben oder Arbeitsbescheinigungen werden auf Wunsch ausgestellt • Häufig formuliert Mitarbeiter sein Empfehlungsschreiben selbst • Keine gesetzliche Verankerung im Arbeitsrecht	• Arbeitsnachweise werden von Arbeitgebern nicht unbedingt erwartet • Dienen eher als formelle Bestätigung der Angaben aus dem Lebenslauf
USA	• „Letter of Recommendation" wird als Art der persönlichen Empfehlung angefertigt • Als neutrale Arbeitsbescheinigung gibt es die „Verification of employment" • Angabe von Referenzkontakten ist üblich	• Negative Referenzschreiben können Schadensersatzansprüche auslösen, weshalb fast nur Positives erwähnt wird • Die Arbeitsbescheinigung gibt keine Aufschlüsse über das Leistungsverhalten und hat für die Rekrutierung keine Bedeutung
Kanada	• „Reference letter" und neutrale Arbeitsbescheinigung über Art und Dauer der Tätigkeit sind verbreitet	• Dokumente werden nur auf Wunsch ausgestellt und sind daher kein fester Bestandteil der Personalauswahl
Südamerika		
Argentinien	• „Certificado de trabajo" wird als Arbeitsbescheinigung über Art und Dauer der Tätigkeit ausgestellt • Empfehlungsschreiben sind üblich	• Nachweise werden zum Teil den Bewerbungsunterlagen beigefügt, sind jedoch nicht so bedeutend wie das persönliche Gespräch
Peru	• Arbeitszeugnisse und -bescheinigungen sind gesetzlich verankert • Erstellung erfolgt ohne feste Formalien oder Strukturen	• Zeugnisse spielen bei der Rekrutierung eine wichtige Rolle, vor allem in der Entscheidungsphase
Chile	• Referenzschreiben sind üblich • Umfang und Inhalt variieren stark je nach Aussteller	• Nachweise sind im Bewerbungsprozess eher nachrangig
Brasilien	• Referenz- und Empfehlungsschreiben werden verfasst	• Referenzen werden nicht unbedingt erwartet und aufgrund positiver Formulierungen mit Skepsis betrachtet • Konzentration auf objektiv überprüfbare Angaben

Tab. 1.5 Arbeitsnachweise in Afrika

Land	Art des Arbeitsnachweises	Bedeutung
Südafrika	• „Certificate of service": Basic Conditions of Employment Act, Chapter 5, Nr. 42 • Bei Beendigung des Arbeitsverhältnisses hat der Arbeitnehmer Anspruch auf ein Zertifikat, welches die Art und Dauer der Tätigkeit bestätigt	• Zertifikate spielen bei der Personalauswahl keine besondere Rolle
Marokko/ Elfenbeinküste/ Algerien	• Anlehnung an französisches Recht • „Certificat de travail" ist gesetzlich verankert • Ausstellung am Beschäftigungsende • Keine festen Vorgaben bezüglich Aufbau und Formalien • Referenz- und Empfehlungsschreiben sind vereinzelt anzutreffen	• Zeugnisse sind in der Regel nicht sehr ausführlich und haben eher Bescheinigungscharakter • Eine systematische Analyse der Dokumente im Rahmen der Rekrutierung findet nicht statt • Abitur oder Hochschulzeugnisse sind meist bedeutender • Kontaktaufnahme mit früheren Arbeitgebern gibt es oft
Ägypten	• Zeugnisse und Referenzen sind weitestgehend unbekannt • Ausstellung erfolgt nur auf ausdrücklichen Wunsch des Arbeitnehmers	• Zeugnisse werden nur auf Anfrage des Arbeitgebers den Bewerbungsunterlagen beigelegt • Derartige Nachweisdokumente haben bei der Personalauswahl kaum eine Bedeutung

Tab. 1.6 Arbeitsnachweise in Australien und Neuseeland

Land	Art des Arbeitsnachweises	Bedeutung
Australien	• Arbeitszeugnisse und -bescheinigungen sind gängige Dokumente • Erstellung nicht gesetzlich verankert oder formalisiert • „Letter of Reference" ist im Einsatz	• Kein besonders hoher Stellenwert im Rahmen der Personalauswahl
Neuseeland	• Schriftliche Zeugnisse oder Referenzen sind eher unüblich	• Einige Unternehmen verbieten sogar die Ausstellung von Zeugnissen • Deshalb spielen sie bei der Rekrutierung keine Rolle

Welches Fazit ist nun aus diesem internationalen Vergleich zu ziehen? Man kann für die Zeugnispraxis in Deutschland in Gesamtschau folgende Typ prägenden Merkmale definieren:

- Existenz eines gesetzlichen Anspruchs,
- weitgehend flächendeckende, gesetzeskonforme Umsetzung der gesetzlichen Vorgaben in der Wirtschaftspraxis,
- juristische Verfolg- und Korrigierbarkeit von Regelabweichungen der Arbeitgeber,

- hohe arbeitsrechtliche Konfliktbereitschaft,
- Existenz einer breiten arbeitsrechtlichen Rechtsprechung,
- Schriftlichkeitsprinzip,
- große inhaltliche Spannweite durch Berücksichtigung von Aufgabenbeschreibung und Bewertung von Leistung/Verhalten,
- Zeugnisse als obligatorischer Bestandteil von Bewerbungsunter-lagen,
- Zeugnisse als obligatorisches Informationsmodul bei der Personalauswahl,
- weitgehende Akzeptanz bei allen Beteiligten.

Der internationale Überblick zeigt, dass einige dieser typprägenden Merkmale durchaus in vielen Ländern existieren. Allerdings gibt es nur sehr wenige Staaten, in denen Arbeitszeugnisse in dieser geschlossenen Systematik und in dieser Konsequenz im Arbeits- und Wirtschaftsleben ihren Platz haben. Insofern könnte man also durchaus von einem deutschen, oder besser deutschsprachigen Sonderweg sprechen. Ob dieser nun ein Wettbewerbsvorteil oder doch eher bürokratische Last ist, hängt entscheidend von der tatsächlichen Erstellungssorgfalt und -professionalität und von dem Nutzen ab, den Arbeitszeugnisse bei der Personalauswahl stiften. Beides wird Gegenstand der weiteren theoretischen Erörterungen in Abschn. 1.4 und der empirischen Untersuchung sein.

Klar geworden ist aber auch, dass Arbeitszeugnisse eher ein Instrument für die deutsche Binnenwirtschaft sind. Arbeitszeugnisse deutscher Prägung können in anderen Ländern nicht hinreichend eingeordnet und interpretiert werden. Umgekehrt erhalten deutsche Personaler an ausländischen Standorten oder auch von ausländischen Bewerbern in aller Regel keine Bewerbungsunterlagen mit den gewohnten Dokumenten, also inklusive Zeugnissen, was dann den standardisierten Vergleich der Bewerber untereinander erschwert. Für eine Wirtschaftsnation mit sehr hohem Anteil an internationaler Geschäftätigkeit, samt der dafür erforderlichen internationalen Personalrekrutierungen und -transfers, ist dies kein vollständig befriedigender Zustand.

Deutlich wurde bei diesem internationalen Vergleich auch, dass persönliche Empfehlungsschreiben – speziell in den anglo-amerikanisch geprägten Ländern – einen relativ hohen Stellenwert einnehmen. Sie könnten damit als eine mögliche Alternative zu Arbeitszeugnissen deutscher Prägung gesehen werden. Daher werden sie separat im Gliederungspunkt 5.3 ausführlicher dargestellt und hinsichtlich ihrer Vor- und Nachteile näher beleuchtet.

1.4   Kritische Anmerkungen zur derzeitigen Zeugnispraxis

Auf der Positivseite soll zunächst nicht verkannt werden, dass professionell und aussagekräftig gestaltete Arbeitszeugnisse im Grundsatz einen wichtigen Beitrag bei der Personalauswahl leisten könnten. Sie

- stellen die einzigen individuell angefertigten Dokumente in der Bewerbungsunterlage dar, die nicht vom Arbeitnehmer gestaltet wurden (vgl. Deutsche Bildung AG (Hrsg.) 2012, S. 8),

- dokumentieren verlässlich und lückenlos Art und Dauer der Beschäftigung und können damit zur Überprüfung der Angaben im Lebenslauf dienen (vgl. Stickling 2010, S. 23; Nasemann 2005, S. 121 ff.),
- bieten eine rückblickende Fremdeinschätzung durch einen Dritten, die der potenzielle neue Arbeitgeber mit seinen Eindrücken aus dem Vorstellungsgespräch und den Selbsteinschätzungen des Bewerbers verproben kann (vgl. Nasemann 2005, S. 121 ff.; Dittrich und Heine 1992, S. 35).

Bei einer kritischen Reflexion der derzeitigen Zeugnispraxis auf Basis der exemplarischen Durchsicht der einschlägigen Literatur und Veröffentlichungen im Internet und aufgrund eigener Erfahrungen bei der Analyse von Arbeitszeugnissen im Rahmen von Personalauswahlprozessen, drängt sich aber massiv die Frage nach ihrer Rationalität auf (vgl. Watzka 2013, S. 18 ff.). Provokant formuliert mutet der Gesamtprozess wie ein „sinnfreies Ritual" an, das Personalbereiche weitestgehend kritiklos seit Jahrzehnten unter tätiger Mithilfe der Rechtsprechung und untätigem Wegschauen des Gesetzgebers zelebrieren. Bei genauer Draufsicht ist die entstandene Zeugnispraxis in Deutschland voller Irrationalitäten und Ineffizienzen. Warum diese Einschätzung? Die nachfolgenden Ausführungen erläutern die zentralen Argumente.

1. **Negierung gesetzlicher Vorgaben:** Eine massive Verwunderung stellt sich ein, wenn man die entstandene Zeugnispraxis an den gesetzlichen Vorgaben in § 109 Abs. 2 GewO spiegelt:

> Das Zeugnis muss klar und verständlich formuliert sein. Es darf keine Merkmale oder Formulierungen enthalten, die den Zweck haben, eine andere als aus der äußeren Form oder aus dem Wortlaut ersichtliche Aussage über den Arbeitnehmer zu treffen.

Im Lichte dieser Vorschrift können:

- die häufig verwendeten codierten und „schönfärberischen" Formulierungen,
- das fast zwanghafte Bestreben, ein eigentlich negativ zu wertendes Leistungsverhalten positiv auszudrücken oder
- eine Aussage darüber gar ganz zu vermeiden („beredtes Schweigen")

eigentlich nur als „vorsätzlicher Gesetzesverstoß" bezeichnet werden. Attestiert man beispielsweise einem Mitarbeiter im Arbeitszeugnis „Er zeigte Belastbarkeit" und möchte damit eine „mäßige Beurteilung" seiner Ausdauer und Belastbarkeit zum Ausdruck bringen (vgl. Jung 2011, S. 801) oder beschreibt man das Sozialverhalten einer Mitarbeiterin gegenüber externen Partnern des Unternehmens mit den Worten „Wir können ihr nur bestätigen, dass sich Besucher und Anrufer immer wieder zufrieden über sie geäußert haben" und möchte ihr damit „mangelhaftes Sozialverhalten" bescheinigen (vgl. Weuster und Scheer 2015, S. 362), dann hat das mit der in § 109 Abs. 2 GewO verlangten „Klarheit und Verständlichkeit" nichts mehr zu tun. Und selbstverständlich wird hier versucht eine Formulierung zu finden, die den Zweck hat, eine Aussage über den Mitarbeiter zu treffen, die aus dem Wortlaut nicht ersichtlich ist. Genau das aber verbietet § 109 Abs. 2 GewO.

Die Ratgeberliteratur ist voll von solchen Formulierungsempfehlungen. Schon 2008 ermittelte Huesmann in 16 Ratgebern ein eigenes Kapitel zur Thematik „Zeugniscode" (vgl. Huesmann 2008, S. 135 ff.). Insofern handelt es sich hier lediglich um zwei recht willkürlich herausgegriffene Beispiele, um die grundsätzliche rechtliche Problematik von codierten Formulierungen zu verdeutlichen. Etwas euphemistisch werden sie auch gern als „Verschlüsselungstechniken" bezeichnet (Jung 2011, S. 806). Es ist aber nun gerade der Sinn von Codierung und Verschlüsselung, einem Sachverhalt die klare Erkennbarkeit zu nehmen.

Wie konnte es dazu kommen, dass solche offensichtlichen Gesetzesverstöße in der Praxis „eingerissen sind", offensichtlich weitgehend zur allgemeinen Norm wurden und auch nicht juristisch geahndet werden?

2. **Fehldeutung der Rechtsprechung:** Seine vermeintliche Rechtfertigung findet dieser „Eiertanz" in der Zeugnispraxis in einem Urteil des Bundesgerichtshofes (BGH) vom November 1963 (VI ZR 221/62), das auf den ersten Blick ebenfalls wie ein Eiertanz anmutet, auf den zweiten Blick aber durchaus klare Prioritäten setzt. Diese scheinen aber „im Dunkel der Geschichtsschreibung" untergegangen zu sein, da die Unternehmenspraxis oftmals nur die eine – weniger prioritäre – Hälfte des Urteils umsetzt, die andere – prioritäre – Hälfte aber stark vernachlässigt. Die umgesetzte Hälfte ist die Direktive, dass Arbeitszeugnisse „wohlwollend" formuliert sein müssen und das weitere berufliche Fortkommen des Arbeitnehmers nicht unnötig erschweren dürfen. Diese Vorgabe wird mit der Fürsorgepflicht des Arbeitgebers begründet. Die vernachlässigte Hälfte des Urteils betrifft die vom BGH stark betonte Wahrheitspflicht.

Es lohnt, die Leitsätze dieses Urteils einmal im Original zur Kenntnis zu nehmen:

Das Dienstzeugnis

Das Dienstzeugnis ist eine gesetzliche Einrichtung zugunsten des Arbeitnehmers (§ 630 BGB); es soll ihm bei der Bewerbung um eine neue Arbeitsstelle als Ausweis dienen. Gleichzeitig soll es aber auch eine Unterlage für seine Beurteilung schaffen. Oberster Grundsatz ist daher, dass der Inhalt des Zeugnisses wahr sein muss. Das bedeutet zwar nicht, dass sich das Zeugnis über ungünstige Vorkommnisse und Beobachtungen schonungslos aussprechen müsste; das Zeugnis soll von verständigem Wohlwollen für den Arbeitnehmer getragen sein und ihm sein weiteres Fortkommen nicht unnötig erschweren. Diese Rücksichtnahme muss aber dort ihre Schranken finden, wo sich das Interesse des künftigen Arbeitgebers an der Zuverlässigkeit der Grundlagen für die Beurteilung des Arbeitsuchenden ohne weiteres aufdrängt und das Schweigen des Zeugnisses die Beurteilung des Arbeitnehmers im ganzen wesentlichen Gesamtbild beeinflusst. Keinesfalls darf der Arbeitgeber in dem Wunsche, dem Arbeitnehmer behilflich zu sein, wahrheitswidrige Angaben in das Zeugnis aufnehmen und ein Urteil abgeben, das nicht seiner Überzeugung entspricht. Quelle: www.arbeitszeugnis.com/urteile/wohlwollenspflicht.html

Tab. 1.7 Studien zur Gesamtnotenvergabe in Arbeitszeugnissen

Autor (Jahr)	Untersuchungsumfang	Notenschnitt
Weuster (1994)	1000 Zeugnisse	2,4
Huesmann (2008)	411 Zeugnisse	1,8
Personalmanagement Service GmbH (2010)	1100 Zeugnisse	1,9
Sende et al. (2011)	802 Zeugnisse	1,9

Zur Leistungs- und Verhaltensbeurteilung im Arbeitszeugnis wird also unmissverständlich festgestellt, dass Arbeitszeugnisse dem Grundsatz der Wahrheit entsprechen müssen, und zwar als oberstem Grundsatz!

Wie konnte es in der Praxis zu dieser Akzentverschiebung kommen? Die Antwort liegt nahe: Kaum ein Unternehmen wird als Zeugnisleser den Klageweg gegen den Zeugnisaussteller beschreiten, wenn es den Eindruck hat, dass sich in der Bewerbungsunterlage eines (eingestellten) Bewerbers ein Arbeitszeugnis befindet, das nicht hinreichend der Wahrheit entspricht. Die Beweisführung wäre zu schwierig. Dagegen sind Arbeitnehmer, die aus ihrer Sicht eine zu schlechte Beurteilung bekommen haben, viel eher bereit, eine (juristische) Auseinandersetzung mit dem Arbeitgeber zu suchen. Unternehmen haben sich auf diese Asymmetrie des juristischen Risikos eingestellt. Sie gehen oftmals den Weg des geringsten Widerstands und stellen zur prophylaktischen Vermeidung von juristischen Zeugnisstreitigkeiten eher überaus wohlwollende Zeugnisse aus.

Dieser Trend zu „Gefälligkeitszeugnissen" scheint sich immer mehr zu verstärken. Recht eindrucksvoll deutlich wird das, wenn man die verbalen Gesamtbewertungen in Arbeitszeugnissen in die „üblichen Notenkategorien" (dazu später detailliert) übersetzt. Es existieren dazu einige Studien, die eine deutliche Notenverbesserung in den letzten Jahren aufzeigen. Lag der Notendurchschnitt im Jahr 1994 noch bei 2,4, so ist er gut 15 Jahre später in den Bereich 1,8 bis 1,9 angestiegen (siehe Tab. 1.7; vgl. Grau 2015, S. 26 und die zitierte Literatur).

Ein weiterer Beleg für das immer stärker um sich greifende „Noten-Tuning" ist die deutliche Abnahme unterdurchschnittlicher Bewertungen. Wirklich häufig waren sie noch nie, aber mittlerweile mutieren sie zu Spurenelementen. Gab es 1994 noch einen Anteil von Arbeitszeugnissen mit der Gesamtnote „vier" oder gar „fünf" in Höhe von 9,2 %, so sank dieser in den folgenden 15 Jahren in den Bereich 1,9 bis 3,3 %. Im Gegenzug stieg der Anteil der Noten im Bereich „eins" oder „zwei" von 57 % in 1994 auf 77 bis 87 % (vgl. Weuster und Scheer 2015, S. 108 f. und die zitierten Studien).

Provokant könnte man formulieren, dass der außergewöhnlich gute Mitarbeiter der Normalfall geworden ist. Wenn Bewertungen in Zeugnissen aber nicht mehr hinreichend differenzieren, dann verlieren sie ihre Berechtigung. Auch das Konstrukt einer „durchschnittlichen Leistung" wird bedeutungslos, wenn sich realiter fast alle Mitarbeiter oberhalb dieses Durchschnitts befinden. In Summe muss dann der Nutzen von Zeugnissen für die Personalauswahl angezweifelt werden (vgl. ähnlich List 2009, S. 21).

Das Bundesarbeitsgericht stemmt sich noch mit bemerkenswerter Energie gegen das Aussterben des Durchschnitts. In einem Urteil aus dem Jahr 2014 (BAG 9 AZR 584/13) hat es eine Entscheidung des Landesarbeitsgerichts Berlin-Brandenburg (18 Sa 2133/12) aufgehoben, das die Note „zwei" zum neuen Durchschnitt machen und für schlechtere Beurteilungen dem Arbeitgeber die Beweislast aufbürden wollte. Das BAG hielt aber an einer Durchschnittsbewertung von „drei" als relevanten Bezugspunkt fest. Die Beweislast für eine überdurchschnittliche Gesamtbewertung oberhalb der Note „drei" liegt demnach weiterhin beim Mitarbeiter. Aber angesichts der empirisch ermittelten Gesamtbewertungen (siehe oben) drängt sich doch der Eindruck auf, dass das BAG mit seiner Leitlinie von der Realität schon längst überholt wurde. Der Trend zur „Klumpenbildung im oberen Notenbereich" scheint unumkehrbar. Zu groß ist der Anreiz für Unternehmen, sich durch Gefälligkeitszeugnisse des juristischen Risikos oder zumindest langwieriger Diskussionsprozesse mit dem Mitarbeiter zu entledigen.

3. Uneinlösbarkeit der Rechtsprechungsvorgaben: Selbst wenn es gelänge, der Wahrheitspflicht aus dem BGH-Urteil von 1963 wieder ihre intendierte prioritäre Position zurückzugeben, so bleibt trotzdem die Grundfrage nach der Logik der Rechtsprechungsvorgaben mit ihren beiden Polen „Wahrheit" einerseits und „verständiges Wohlwollen" als nachsorgende Fürsorgepflicht andererseits. Und § 109 Abs. 2 GewO mit seiner Forderung nach Klarheit und Verständlichkeit existiert ja auch noch.

Für die Unternehmen ergibt sich so ein beträchtliches Spannungsfeld. Damit stellt sich die Frage, ob die konfliktären Vorgaben aus Gesetz und Rechtsprechung überhaupt jemals zusammen einlösbar waren. Wir meinen, nein! Die Unternehmen sind vor ein eigentlich unauflösbares Dilemma gestellt. Zumindest sind sie zu einem mächtigen Spagat gezwungen, der die rationale Abarbeitung eines personalwirtschaftlichen Prozesses nahezu unmöglich macht. Wahrheit/Klarheit einerseits und Beschönigung andererseits passen als Prinzipien einfach nicht zusammen. Sie haben auch noch nie zusammengepasst. Insofern sind diese Vorgaben aus der Rechtsprechung eine Aufforderung zur „Quadratur des Kreises" und somit für die Unternehmen eine Zumutung. Eingeklemmt zwischen Wahrheits- und Fürsorgepflicht, bleibt den Zeugnisausstellern nur der Griff zu den verbalen Nebelkerzen. Die Dilemmasituation für die Zeugnisaussteller hat aber noch eine weitere Dimension.

4. Unklares Ziel der Zeugniserstellung: Warum eigentlich werden Arbeitszeugnisse geschrieben? Was die Tätigkeitsbeschreibung des Mitarbeiters anbelangt, schafft das oben zitierte BGH-Urteil von 1963 eindeutig Klarheit. Es betont die Dokumentationsfunktion eines Zeugnisses über die ausgeübten Tätigkeiten, durch die der Mitarbeiter Unterstützung bei der Stellensuche erhalten soll („Das Dienstzeugnis ist eine gesetzliche Einrichtung zugunsten des Arbeitnehmers (§ 630 BGB); es soll ihm bei der Bewerbung um eine neue Arbeitsstelle als Ausweis dienen. ...").

Nicht so eindeutig ist das Ziel bei der Leistungs- und Verhaltensbewertung. Wer ist hier der „Kunde" von Arbeitszeugnissen? Sollen primär die „Kundenbedürfnisse" des ausscheidenden Mitarbeiters befriedigt werden, dann hätte der Zeugnisaussteller quasi die Rolle einer Marketingabteilung, die wirksame Unterstützung für eine schnelle Wiederbeschäftigung zu leisten hat. Das wäre dann eine sehr weit gehende Interpretation des Prinzips des Wohlwollens und der nachsorgenden Fürsorgepflicht. Einzelne Unternehmen dürften sich durchaus in dieser Rolle sehen, speziell dann, wenn Arbeitsverhältnisse betriebsbedingt gekündigt werden müssen. Getrieben von einem schlechten Gewissen möchte man dem gekündigten Mitarbeiter als Abschiedsgeschenk eine möglichst wirkungsvolle Hilfe für den Neustart mit auf den Weg geben.

Wenn aber das personalsuchende Unternehmen als primärer Kunde gesehen wird, dann müssen Arbeitszeugnisse zielgenaue Hilfe für den Selektionsprozess bieten. Das Prinzip der Zeugniswahrheit erlangt dann überragende Wichtigkeit.

Weder gesetzliche Vorgaben noch Rechtsprechung bieten hier Rollenklarheit für den Zeugnisaussteller. Wie aber soll ein Prozess überzeugend gelingen, dem es schon an der „Mutter aller Voraussetzungen", nämlich Zielklarheit fehlt? Zwangsläufig müssen die Zeugnisschreiber diese Ziellücke füllen. Und jeder macht es auf andere Weise. Der eine fühlt sich eher dem ehemaligen Mitarbeiter verpflichtet und fertigt eine Laudatio an, der andere solidarisiert sich eher mit dem künftigen Arbeitgeber und versucht, über eine möglichst zutreffende Darstellung von Leistung und Verhalten wirksame Selektionshilfe zu leisten. „Nachsorgende Fürsorgepflicht vs. Solidarität unter Arbeitgebern" heißt der Rollenkonflikt des Zeugnisschreibers. Höchst unbefriedigend für den Zeugnisleser ist aber, dass er nie so recht weiß, welche Kundenbedürfnisse der Zeugnisaussteller primär bedient hat. Und damit stellt sich dann die Frage, ob das Messinstrument „Arbeitszeugnis" für die Personalauswahl auch tatsächlich „das misst, was es zu messen vorgibt". Das ist nichts anderes als die Frage nach der Validität einer Messung. Sie ist für Gefälligkeitszeugnisse eindeutig zu verneinen.

5. Ineffektivität und Ineffizienz: Effektivität („Tun wir die richtigen Dinge?") stellt die Frage, ob Aktivitäten einen Zielerfüllungsbeitrag leisten. Wenn die Ziele des Zeugnisausstellers schon unklar sind, dann kann von der Logik her der nachfolgende Prozess (hier: Zeugnisanalyse) nur zufallsbedingte Effektivität aufweisen. Will man bei der Personalselektion wirklich ein Instrument mit solchen konstruktionsbedingten Unschärfen einsetzen?

Selbst wenn man im Einzelfall Effektivität im Sinne eines wichtigen Beitrags zur Personalauswahl unterstellt, dann bleibt immer noch die Frage der Effizienz („Tun wir die richtigen Dinge auch richtig?"), also eines günstigen Kosten-Nutzen-Verhältnisses. Wie effizient (und rational) ist es eigentlich, wenn zunächst die eine Seite mit viel Zeitaufwand über codierte Formulierungen die Wahrheit ein wenig tarnt und die andere Seite dann versucht, die verschleierten Wahrheiten wieder zutage zu fördern? Das erinnert doch sehr an Ostereierverstecken mit Fünfjährigen.

6. Geringe Motivation der Zeugniserstellter: Die bei Zeugnissen übliche Beurteilung im Essay-Stil hat eigentlich das Potenzial für eine sehr differenzierte Beschreibung des Leistungsverhaltens und der Stärken/Schwächen von Mitarbeitern. Eigentlich! Denn diese Potenziale sind nur ausschöpfbar, wenn der Zeugnisaussteller viel Zeit, Recherche und Energie in die Formulierungen investiert und ein individualisiertes Zeugnis für den Mitarbeiter erstellt.

Warum aber sollte er diesen Aufwand betreiben? Der Mitarbeiter wird sowieso gehen. Man muss ihn nicht mehr umwerben. Eine gemeinsame Zukunft gibt es nicht mehr. Jede Stunde Arbeit ist Aufwand ohne Hoffnung auf Ertrag. Also ist es zutiefst menschlich und ökonomisch rational, sich einer ungeliebten Pflichtaufgabe mit dem geringsten Aufwand zu entledigen. Der Einsatz von Mustervorlagen oder das Zusammenklicken von Textbausteinen aus einschlägiger Software oder auch der Einsatz von Zeugnisgeneratoren liegt da nahe. Das vorhandene breite Angebot an solchen Hilfsmitteln ist ein gutes Indiz für einen offensichtlichen Bedarf in den Unternehmen.

Zeugnisgeneratoren sind einfach und unkompliziert in der Handhabung. Schon nach wenigen Klicks entwirft das System ein komplettes Zeugnis. Es handelt sich um ein Werkzeug, in dem die Beurteilungskriterien und die typische Struktur der Zeugnisse bereits fest verankert sind (vgl. Wahner 2013, S. 75; siehe auch den Marktüberblick bei Grau 2015, S. 142 ff.).

Individuell verfasste Zeugnisse mit ihrem Potenzial zu einer differenzierten Würdigung von Leistung und Verhalten einer konkreten Person sind vermutlich eine aussterbende Spezies. Selbst wenn keine Zeugnisgeneratoren eingesetzt werden, so verleitet die starke Präsenz der Computertechnik die Ersteller zumindest dazu, Formulierungsbausteine einmalig zu verfassen, abzuspeichern und ständig wieder zu verwenden. Folglich kommt es zu einer regelrechten Erstarrung der Zeugnisanfertigung und der flächendeckenden Verwendung von Standardfloskeln (vgl. Gertz 2010, S. 21; Sabel 1994, S. 132). Einheitszeugnisse für ganze Mitarbeitergruppen dürften immer weiter vordringen.

Noch einen Schritt weiter gehen Unternehmen, die den Prozess der Zeugniserstellung outsourcen. Auf der Basis eines inhaltlichen Erfassungsbogens erstellen externe Dienstleister zu Preisen zwischen 80 € (Mitarbeiter ohne Führungsverantwortung) und 180 € (Geschäftsführer, Vorstände) ein Zeugnis für Mitarbeiter, zu denen sie nie Kontakt hatten (siehe zum Beispiel www.arbeitszeugnis.com/ghostwriting.html).

Mitunter hört man auch in persönlichen Gesprächen, dass Mitarbeiter ihre Zeugnisse selbst geschrieben haben oder zumindest einen Entwurf einreichen sollten. Diese Praxis scheint gar nicht so selten zu sein. In einer Untersuchung gaben 17 % der Befragten – vornehmlich in kleineren Unternehmen – an, regelmäßig Zeugnisentwürfe durch Mitarbeiter anfertigen zu lassen (vgl. Weuster 1994, S. 16 ff.). Eine andere Studie kam sogar auf einen Anteil von 34 % (vgl. Jahn 2006, S. 60 ff.). Das ist nicht unproblematisch, da der Mitarbeiter vermutlich die Regeln der Rechtsprechung und die Formulierungsusancen nur unzureichend kennt und in der Abfassung solcher Dokumente völlig ungeübt ist. Der Anreiz für den Arbeitgeber ist recht groß, das Dokument ohne intensive Prüfung und Korrektur „durchzuwinken". Schließlich möchte er den Vorgang möglichst zeitsparend vom Tisch haben und außerdem war die Formulierung ja der ausdrückliche Wunsch des Mitarbeiters. Die möglichen unerwünschten Ergebnisse dieser Vorgehensweise: Entweder entstehen zu viele Zeugnisse mit völlig undifferenzierten Spitzenbewertungen oder eine vermeintlich positive Formulierung wird schnell zur Hypothek für den Mitarbeiter.

Mit ausdifferenzierten und individuell zugeschnittenen Leistungs- und Verhaltensbewertungen hat all das nichts mehr oder wenig zu tun. Aber unter Trennungsbedingungen kann man keine große Motivation für die Zeugniserstellung erwarten. Der stärkste Antrieb besteht noch in der Vermeidung von juristischen Konflikten. Dieser aber befördert eher das „Realitätstuning" und die flächendeckende, unkritische Ausstellung von nur noch guten oder sehr guten Zeugnissen. Jede zusätzliche Diskussion mit dem Mitarbeiter soll eher vermieden werden.

7. **Babylonische Sprachverwirrung in der Zeugnissprache:** Es ist Basisbedingung gelingender Kommunikation, dass ein Sender, der die Codierung einer Botschaft vornimmt und der Empfänger, der für die Decodierung zuständig ist, über den gleichen Zeichensatz verfügen müssen. Ihre Einhaltung ist bei Arbeitszeugnissen höchst problematisch. Das virtuose Spiel mit verschlüsselten Zeugnisformulierungen kann nur gelingen, wenn auf beiden Seiten erfahrene Experten agieren. Der Schreiber weiß genau, wie er etwas „fürsorglich und trotzdem wahr" zu formulieren hat und der Leser beherrscht die hohe Kunst des „Zwischen-den-Zeilen-Lesens" oder der „Ergänzung des Unausgesprochenen".

Aber wie häufig ist diese Qualifikationssymmetrie zwischen Schreiber und Empfänger wirklich gegeben? Wie geschult und erfahren ist der Zeugnisaussteller eines kleinen Mittelständlers, der im Jahr drei Zeugnisse zu schreiben hat? Schnell geraten Formulierungen ins Zeugnis, bei denen sich der Schreiber wenig Gedanken gemacht hat, die aber vom Gegenüber tiefsinnig interpretiert werden. Vielleicht sind sie auch im Sinne des Mitarbeiters „gut gemeint", werden aber vom professionellen Gegenpart als negative Leistungsaussage ausgelegt. Sobald Qualifikationsasymmetrie hinsichtlich der Zeugnisusancen zwischen Sender und Empfänger auftritt, sind Missverständnissen und Fehlinterpretationen Tür und Tor geöffnet. Solche Asymmetrien dürften häufig auftreten, da Zeugnisaussteller und -leser in der Breite vermutlich kaum systematisch in dieser Aufgabe geschult wurden. Es ist auch fraglich, ob Unternehmen überhaupt in großer Zahl bereit sind, in ein solches Fortbildungsthema Geld zu investieren, gerade wenn pro Jahr nur eine vergleichsweise kleine Anzahl an Zeugnissen anzufertigen oder zu analysieren ist. Recht wahrscheinlich ist da eher eine Haltung des „Es geht auch so" oder des „Das lohnt sich nicht". In einem Akt ritueller Selbsttäuschung setzt man bequemerweise einfach voraus, dass jedermann zur Formulierung und Analyse von Arbeitszeugnissen befähigt wäre.

Eine systematische Schulung würde allerdings voraussetzen, dass es tatsächlich eine fest definierte Zeugnissprache gibt, die über ein hinreichend präzise definiertes Curriculum lehr- und lernbar ist. Gibt es sie wirklich oder ist sie nur eine gut gepflegte Illusion? Wir meinen, Letzteres! Die Durchsicht von Lehrbüchern und Ratgeberliteratur – Print oder Internet – nährt tendenziell eher den Verdacht, „jeder weiß etwas dazu, aber jeder etwas anderes". Natürlich gibt es einige Klassiker in der Formulierung, die breit bekannt sind. „Er hat sich stets bemüht" für eine völlig unzureichende Leistung oder „Wir wünschen alles Gute, vor allem Gesundheit" für hohe Fehlzeiten, wären Beispiele.

Tab. 1.8 Formulierungsempfehlungen für Negativverhalten

Zeugnisformulierung	Bedeutung
„Er hat sich im Rahmen seiner Fähigkeiten eingesetzt."	Er hat getan, was er konnte, das war jedoch nicht viel.
„Durch seine Geselligkeit trug er zur Verbesserung des Betriebsklimas bei."	Er neigt zu übertriebenem Alkoholgenuss.
„Er machte häufig Vorschläge zu Arbeitserleichterungen."	Er war ein fauler und bequemer Arbeitnehmer, dem es an ausreichendem Einsatz mangelte.
„Er erwies sich als anspruchsvoller und kritischer Mitarbeiter."	Sein eigensüchtiges Verhalten hat das Betriebsklima belastet.

In Gesamtschau zeichnet sich eher eine verwirrende Vielfalt zur Frage ab, aus welchen Formulierungen man mit welcher Sicherheit herauslesen kann, dass der Mitarbeiter zu unangenehmer Rechthaberei tendiert, es mit der Sorgfalt bei der Aufgabenerfüllung nicht allzu genau nimmt oder dem „Schwätzchen" während der Dienstzeit zugeneigter ist als dem eigenen Schreibtisch. Oftmals wird in den Publikationen der Anschein einer Geheimwissenschaft für Insider erzeugt – die mystische Aura wabert mitunter geradezu über die Seiten. Die Menge an verstreutem Sternenstaub steht aber mitunter in diametralem Gegensatz zur Aussagenpräzision. Eine ausdefinierte und damit klar interpretierbare Zeugnissprache sieht jedenfalls anders aus. Wir melden ernste Zweifel an, ob es sie wirklich gibt. Und wenn doch, dann bleibt immer noch der Zweifel, ob alle Akteure wirklich diese Sprache auf dem erforderlichen Niveau beherrschen (ähnlich Weuster und Scheer 2010, S. 60).

Ein Beispiel zur Illustration der vorgetragenen Kritik ist in Tab. 1.8 abgedruckt (vgl. Backer 2008, S. 80 f.). Es steht exemplarisch für viele ähnliche Empfehlungen in der Ratgeberliteratur.

Würden in der Praxis wirklich alle Zeugnisaussteller diese negativen Verhaltensmuster von Mitarbeitern genauso oder zumindest hinreichend ähnlich formulieren? Würden alle Zeugnisleser eine solche Formulierung tatsächlich einheitlich im oben dargestellten Sinne interpretieren?

Ein anderes Beispiel: Es wird darauf verwiesen, dass bei der Beurteilung des Sozialverhaltens eines Mitarbeiters die Vorgesetzten, die Kollegen und die Geschäftspartner/Kunden relevant sind. So weit, so richtig. Es folgt dann der Hinweis, dass die Reihenfolge der Aufzählung wichtig ist. Stehen die Kollegen an erster Stelle, dann soll dies auf Probleme mit dem Vorgesetzten oder auf übermäßigen Austausch mit den Kollegen schließen lassen (vgl. Kaufmann 2010, S. 84 ff.). Was soll ein Zeugnisleser mit dem „oder" anfangen? Was genau ist die Kritik an dem Mitarbeiter? Was ist, wenn die Vorgesetzten an erster Stelle stehen? Gab es dann Probleme mit den Kollegen? Würden alle Zeugniserteller dies so formulieren und alle Zeugnisleser diese Aufzählungsreihenfolge in gleicher Weise interpretieren? Aus unserer Sicht werfen solche Empfehlungen oft mehr Fragen auf, als dass sie Klarheit schaffen.

Tab. 1.9 Verschlüsselungstechniken im Arbeitszeugnis

Technik	Vorgehen
Beredtes Schweigen	Weglassen notwendiger Aussagen
Reihenfolge-Technik	Unwichtiges vor Wichtigem
Orakel-Technik	Andeutungen mit Hilfe von Übertreibungen oder Verneinungen
Einschränkungen	Räumliche/zeitliche Begrenzungen einfügen
Mehrdeutigkeiten	Mehrdeutige Worte der Alltagssprache („ihm eigene Sorgfalt")
Passivierungen	Verwendung von Passivformulierungen zur Betonung von Unselbstständigkeit
Knappheit	Betont kurzes Zeugnis ausstellen
Wiederholungen	Selbstverständlichkeiten werden mehrfach hervorgehoben
Globalformulierungen	Floskeln und allgemeine Aussagen, die in jedes Zeugnis passen
Widersprüche	Widersprüche zwischen einzelnen Zeugniskomponenten

Tab. 1.9 bietet einen Überblick über verbreitete Verschlüsselungstechniken (vgl. Nasemann 2005, S. 63 ff.; Weuster und Scheer 2010, S. 22 ff.; Püttjer und Schnierda 2010, S. 25 ff.).

Ein weiteres Indiz für die starke Unsicherheit, die mit diesen Verschlüsselungstechniken erzeugt wird, ist die hohe Menge an Anfragen und der Diskussionsbedarf in Online-Foren wie z. B. www.Zeugnisforum.de. Seit Mai 2004 sind dort insgesamt 326 Seiten zu je 20 Einträgen, also mehr als 6500 Beiträge zusammengekommen (Stichtag 21.10.2015). Schon fünf Minuten Lektüre in diesem Forum dürften auch Personen, die des Öfteren mit Zeugnissen zu tun haben, der sokratischen Erkenntnis „Ich weiß, dass ich nichts weiß!" näher bringen.

Und auch die zahlreichen Angebote im Internet, die in der Regel im Preisbereich zwischen 20 € und 60 € mehr oder weniger ausführliche Prüfungen von Arbeitszeugnissen anbieten, hätten ohne das babylonische Sprachwirrwarr kaum eine dauerhafte Geschäftsgrundlage (siehe z. B. www.zeugnisportal.de; www.arbeitszeugnis.de; www.arbeitszeugnis.com; www.personalmarkt.de; www.arbeitszeugnis-beratung.de).

8. **Ethische Fragwürdigkeit:** Gesetzt den Fall, es gäbe eine hinreichend präzise und geteilte Zeugnissprache, dann stellt sich immer noch die ethische Frage. Zwei Personaler reden in einer Geheimsprache über einen Dritten – den ehemaligen/zukünftigen Mitarbeiter –, der diese Geheimsprache nicht versteht. Entspricht ein solches Kommunikationsgebaren wirklich ethischen Standards der Personalarbeit?

Und sollte der Dritte die Geheimsprache mit Hilfe von Ratgebern oder Experten entschlüsseln können, dann ist es keine Geheimsprache mehr und man könnte ebenso gut im Klartext kommunizieren. Das wäre zeit- und kostensparender und würde auch das Missverständnispotenzial minimieren, das mit dem Prozess von Codierung und Decodierung zwangsläufig verbunden ist.

Tab. 1.10   Notenskala für die Gesamtbeurteilung

Note	Formulierung der Gesamtbeurteilung	Bedeutung
1 = sehr gute Leistung	… stets zu unserer vollsten Zufriedenheit	• Übertrifft die Anforderungen bei Weitem • Leistungen liegen weit über dem Durchschnitt
2 = gute Leistung	… stets zu unserer vollen Zufriedenheit	• Anforderungen wurden übertroffen • Arbeitnehmer war überdurchschnittlich
3 = befriedigende Leistung	… stets zu unserer Zufriedenheit	• Arbeitnehmer erfüllte betrieblich gesetzte Normen • Leistungen waren durchschnittlich
4 = ausreichende Leistung	… zu unserer Zufriedenheit	• Leistungen weisen Mängel auf und sind unterhalb des betrieblichen Durchschnitts
5 = mangelhafte Leistung	… im Großen und Ganzen zu unserer Zufriedenheit	• Leistungen haben den betrieblichen Anforderungen in keiner Weise entsprochen
6 = unzureichende Leistung	… bemühte sich, den Anforderungen gerecht zu werden	• Leistungen sind unzumutbar • Arbeitnehmer ist nicht haltbar

9. **Uneinheitliche Notenskala:** Wie fragwürdig die Verschlüsselungstechniken bei Leistungs- und Verhaltensbewertung sind, dürfte aus den vorangegangenen Ausführungen deutlich geworden sein. Es wäre nun zumindest zu erwarten, dass hinsichtlich der Note, die sich hinter der zusammenfassenden Leistungsbeurteilung verbirgt, ein einheitliches Verständnis herrscht. Auf den ersten Blick könnte man das auch vermuten. Tendenziell scheinen sich nämlich obige Formulierungen für die Gesamtbeurteilung herausgebildet zu haben (siehe Tab. 1.10; vgl. Grau 2015 und die zitierte Literatur; Weuster und Scheer 2015, S. 114).

Auf den zweiten Blick tauchen dann doch Zweifel an der Einheitlichkeit auf. So geht das Bundesarbeitsgericht von einer fünfstufigen Notenskala aus (BAG 2003 9 AZR 12/03, Ziffer 26): „(…) Verstärkende oder abschwächende Zusätze führen zu einer Schul- oder Prüfungsnoten vergleichbaren Skala, die von ‚sehr gut' über ‚gut' und ‚befriedigend' bis hin zu ‚ausreichend' und ‚mangelhaft' reicht".

Weitere stichprobenartige Literaturanalysen fördern dann schnell unterschiedliche Vorstellungen zur Skalenlänge zutage – siehe Tab. 1.11.

Längere Skalen ergeben sich durch die Berücksichtigung von Zwischennoten (z. B. 1 bis 2 oder 3 bis 4). Es wird darauf verwiesen, dass sich in der Rechtsprechung in den letzten Jahren die Zwischenstufe einer „voll befriedigenden Leistung" herauskristallisiert

Tab. 1.11 Skalenlängen bei Gesamtbeurteilungen

Literaturquelle	Anzahl Skalenpunkte
Frey und Wörl 2009, S. 94	5
Düwell und Dahl 2011, S. 958	4
Dachrodt und Engelbert 2013, S. 95 ff.	9
Huesmann 2008, S. 56	6
Knobbe et al.2010, S. 36	6
Huber und Ruby-Dohrmann 2008, S. 32 ff.	5
Backer 2008, S. 54 f.	8
Fuhlrott und Fabritius 2011, S. 652	6
Schwirtzek 2005, S. 717	5
Löw 2005, S. 3607	5
Künzel und Warnecke 2013, S. 342	6
Jung 2011, S. 798 f.	5
Kolb 2008, S. 107	6
Bröckermann 2012, S. 80	6

hat. Alle weiteren Noten wären damit um eine Stufe nach unten zu verschieben (vgl. Knobbe et al. 2011, S. 20; Hoß 2002, S. 535).

Was soll ein Zeugnisschreiber oder -leser, der mehrere Quellen zurate zieht, mit dieser Situation anfangen? Und wieder gilt die schon getätigte Einschätzung: „Jeder weiß etwas, aber tendenziell jeder etwas anderes". Von einer wirklichen Eindeutigkeit und Einheitlichkeit lässt sich auch bei der Gesamtbenotung in einem Arbeitszeugnis nur mit Einschränkung sprechen.

10. **Mangelnde Objektivität, Reliabilität und Validität:** Die Arbeitszeugnisanalyse ist ein Instrument der Personalauswahl, das einen Beitrag zur Messung der Eignung eines Bewerbers leisten soll.

Bei jeder Messung stellt sich die Frage nach der Messqualität. Sie wird in der Regel anhand der drei Gütekriterien

- Objektivität
- Reliabilität
- Validität

diskutiert (vgl. zu den theoretischen Hintergründen der folgenden Ausführungen insbesondere Bühner 2006, S. 25 ff., 34 ff.; aber auch Moser 2007, S. 106 ff.).

Objektivität Eine Messung ist dann objektiv, wenn unterschiedliche Nutzer des Messinstruments (hier: Arbeitszeugnis) beim gleichen Messobjekt (hier: Bewerber) zum gleichen Messergebnis (hier: Eignungseinschätzung) kämen. Das Messinstrument wäre dann unabhängig von der Messperson. Subjektive Einflüsse spielen keine Rolle. Dass nun unterschiedliche Leser eines Arbeitszeugnisses exakt die gleichen Schlüsse aus ihm ziehen, ist angesichts der breiten Interpretationsspielräume und der fehlenden Einheitlichkeit bei codierten Formulierungen und Gesamtbeurteilungen kaum vorstellbar.

Der „Königsweg" hin zu einer hohen Objektivität ist die Standardisierung der Messprozedur. Je präziser sie festgelegt ist, desto weniger Eingriffsmöglichkeiten – und damit auch subjektive Verfälschungsmöglichkeiten – hat die Messperson. Von einer durchgehenden und hohen Standardisierung kann aber weder bei der Zeugniserstellung, noch bei der Zeugnisanalyse gesprochen werden. Ein einheitliches Standardschema, nach dem alle Zeugnisschreiber ihre Zeugnisse anfertigen und alle Zeugnisanalytiker diese Dokumente auswerten, gibt es nicht. Tendenziell wird jedes Unternehmen (graduell) seine eigene Strategie und Schreibkultur entwickeln, um Zeugnisse zu formulieren und um bei der Auswertung möglichst viele Informationen zu gewinnen (vgl. ähnlich Schwarb 1999 S. 22 ff.). Die große Menge an unterschiedlich gestalteten Dokumenten macht eine eindeutige Interpretation nahezu unmöglich (vgl. Stickling 2010, S. 22). Würden alle den gleichen Zeugnisgenerator einsetzen oder das gleiche System an Textbausteinen und die gleiche Auswertungscheckliste, dann wäre dies zweifellos ein deutlicher Gewinn an Objektivität. Davon aber kann in der Praxis keine Rede sein. Im Fazit wird also in Deutschland in der Breite bei der Personalauswahl ein Selektionsinstrument von höchst zweifelhafter Objektivität eingesetzt, ja sogar gesetzlich angeordnet.

Reliabilität Eine Messung ist dann reliabel (= zuverlässig), wenn sie eine hohe Messgenauigkeit aufweist, die auch nicht durch irrelevante Einflüsse oder Messfehler „verschmutzt" ist. Bei einer hoch reliablen Messung (hier: Analyse des Arbeitszeugnisses) müsste also der Zeugnisanalytiker für einen Bewerber erstens einen möglichst exakten Wert auf einer Eignungsskala angeben können. Und zweitens dürften diagnostizierte Eignungsunterschiede zwischen unterschiedlichen Bewerbern nur auf ihre tatsächlichen Unterschiede bei Leistung und Verhalten zurückgehen (= Varianz der wahren Werte) und nicht durch irrelevante Einflüsse (= Messfehler) beeinträchtigt sein.

Wie in den vorherigen Ausführungen deutlich aufgezeigt wurde, gibt es keinen ausreichenden Konsens darüber,

- wie bestimmte Sachverhalte in einem Zeugnis zu formulieren sind,
- wie bestimmte Formulierungen im Zeugnis in ein Eignungsurteil zu übersetzen sind.

Damit ist eine Zeugnisanalyse, die zu einer hinreichend präzisen Verankerung eines Eignungsurteils auf einer Messskala führen kann, weitestgehend ausgeschlossen. Zusätzlich stellt die Unbekanntheit der Motive des Zeugnisschreibers – wollte er möglichst

„Wahres" berichten oder wollte er dem ausscheidenden Mitarbeiter mit einem guten Zeugnis noch einen Gefallen erweisen oder zumindest juristisches Konfliktpotenzial vermeiden – eine potenzielle erhebliche „Verschmutzung" der Messoperation dar. Der Zeugnisleser weiß also nicht, ob er die wahren Messwerte vor sich hat oder einem – bewusst eingebauten (!) – Messfehler aufsitzt. Verschärfend kommt dann möglicherweise hinzu, dass

- der Mitarbeiter den Zeugnisvorschlag eventuell selbst angefertigt hat,
- der Zeugnisverfasser den Mitarbeiter gar nicht kennt und seine Leistungen und sein Verhalten nur auf der Basis der Vorgaben von Dritten formulieren kann, was nach dem „Prinzip der stillen Post" zu Informationsverlusten (Inhalte und Präzision) bei der Informationsweitergabe führen kann,
- der Zeugnisschreiber mangels Qualifikationen zur Zeugnisabfassung nicht exakt wusste, was seine Formulierungen bedeuten könnten.

Von systematisch reliablen Messungen kann unter solchen Umständen definitiv nicht gesprochen werden.

Diese Ausführungen sind relevant, um sich nicht durch ein übliches Verfahren der Reliabilitätsbeurteilung täuschen zu lassen. Danach zeigt sich hohe Reliabilität einer Messprozedur unter anderem daran, dass wiederholte Messungen an dem gleichen Messobjekt unter den gleichen Messbedingungen immer exakt zum gleichen Ergebnis führen. Man spricht hier von der Retest-Reliabilität. Wenn ein Zeugnisanalytiker also das gleiche Zeugnis heute und dann noch mal in einem Jahr analysiert, müsste er zum gleichen Eignungsurteil kommen. Vor dem Hintergrund der bei ihm persönlich verankerten Interpretationsmuster für Zeugnisse könnte das sogar sein. Diese Herangehensweise würde dann eine hohe Reliabilität der Eignungsaussage suggerieren. Das aber ist ein Fehlsignal, da mit hoher zeitlicher Stabilität möglicherweise ein systematischer Fehler transportiert wurde. Die Datenauswertung kann nicht besser sein als die Qualität des Dateninputs. Oder wie mitunter etwas provokant formuliert wird: „Rubbish in, rubbish out".

Validität Eine Messung ist dann valide (= gültig), wenn das Messinstrument tatsächlich das misst, was es zu messen vorgibt. Im Falle des qualifizierten Arbeitszeugnisses sind das „Leistung und Verhalten" von Mitarbeitern.

Etwas spezieller geht es unter dem Blickwinkel der „Inhaltsvalidität" auf Basis von logisch-fachlichen Überlegungen um die Frage, ob die Aussagen im Zeugnis hinreichend repräsentativ das interessierende Konstrukt (hier: Leistung, Verhalten und daraus abgeleitet die Eignung eines Bewerbers) abbilden. Und unter dem Aspekt der „prognostischen Validität" (als Unterform der „Kriteriumsvalidität") kann auf die Frage fokussiert werden, wie hoch die Korrelation zwischen einem „Prädiktor" (hier: Zeugnisaussagen) und einem „Kriterium" (hier: Eignung) ist. Damit wird untersucht, wie gut Zeugnisaussagen die Eignung eines Bewerbers voraussagen können.

Hinsichtlich der Validität der Eignungsaussagen auf Basis von Arbeitszeugnissen ist die Praxis der geschönten und codierten Formulierungen ein großes Problem. Sind solche Formulierungen nicht bewusst und eindeutig vom Zeugnisersteller gewählt und/ oder können sie vom Zeugnisanalytiker nicht ebenso eindeutig decodiert werden – was häufig der Fall sein dürfte –, dann war das der Todesstoß für die Validität des Zeugnisses als Selektionsinstrument. Eine Messoperation degeneriert dann zum sinnfreien Ritual. Insofern kann man nur provokant feststellen, dass die Vorgabe der „wohlwollenden Formulierung von Arbeitszeugnissen" streng betrachtet eine „richterliche Anordnung zur Invalidität eines Messinstruments" darstellt.

Zur teilweisen Ehrenrettung des Arbeitszeugnisses als Instrument der Personalauswahl muss allerdings angemerkt werden, dass auch die anderen Selektionsinstrumente (z. B. Einstellungsinterviews, Assessment-Center, Psychologische Tests) erhebliche Objektivitäts-, Reliabilitäts- und Validitätsprobleme aufweisen. Nur sind diese beim Arbeitszeugnis einerseits wegen der personellen Trennung zwischen „Datengenerierer" (= Zeugnisschreiber) und „Datenauswerter" (= Zeugnisanalytiker) und andererseits wegen der hohen Unstrukturiertheit des Gesamtprozesses (codierte Formulierungen, geringe Standardisierung) besonders gravierend.

Auch wenn Personaler und Führungskräfte in der Praxis eher nicht mit den Begriffen „Objektivität, Reliabilität, Validität" operieren, so werden sie sich doch vielfach der Defizite bewusst sein oder sie zumindest ahnen, die hier in der eher wissenschaftlich ausgerichteten Kritik vorgetragen wurden. Werden Arbeitszeugnisse vor diesem Hintergrund bei der Personalauswahl überhaupt noch ernst genommen, aufmerksam gelesen und systematisch analysiert? Schmitt-Rolfes (2014, S. 631) vermutet, dass Unternehmen Arbeitszeugnisse nur noch als „Ergebnis nichtssagender Texte und aussagekräftiger Lücken" ansehen würden. Schizophren mutet an, dass diese Dokumente einerseits als obligatorischer Bestandteil einer vollständigen Bewerbung erwartet werden, andererseits aber keinen Nutzen für die Selektion entfalten (vgl. Maass 2013, o. S.).

Die Hypothese ist damit, dass viel Zeitaufwand in die Anfertigung eines Dokuments gesteckt wird, das später wenig Beachtung findet. Diese Frage werden wir – neben anderen – im empirischen Teil aufklären.

11. **Verschwendung juristischer Kapazität:** Klare Regeln sorgen für geringes Streitpotenzial. Bei Arbeitszeugnissen hat man grob fahrlässig das Gegenteil zugelassen: Unschärfen und Wildwuchs. Das Heer selbst ernannter Experten in den Medien mit all ihren wohlfeilen Ratschlägen tut dann ein Übriges zur Unübersichtlichkeit. Da verwundert es nicht, wenn es immer wieder zu Rechtsstreitigkeiten rund ums Arbeitszeugnis und um einzelne Formulierungen kommt. Auf die fast 31.000 Verfahren zum Thema „Arbeitszeugnis", die man im Jahr 2006 zählte, wurde bereits in Abschn. 1.1 eingegangen. Sie soll hier nur noch einmal kurz ins Gedächtnis gerufen werden.

Der gesamte Instanzenzug hinauf bis zu den Senaten des Bundesarbeitsgerichts darf sich tiefenphilosophisch an Fragen abarbeiten, ob denn im Einzelfall ein Mitarbeiter „zur vollen Zufriedenheit" oder „zur vollsten Zufriedenheit" gearbeitet hat (BAG 1974, 5 AZR 225/74), ob die Formulierung „Wir haben Herrn XX als sehr interessierten und hochmotivierten Mitarbeiter kennen gelernt …" eine verschlüsselte, gegenteilig gemeinte Formulierung ist, die dem Gebot der Zeugnisklarheit widerspricht (BAG 2011, 9 AZR 386/10) oder ob ein Dank und gute Wünsche in der Schlussformel zu den geschuldeten Zeugnisinhalten gehören oder ihr Weglassen ein verbotenes Geheimzeichen darstellt (BAG 2001, 9 AZR 44/00; ähnlich BAG 2012, 9 AZR 227/11). Das ist Beschäftigungstherapie für Arbeitsgerichte und ein Bermudadreieck für Steuergelder! Klarere und ausführlichere gesetzliche Vorgaben könnten vermutlich das Streitvolumen deutlich reduzieren und so auch Arbeitsgerichte und Steuerzahler entlasten.

Literatur

Arbeitszeugnis.com. (2015). Online-portal der personal management Service GmbH. http://www.arbeitszeugnis.com/urteile/wohlwollenspflicht.html. Zugegriffen: 23. Aug. 2015.

Backer, A. (2008). *Arbeitszeugnisse: Entschlüsseln und mitgestalten* (5. Aufl.). München: Haufe.

Blum, P. (1998). *Arbeitszeugnisse – Mehr Schein als Sein? Eine personal-ökonomische Analyse zum Wahrheitsgehalt von Arbeitszeugnissen und erste empirische Befunde.* Köln (unveröffentlichte Diplomarbeit).

Bröckermann, R. (2012). *Personalwirtschaft* (6. Aufl.). Stuttgart: Schäffer-Poeschel.

Bühner, M. (2006). *Einführung in die Test- und Fragebogenkonstruktion* (2. Aufl.). München: Pearson.

Dachrodt, H.-G., & Engelbert, V. (2013). *Zeugnisse richtig formulieren.* Wiesbaden: Springer Gabler.

Destatis.de. (Hrsg.). (2015). Online-Portal des Statistischen Bundesamtes. https://www.destatis.de/DE/ZahlenFakten/GesamtwirtschaftUmwelt/Arbeitsmarkt/Erwerbstaetigkeit/Erwerbstaetigkeit.html. Zugegriffen: 05. Okt. 2015.

Deutsche Bildung AG. (Hrsg.). (2012). *Studie zum Thema: Umfrage Bewerbungstrends 2012.* Frankfurt a. M.

Dittrich, S., & Heine, B. (1992). *Arbeitszeugnisgenerator.* Düsseldorf: Data Becker.

Dahl, H., & Düwell, F. J. (2011). Die Leistungs-und Verhaltensbeurteilung im Arbeitszeugnis. *Neue Zeitschrift für Arbeitsrecht (NZA), 28*(17), 958–962.

Frey, B., & Wörl, G. (2009). *Arbeitszeugnisse: "vollstens zufrieden?"; was Sie wissen müssen und verstehen sollten.* München: Beck.

Fuhlrott, M., & Fabritius, B. (2011). *Streitpunkt Arbeitszeugnis. Arbeit und Arbeitsrecht, 11,* 650–653.

Gertz, W. (2010). *Stets zur vollen Unzufriedenheit. Personalwirtschaft, 06,* 18–21.

Google.de (Hrsg.). (2015). Stichwort: Arbeitszeugnis. https://www.google.de/?gws_rd=ssl#q=Arbeitszeugnis. Zugegriffen: 05. Okt. 2015.

Grau, S. (2015). Arbeitszeugnisse: Kritische Darstellung theoretischer und rechtlicher Grundlagen und Durchführung einer empirischen Analyse zur Anfertigung und Nutzung. Jena (unveröffentlichte Masterarbeit).

Haufe-Lexware GmbH & Co. K. G. (Hrsg.). (2015). *Studie zum Thema: Zeugniserstellung in deutschen Unternehmen.* Freiburg: Haufe.

Hoß, A. (2002). Arbeitszeugnis: Spagat zwischen Wahrheit und Wohlwollen. *Arbeit und Arbeitsrecht, 12,* 532–538.

Höfers-Richter, P. (1998). *Arbeitszeugnisse schreiben.* Niedernhausen: Falken.

Huber, G., & Ruby-Dormann, M. (2008). *Mein Arbeitszeugnis* (4. Aufl.). Freiburg: Haufe.

Huesmann, M. (2008). *Arbeitszeugnisse aus personalpolitischer Perspektive.* Wiesbaden: Springer Gabler.

Jahn, S. (2006). *Arbeitszeugnisse: Ist das Arbeitszeugnis die Visitenkarte für den Arbeitnehmer?* Saarbrücken: VDM Verlag.

Jung, H. (2011). *Personalwirtschaft* (9. Aufl.). München: Oldenbourg Wissenschaftsverlag.

Kaufmann, S. (2010). *Duden: Das richtige Arbeitszeugnis.* Mannheim: Duden.

Knobbe, T. (2010). *Gipfelstürmer: Topberater zeigen den Weg zum beruflichen Erfolg* Freiburg: Haufe.

Knobbe, T., Leis, M., & Umnuß, K. (2010). *Arbeitszeugnisse für Führungskräfte* (5. Aufl.). Freiburg: Haufe.

Knobbe, T., Leis, M., & Umnuß, K. (2011). *Arbeitszeugnisse: Textbausteine und Tätigkeitsbeschreibungen* (6. Aufl.). Freiburg: Haufe.

Koebler, G. (2015). Homepage Gerhard Koebler (Prof. für deutsche Rechtsgeschichte). www.koeblergerhard.de/Fontes/BGBDR18961900.htm. Zugegriffen: 05. Okt. 2015.

Kolb, M. (2008). *Personalmanagement.* Wiesbaden: Gabler.

Kolberg, A. (2010). *Kein Exportschlager. Personalwirtschaft, 06,* 24–25.

Künzel, M., & Warnecke, N. (2013). *Arbeitszeugnisse. Arbeit und Arbeitsrecht, 06,* 340–343.

List, K.-H. (2009a). *Eignungs- und Leistungsbeurteilungen.* München: mi-Fachverlag.

List, K.-H. (2009b). *Das zeitgemäße Arbeitszeugnis: Ein Handbuch für Zeugnisaussteller* (4. Aufl.). Nürnberg: BW Bildung und Wissen Verlag.

Löw, S. (2005). Aktuelle Rechtsfragen zum Arbeitszeugnis. *Neue juristische Wochenschrift, 50,* 3605–3609.

Maass, S. (2013). Absage ans Arbeitszeugnis. *Management & Karriere, 04,* o. S.

Mauritz, A. (2001). *Arbeitszeugnisse formulieren und beurteilen.* München: Rehm.

Moser, K. (2007). Planung und Durchführung organisationspsychologischer Untersuchungen. In G. Schuler (Hrsg.), *Lehrbuch Organisationspsychologie* (4. Aufl., S. 89–119). Bern: Huber.

Müller, R., & Thalmann, P. (2012). *Streitpunkt Arbeitszeugnis: rechtliche Grundlagen, Zeugnisinhalt und –analyse Muster und Checklisten.* Basel: Helbing Lichtenhahn.

Nasemann, A. (2005). *Arbeitszeugnisse: Beurteilung verlangen, Formulierung durchschauen, Mitwirkung erzielen,Berichtigung durchsetzen.* München: Südwest.

Personalmanagement Service GmbH (Hrsg.). (2010). *Studie zum Thema: Notenvergabe in qualifizierten Arbeitszeugnissen.* Berlin.

Preibisch, A. (1982). *Das Arbeitszeugnis im kommunikativen Handlungsumfeld eines Arbeitsplatzwechsels.* Siegen: Universität-GHS Siegen.

Püttjer, C., & Schnierda, C. (2010). *Arbeitszeugnisse formulieren und entschlüsseln.* Frankfurt a. M.: Campus.

Rottmüller, M. (o. J.). Online-Arbeitszeugnisse und Referenzen: Eine Wissenschaft für sich. www.alumniportal-deutschland.org. Zugegriffen: 16. Apr. 2015.

Sabel, H. (1994). *Arbeitszeugnisse richtig schreiben und bewerten.* Bamberg: Lexika-Verlag.

Schleßmann, H. (2012). *Das Arbeitszeugnis: Zeugnisrecht, Zeugnissprache, Bausteine, Muster, Auskünfte über Arbeitnehmer* (20. Aufl.). Frankfurt a. M.: Deutscher Fachverlag.

Schmitt-Rolfes, G. (2014). Die Qual der (Bewerberaus-)Wahl. *Arbeit und Arbeitsrecht, 11,* 631.

Schwarb, T. M. (1999). *Das Arbeitszeugnis als Instrument der Personalpraxis* (3. Aufl.). Olten: Fachhochschule Solothurn Nordwestschweiz.

Schwirtzek, T. (2005). Zeugnisse "stets einwandfrei". *Arbeit und Arbeitsrecht, 12,* 714–717.

Sende, C., Galais, N., & Dahl, H. (2011). Zwischen Wahrheit und Wohlwollen. *Personalwirtschaft, 7,* 35–37.

Stickling, E. (2010). *Eine unglaubliche Ressourcenverschwendung. Personalwirtschaft, 06,* 22–23.

Wahner, M. (2013). Erfolg durch Effizienz. *Personalwirtschaft, 03,* 74–75.

Watzka, K. (2013). Arbeitszeugnisse – mehr als nur ein sinnfreies Ritual? *Personalführung, 03*, 18–26.

Weuster, A. (1994). *Personalauswahl und Personalbeurteilung mit Arbeitszeugnissen.* Göttingen: Verlag für Angewandte Psychologie.

Weuster, A., & Scheer, B. (2010). *Arbeitszeugnisse in Textbausteinen Deutsch-Englisch: Rationelle Erstellung, Analyse, Rechtsfragen* (12. Aufl.). Stuttgart: Boorberg.

Weuster, A., & Scheer, B. (2015). *Arbeitszeugnisse in Textbausteinen Deutsch-Englisch: Rationelle Erstellung, Analyse, Rechtsfragen* (13. Aufl.). Stuttgart: Boorberg.

Empirische Untersuchungsmethodik

2

2.1 Forschungsdesign

Die kritischen Betrachtungen in Abschn. 1.4 haben gezeigt, dass das Instrument „Arbeitszeugnis" mit etlichen methodischen Fragwürdigkeiten belastet ist. Diese könnten im schlimmsten Fall dazu führen, dass die Unternehmen die Anfertigung von Zeugnissen nur noch als „lästige Pflicht" ansehen und sich dieser mit dem geringstmöglichen Aufwand entledigen. Im Ergebnis würde das bedeuten, dass Arbeitszeugnisse oft mit wenig Sorgfalt und Engagement, geringer Präzision und wenig individueller Ausrichtung auf den einzelnen Mitarbeiter angefertigt werden. Zumindest wäre aber zu erwarten, dass die Zeugnisaussteller bei der Anfertigung mit gravierenden Problemen zu kämpfen haben. Da es nun eine gewisse personelle Überdeckung zwischen Zeugnisschreibern und Zeugnisanalytikern gibt, sind die Erstellungsprobleme natürlich bekannt. Ein Schlüsselaspekt ist dabei, ob Zeugnisschreiber und Zeugnisleser auf Basis der entstandenen Zeugniscodierung kommunikativ überhaupt hinreichend zusammenfinden. Vor diesem Hintergrund stellt sich dann die Frage, welche Rolle Arbeitszeugnisse im Rahmen der Personalauswahl noch spielen. Es ist zu vermuten, dass sie vor diesem Hintergrund nur oberflächlich – vielleicht auch gar nicht mehr – zur Kenntnis genommen und ausgewertet werden. Wenn sich die Vermutungen bewahrheiten, dann wäre dies ein Grund für massive Veränderungen bei der Zeugnispraxis und ihren gesetzlichen Grundlagen. Möglicherweise könnte die Konsequenz auch eine komplette Abschaffung dieses Instruments sein.

Diese Überlegungen waren Anlass zur Durchführung einer empirischen Studie mit einem schriftlichen Fragebogenansatz. Sie hatte zum einen das globale Ziel, den Arbeitsprozess der Zeugnisentstehung und die dabei auftretenden Probleme näher zu beleuchten. Im Detail interessierten vor allem folgende Fragenkreise:

© Springer Fachmedien Wiesbaden 2016
S. Grau und K. Watzka, *Arbeitszeugnisse in Deutschland*,
DOI 10.1007/978-3-658-13920-9_2

- Wie viele zeitliche Ressourcen werden der Zeugniserstellung gewidmet?
- Welche Akteure sind in welcher Form am Prozess der Zeugniserstellung beteiligt?
- Wie geübt und qualifiziert sind die Zeugnisersteller?
- Welche Hilfsmittel und Informationsquellen werden bei der Zeugnisanfertigung eingesetzt?
- Wie viele Beurteilungskriterien werden bei der Beschreibung von Leistung und Verhalten zugrunde gelegt?
- In welcher Form sind die ausscheidenden Mitarbeiter in den Prozess der Zeugniserstellung eingebunden?
- Wie sicher fühlen sich die Zeugnisersteller bei ihrer Tätigkeit und wie überzeugt sind sie selbst von der Aussagekraft der Dokumente?
- Wie häufig kommt es zu Konflikten mit dem ausscheidenden Mitarbeiter um das Arbeitszeugnis?
- Wie einheitlich fallen Formulierungen aus, wenn man Zeugnisersteller um die Beschreibung eines vorgegebenen negativen Verhaltens eines Mitarbeiters in der Zeugnissprache bittet?
- Sind deutliche Unterschiede bei der Praxis der Zeugniserstellung in Abhängigkeit von der Unternehmensgröße beobachtbar?

Zum anderen hatte die Befragung das weitere globale Ziel, den Arbeitsprozess der Zeugnisanalyse samt seinem Nutzen in der Personalauswahl näher aufzuklären. Im Detail interessierten hier vor allem folgende Fragenkreise:

- Wie viel Zeit wird der Analyse von Arbeitszeugnissen gewidmet?
- Welche Bedeutung hat die Zeugnisanalyse im Rahmen der Personalauswahl – absolut und relativ zu anderen Bestandteilen der Bewerbungsunterlage?
- Wie werden der Nutzen und die Aussagekraft von Arbeitszeugnissen eingeschätzt?
- Welche Teile des Arbeitszeugnisses sind für die Beurteilung eines Bewerbers besonders relevant?
- Wie qualifiziert sind die Zeugnisanalytiker?
- Wie sicher fühlen sich Zeugnisanalytiker bei ihrer Tätigkeit?
- Wird die Existenz einer eindeutigen und einheitlichen Zeugnissprache bejaht?
- Wie einheitlich fallen die Einschätzungen aus, wenn man Zeugnisanalytiker um die Übersetzung von konkret vorgegebenen Zeugnisformulierungen zu Leistung und Verhalten von Mitarbeitern in Notenstufen bittet?
- Welche Vorschläge existieren zur Veränderung der derzeitigen Zeugnispraxis?
- Werden Referenz-/Empfehlungsschreiben als Alternative zum Arbeitszeugnis gesehen?
- Welche Akzeptanz findet ein konkret vorgegebener Veränderungsvorschlag zur Gestaltung von Arbeitszeugnissen?
- Sind deutliche Unterschiede bei der Praxis der Zeugnisanalyse in Abhängigkeit von der Unternehmensgröße beobachtbar?

Da davon auszugehen ist, dass hinter den Arbeitsprozessen „Zeugniserstellung" und „Zeugnisanalyse" oftmals nicht die gleichen Personen stehen, wurden für die beiden Prozesse getrennte Fragebögen erstellt. Fragebogen 1 widmete sich mit insgesamt 26 Items der Zeugniserstellung und Fragebogen 2 geht mit 21 Items auf die Zeugnisanalyse ein. Die angeschriebenen Unternehmen wurden gebeten, die Bögen an die jeweils für die Arbeitsprozesse zuständigen Personen weiterzuleiten. Um Fehlleitungen möglichst unwahrscheinlich zu machen, wurden die beiden Fragebogentypen zudem noch durch unterschiedliche Farben kenntlich gemacht.

Letztendlich sollten beide Fragebögen Aufschluss darüber geben, welchen Stellenwert das Arbeitszeugnis als Instrument des Personalmanagements, speziell der Personalselektion, noch hat. Zudem zielte die Studie darauf ab, Problemfelder explizit aufzuzeigen und darüber hinaus Erkenntnisse für eine mögliche Optimierung der Zeugnispraxis in Deutschland zu gewinnen.

Als Untersuchungsmethode wurde dem schriftlichen Fragebogen der Vorzug gegenüber Interviews (persönlich oder telefonisch) und Online-Befragungen gegeben. Für die Entscheidung gegen Interviews sprachen vor allem zwei Gründe. Zum einen kann über einen schriftlichen Fragebogen ein größerer Befragtenkreis realisiert und damit eine höhere Repräsentativität der Ergebnisse erzielt werden. Zum anderen erschien es sinnvoll, den Befragten bei den Items, bei denen es um die Konzeption von eigenen Formulierungen für ein Arbeitszeugnis oder um die Einschätzung von vorgegebenen Zeugnisformulierungen ging, hinreichend ungestörte Überlegungszeit einzuräumen. Die im Interview entstehende soziale und zeitliche Drucksituation verhindert genau dies und wäre dem Untersuchungsgegenstand damit nicht angemessen. Die Schriftlichkeit eines Fragebogens bildet die reale Arbeitssituation bei Zeugnisformulierung und -analyse ideal ab und führt den Befragten am ehesten mental in die Befragungsmaterie.

Grundsätzlich könnten Online-Befragungen zwar die gleichen Vorteile bieten, aber hier wurde zum einen angesichts des etwas ausführlicher angelegten Befragungsansatzes die Gefahr gesehen, dass die Teilnahmebereitschaft zu stark beeinträchtigt und der Fragebogen schnell aus dem E-Mail-Postfach gelöscht wird. Von schriftlichen Fragebögen geht unseres Erachtens – gerade in Zeiten ständig steigender E-Mail-Fluten – ein höherer Aufforderungscharakter aus. Weiterhin ist die Online-Befragung noch etwas stärker mit dem Risiko behaftet, dass die Befragten durch „schnelles Durchklicken" lediglich die Ankreuzfragen bearbeiten und offene Fragenformate systematisch vernachlässigen. Die Papierform regt deutlich stärker zum Lesen an, wodurch eine höhere Konzentration und Auseinandersetzung der Teilnehmer mit der Befragungsthematik und damit letztlich eine gesteigerte Antwortqualität bei komplexeren Sachverhalten erreicht wird.

Beide Fragebögen 1 und 2 sind durch einen Mix an verschiedenen Fragetypen gekennzeichnet. Diese Mischung sollte die Aufmerksamkeit, Konzentration und das Interesse der Befragten bei diesem inhaltlich relativ komplex angelegten Fragebogen hoch halten und sich so letztlich positiv auf die Antwortqualität und die Teilnahmemotivation auswirken.

Der Einsatz von skalierten Fragen verfolgte dabei das Ziel, Tendenzen und Trends aufzuzeigen oder das Maß an Zustimmung oder Ablehnung zu einer bestimmten Fragestellung zu messen. Überwiegend wurde eine ungerade Skala eingesetzt, um die Befragten nicht in eine extreme Antworttendenz zu zwingen. Hauptsächlich fanden fünf Skalenpunkte Verwendung (z. B. „Wie sicher fühlen Sie sich bei der Erstellung von Arbeitszeugnissen?"; „Wie intensiv nutzen Sie Arbeitszeugnisse bei der Personalauswahl?"). Wo eine so starke Differenzierung nicht angemessen schien, erfolgte fallweise auch eine Beschränkung auf eine Dreierskala (z. B. „Lassen Sie sich von dem zu beurteilenden Mitarbeiter einen Zeugnisentwurf anfertigen? – immer/manchmal/nie"). Dort wo es sinnvoll war, den Befragten extremere Tendenzaussagen abzuverlangen und keine „Flucht in die diffuse Mitte" zuzulassen, kamen vereinzelt auch Skalen mit nur vier Skalenpunkten zum Einsatz (z. B. „Wie gern üben Sie die Tätigkeit der Zeugnisformulierung aus? – sehr gern/überwiegend gern/eher ungern/sehr ungern").

Darüber hinaus kamen geschlossene Fragen zum Einsatz, welche durch die Vorgabe von Antwortmöglichkeiten eine explizite Entscheidung der Befragten abverlangten. Zum Teil geschah dies im Ja/Nein-Format (z. B. „Wurden Sie für die Erstellung von Arbeitszeugnissen geschult? – ja/nein"; „Lesen Sie Arbeitszeugnisse von Bewerbern komplett durch? – ja/nein"), zum Teil durch Vorgabe mehrerer Entscheidungsalternativen (z. B. „Welche Unterlagen verwenden Sie unterstützend für die Erstellung von Arbeitszeugnissen? – Personalakte/Protokolle über Mitarbeitergespräche/Stellenbeschreibungen/ Anforderungsprofile/Checklisten/freie Zuarbeiten von Führungskräften/Zuarbeiten von Führungskräften auf Formblatt/Leistungsbeurteilungsdaten"). Letzterer Fragentyp ließ in der Regel „Mehrfachnennungen" zu und war überwiegend auch mit einer offenen Kategorie „Sonstiges" verknüpft, um etwaige relevante Zusatzaspekte der Befragten nicht zu unterdrücken.

Offene Fragen wurden in den beiden Bögen primär eingesetzt, um unternehmensspezifische Fakten zu erheben (z. B. „Wie hoch ist der durchschnittliche Zeitaufwand für die Erstellung eines Arbeitszeugnisses?"

- Einfaches Zeugnis: _____ Stunden;
- Qualifiziertes Zeugnis _____ Stunden).

Daneben fand dieses Fragenformat an Stellen Anwendung, an denen die freie Meinungsäußerung und die Erhebung des Ideen- und Gedankenguts der Teilnehmer besonders wichtig waren. In besonders ausgeprägter Form betraf dies zum einen die Meinungsäußerung zu einem im Fragebogen zur Diskussion gestellten alternativen Zeugniskonzept und zum anderen die Erhebung der Vorschläge zur Veränderung der Zeugnispraxis in Deutschland.

An zwei Stellen wurden Fragen mit Fallstudiencharakter eingesetzt, mit denen überprüft werden sollte, wie einheitlich die Zeugnissprache in Deutschland ist. In Fragebogen 1 wurden die Befragten aufgefordert, zu einer Verhaltensbeschreibung eines Mitarbeiters selbst eine Zeugnispassage zu formulieren („Wie würden Sie in einem

Arbeitszeugnis folgenden Sachverhalt formulieren?"). In Fragebogen 2 waren fünf kon-krete Zeugnisformulierungen vorgegeben, die auf einer vierstufigen Notenskala einge-ordnet werden sollten. Dieses Fragenformat forderte von den Befragten ein besonderes Engagement ab. Zweifellos wäre es im Hinblick auf das Untersuchungsziel sinnvoll gewesen, solche Fragentypen noch häufiger einzusetzen. Möglicherweise hätte aber ein zu hoher abgeforderter Eigenarbeitsanteil die Teilnahmebereitschaft und damit die Rück-laufquote zu stark gefährdet.

Es sollte sichergestellt werden, dass die Grundgesamtheit der befragten Unternehmen eine gute Streuung über Regionen und Branchen aufweist, um ein möglichst repräsenta-tives Bild zu erhalten. Als Datenpool für den Versand der Fragebögen dienten folgende Quellen:

- alle Unternehmen in DAX, M-DAX und S-DAX
- Top-Arbeitgeber der Trendence-Studien 2012 bis 2014 (www.trendence.com)
- innovativste Unternehmen im Mittelstand 2014 (www.top100.de)
- Mittelstandsportal „yourfirm" (www.yourfirm.de)

Dabei sind wir von der Annahme ausgegangen, dass Arbeitszeugnisse ganz überwiegend dezentral erstellt und ausgewertet werden und dass damit auch in großen Konzernen die relevante Bezugsgröße der einzelne, dezentrale Werks-/Unternehmensstandort ist. Für die Größeneinteilung der Unternehmen wurden daher in Anlehnung an die KMU-Defini-tion der Europäischen Kommission (vgl. http://ec.europa.eu) folgende Klassen gewählt:

- Kleinunternehmen: 10–49 Mitarbeiter
- Mittlere Unternehmen: 50–249 Mitarbeiter
- Große Unternehmen: ab 250 Mitarbeiter

Am 01.05.2015 erfolgte ein postalischer Versand der beiden Fragebögen 1 und 2 an 500 deutsche Unternehmen. Beigefügt war ein frankierter Rückumschlag, den die Unterneh-men ohne Absenderangaben zurücksenden konnten. Durch diese Vorgehensweise sollte zum einen die Teilnahmebereitschaft gesteigert und zum anderen die Anonymität sicher-gestellt werden.

2.2   Struktur des Samples

Trotz der Länge und Komplexität der Befragung konnte ein guter Rücklauf an beantwor-teten Fragebögen von fast 20 % erzielt werden. Die Nichtbeantwortung einzelner Fragen kam vereinzelt vor. Sie ist bei der Ergebnisdarstellung jeweils durch eine Korrektur der Samplegröße berücksichtigt worden.

Tab. 2.1 Rücklauf nach
Größenklassen

Größenklasse	Anteil
Kleinunternehmen	11 (= 11,2 %)
Mittlere Unternehmen	34 (= 34,7 %)
Große Unternehmen	53 (= 54,1 %)

Konkret beteiligten sich 98 von den 500 angeschriebenen Unternehmen an der Befragung. Dies entspricht einer Rücklaufquote von insgesamt 19,6 %. Nicht alle Unternehmen füllten dabei beide Fragebögen I und II aus. Die Rücklaufunterschiede waren allerdings nicht sonderlich gravierend. Im Ergebnis stand zur Auswertung folgende Anzahl an Fragebögen zur Verfügung:

- Fragebogen 1 (Zeugniserstellung): 97
- Fragebogen 2 (Zeugnisanalyse): 89

Die Verteilung der Rückläufe auf die definierten Größenklassen ergab sich gemäß Tab. 2.1, wobei nach Stammmitarbeitern, also der „Zahl der festen Mitarbeiter (ohne Auszubildende, Praktikanten und Zeitarbeiter)" gefragt wurde.

Über die Hälfte der Unternehmen im Sample zählt also zur Gruppe der großen Unternehmen. Dabei schwankt die angegebene Mitarbeiterzahl zwischen 264 und 50.000. In drei Fällen haben die Beantworter offensichtlich nicht die Mitarbeiterzahl am konkreten Standort angegeben, sondern die Mitarbeiter des Gesamtkonzerns. Bei Fragen, bei denen diese fehlerhafte Beantwortung zu Ergebnisverzerrungen geführt hätte – zum Beispiel bei der Zahl der angefertigten Arbeitszeugnisse pro Monat – blieben diese Fragebögen bei der Auswertung unberücksichtigt.

Von einer ursprünglich geplanten Auswertungsdifferenzierung nach Unternehmen „mit eigenständiger Personalabteilung" und „ohne eigenständige Personalabteilung" wurde abgesehen, da insgesamt 90 Unternehmen (= 91,8 %) angaben, über eine separate Personalabteilung zu verfügen. Fehlende Personalabteilungen waren lediglich bei fünf Kleinunternehmen, zwei mittleren und einem großen Unternehmen festzustellen. Eine Unterscheidung nach diesem Kriterium hätte somit keine ausreichende Bezugsbasis gehabt. Die Ausgangshypothese, dass bei Existenz separater Personalabteilungen die Prozesse der Zeugniserstellung und -analyse professioneller ablaufen, konnte also nicht überprüft werden.

In den folgenden beiden Hauptkapiteln erfolgt nun die Präsentation der erhobenen empirischen Ergebnisse. Nach der Vorstellung der jeweils relevanten Frage aus dem Fragebogen – erforderlichenfalls ergänzt um Erläuterungen zum konkreten Aufklärungsinteresse –, erfolgt zunächst die rein deskriptive Darstellung der Ergebnisse. Es schließt sich dann jeweils die Ergebniskommentierung an, in der die Befunde interpretiert, Besonderheiten akzentuiert und Schlüsse gezogen werden. Falls Zweifel an der Aussagekraft der Ergebnisse bestehen, erfolgen auch Relativierungen der eigenen Befunde.

Literatur

Europäische Kommission (Hrsg.). (2015). KMU-definition. http://ec.europa.eu. Zugegriffen: 08. Okt. 2016.

3.1   Erstellungshäufigkeit, Zeitaufwand und Übergabezeitpunkt

1. Wie viele Arbeitszeugnisse erstellen Sie durchschnittlich pro Monat?
   - Einfache Zeugnisse: _____
   - Qualifizierte Zeugnisse: _____

Mit dieser Frage sollte der Routinegrad erhoben werden, den Unternehmen bei der Anfertigung von Zeugnissen aufweisen.

Ergebnisdarstellung Die Tab. 3.1 und 3.2 zeigen – differenziert nach Unternehmensgröße – die durchschnittliche Anzahl an monatlich erstellten einfachen und qualifizierten Zeugnissen. Zusätzlich sind je Größenklasse die Spannweite und die Standardabweichung angegeben. In Tab. 3.2 wurde bei den Großunternehmen auf den Einbezug von drei Extremwerten mit 500, 300 und 150 Zeugnissen verzichtet, um Ergebnisverzerrungen zu vermeiden. Mit hoher Wahrscheinlichkeit wurden hier die Zeugniszahlen des Gesamtkonzerns und nicht nur des Standorts angegeben.

Kommentierung Die Befunde zeigen zunächst, dass das qualifizierte Arbeitszeugnis mit durchschnittlich 6,1 Dokumenten je Monat gegenüber dem einfachen Zeugnis mit durchschnittlich 0,9 Dokumenten in der Praxis eindeutig dominiert. Die Streubreite und Standardabweichung sind dabei sehr hoch, was auf eine starke Streuung der Fluktuationsraten von Mitarbeitern im Gesamtsample schließen lässt.

Kleine Unternehmen erstellen durchschnittlich mit deutlichem Abstand die meisten einfachen Arbeitszeugnisse je Monat. Dieser Befund spiegelt eine hohe Fluktuationsrate bei zeitlich häufig relativ kurzen Arbeitsverhältnissen wider, da auf die Erstellung

© Springer Fachmedien Wiesbaden 2016
S. Grau und K. Watzka, *Arbeitszeugnisse in Deutschland*,
DOI 10.1007/978-3-658-13920-9_3

Tab. 3.1 Anzahl erstellter einfacher Arbeitszeugnisse je Monat (n = 92)

Unternehmen	Ø	Min.	Max.	Standardabweichung
Klein	1,8	0	15	4,5
Mittel	0,3	0	3,5	0,7
Groß	1,2	0	20	3,0
Gesamt	**0,9**	**0**	**20**	**2,7**

Tab. 3.2 Anzahl erstellter qualifizierter Arbeitszeugnisse je Monat (n = 91)

Unternehmen	Ø	Min.	Max.	Standardabweichung
Klein	0,7	0,1	4	1,2
Mittel	2,2	0,2	18	3,3
Groß	10,3	0,4	50	11,0
Gesamt	**6,1**	**0,1**	**50**	**8,9**

qualifizierter Zeugnisse verzichtet wird. Wegen der oft kurzen Verbleibedauern der Mitarbeiter kann man auch relativ kurze einfache Zeugnisse vermuten, die häufig eher den Charakter einer Arbeitsbescheinigung haben dürften. In der Abwicklung dieses personalwirtschaftlichen Arbeitsprozesses scheinen Kleinunternehmen also sehr versiert zu sein.

Bei der Betrachtung qualifizierter Arbeitszeugnisse ändert sich das Bild erheblich. In großen Unternehmen existiert bei durchschnittlich 10,3 Zeugnissen im Monat ein hohes Routinepotenzial. Dies ist bei mittelgroßen Unternehmen mit 2,2 Dokumenten nur sehr bedingt vorhanden. Bei kleinen Unternehmen (0,7) ist die Ausstellung eine eher seltene Sonderaufgabe, bei der kein hohes „Übungsniveau" existiert und (vermutlich) auch kein stabiler Vergleichsmaßstab zwischen den Zeugnissen existiert.

Über eine aktuelle Online-Umfrage aus dem März 2015 bei

- n = 102 Zeugnisverantwortlichen im Personalbereich,
- n = 102 in den Prozess der Zeugniserstellung involvierten Führungskräfte und
- n = 202 Mitarbeitern als Zeugnisempfänger

in großen Unternehmen (>249 Mitarbeiter) in Deutschland existieren aktuelle Vergleichsdaten zu unseren Ergebnissen. Diese Studie berichtet von durchschnittlich 38 Zeugnissen im Monat bei großen Unternehmen und liegt damit deutlich über unseren Werten (vgl. Haufe Lexware 2015, S. 3, 8).

Da die Studie wegen ihrer Aktualität auch bei einigen anderen Fragen zum Vergleich herangezogen wird, hier noch eine grundsätzliche Anmerkung. Haufe Lexware ist ein kommerziell arbeitendes Unternehmen, das unter anderem auch einen Zeugnisgenerator vertreibt. Der empirische Nachweis, dass eine solche Software den Unternehmen Effizienzvorteile verschaffen kann, kommt einem gewinnorientiert operierenden Unternehmen sicher nicht ungelegen. Die Studie unterscheidet auch des Öfteren in „Befragte mit Zeugnis-Software" und „Befragte ohne Zeugnis-Software". Die Kommunikation der Ergebnisse war sicherlich auch ein Teil der Vermarktungsstrategie für den Zeugnisgenerator. Das ist natürlich zulässig und schmälert den wissenschaftlichen Wert der Daten nicht. Dem Leser sollten diese Fakten aber bewusst sein.

2. Erstellen Sie bei der Beendigung eines Arbeitsverhältnisses automatisch ein qualifiziertes Arbeitszeugnis?
   ☐ Ja   ☐ Nein

Ergebnisdarstellung Nahezu zwei Drittel aller Unternehmen (62,9 %) erstellen bei Ausscheiden eines Mitarbeiters auch ohne explizite Aufforderung ein qualifiziertes Arbeitszeugnis. Dabei zeigen sich größenabhängige Unterschiede. Während bei den kleinen Unternehmen mehr als die Hälfte (54,5 %) das ausführliche Dokument nur auf Anforderung ausstellt, liegt der Anteil bei den Großunternehmen mit 28,8 % deutlich niedriger. Je größer das Unternehmen ist, desto wahrscheinlicher ist es also, ohne explizite Aufforderung ein qualifiziertes Zeugnis zu erhalten (siehe Tab. 3.3).

Kommentierung Qualifizierte Zeugnisse sind in Deutschland der dominierende Zeugnistyp. Zu den obigen Zahlen sind all die (nicht erhobenen) Fälle hinzuzurechnen, in denen der Mitarbeiter zunächst „automatisch" ein einfaches Zeugnis erhalten, dann aber noch Aussagen zu Leistung und Verhalten nachgefordert hat. In vielen Unternehmen kommt das einfache Zeugnis generell nicht vor. Dies zeigt sich auch an der nächsten Frage, bei der nach dem Zeitaufwand für die Erstellung eines einfachen Zeugnisses gefragt wurde und nur 40 Unternehmen Angaben machten. In Summe ist also davon auszugehen, dass der Beurteilungsteil in Zeugnissen – mit all seinen Problemen – ein dominierender Bestandteil der Zeugnispraxis ist.

Tab. 3.3 Automatische Erstellung qualifizierter Endzeugnisse (n = 97)

Unternehmen	Antwort	Absolute Häufigkeit	Anteil in %
Klein	Ja	5	45,5
	Nein	6	54,5
Mittel	Ja	19	55,9
	Nein	15	44,1
Groß	Ja	37	71,2
	Nein	15	28,8
Gesamt	**Ja**	**61**	**62,9**
	Nein	**36**	**37,1**

3. Wie hoch ist der durchschnittliche Zeitaufwand für die Erstellung eines Arbeitszeugnisses?
   - Einfaches Zeugnis: _____ Stunden
   - Qualifiziertes Zeugnis: _____ Stunden

Ergebnisdarstellung Der Zeitaufwand für ein einfaches Arbeitszeugnis hält sich mit etwa einer halben Stunde in sehr engen Grenzen und zeigt auch bei den Größenklassen kaum Unterschiede (siehe Tab. 3.4).

Im Gegensatz dazu ergab sich für das deutlich komplexere qualifizierte Zeugnis ein Mittelwert von 1,2 h. Dabei variierten die Angaben von 0,25 bis 8 h. Den höchsten Zeitaufwand hatten die Kleinunternehmen mit durchschnittlich 1,7 h pro Zeugnis. Hier waren mit einer Standardabweichung von 2,2 auch die mit Abstand größten Schwankungen zwischen den Antworten zu verzeichnen (siehe Tab. 3.5).

Kommentierung In Gesamtschau überraschen die Werte, da sie im Gesamtdurchschnitt von 1,2 h für ein qualifiziertes Arbeitszeugnis relativ niedrig erscheinen. Innerhalb dieser Zeit ein inhaltlich sorgfältig recherchiertes Arbeitszeugnis samt einer hinreichend individualisierten Bewertung anzufertigen, scheint eigentlich kaum möglich. Erklärbar sind die Befunde durch zwei Hypothesen. Entweder die Befragten hatten bei ihrer Zeitangabe nur den finalen Erstellungsschritt im Fokus und alle vorbereitenden Aktivitäten blieben unberücksichtigt (z. B. Recherche zu den Tätigkeiten in der Personalakte, Auskunftseinholung bei Führungskräften). Dann müssten die gesamten Prozesszeiten eigentlich höher sein. Oder diese notwendigen, vorbereitenden Informationseinholungsaktivitäten finden tatsächlich nicht oder nur höchst eingeschränkt statt und das Zeugnis wird tendenziell

Tab. 3.4 Zeitaufwand für einfache Arbeitszeugnisse in Stunden (n = 40)

Unternehmen	Ø	Min.	Max.	Standardabweichung
Klein	0,7	0,5	1	0,4
Mittel	0,5	0,2	1	0,3
Groß	0,5	0,1	1,5	0,3
Gesamt	**0,5**	**0,1**	**1,5**	**0,3**

Tab. 3.5 Zeitaufwand für qualifizierte Arbeitszeugnisse in Stunden (n = 93)

Unternehmen	Ø	Min.	Max.	Standardabweichung
Klein	1,7	0,5	8	2,2
Mittel	1,2	0,25	3	0,6
Groß	1,1	0,25	3	0,7
Gesamt	**1,2**	**0,25**	**8**	**1,0**

aus vorkonfektionierten Bausteinen möglichst zeitsparend zusammengesetzt. Aussagekraft und Individualität des Dokuments wären damit höchst eingeschränkt. Diese zweite Hypothese gilt auf alle Fälle für die in mittleren und großen Unternehmen berichteten Minimalwerte von 0,25. In einer Viertelstunde ist seriöserweise die Erstellung eines qualifizierten Zeugnisses nicht möglich.

Zeitlich deutlich stärker belastet sind Kleinunternehmen mit durchschnittlich 1,7 h. Im Einzelfall verschlingt die Zeugnisanfertigung mit acht Stunden auch einen kompletten Arbeitstag. Gerade dort, wo die Ressourcen für administrative Tätigkeiten am geringsten sein dürften, ist die relative Belastung durch bürokratische Prozesse besonders hoch und schwächt die Wettbewerbsfähigkeit.

Nach der Studie von Haufe Lexware (2015, S. 10) erstellen Unternehmen mit spezieller Zeugnis-Software zu 40 % die Arbeitszeugnisse mit einem Zeitaufwand unter einer Stunde und weitere 47 % liegen im Bereich zwischen 1 und 3 h. Ohne spezielle Zeugnis-Software schaffen diese Arbeit nur 9 % unter einer Stunde, 51 % benötigen ein bis drei Stunden und 28 % mehr als drei Stunden. Diese Ergebnisse stützen die obige Hypothese, dass Zeugnisse häufig über vorkonfektionierte Bausteine entstehen.

> 4. Halten Sie diesen zeitlichen Aufwand, gemessen am Nutzen von Arbeitszeugnissen, für:
>   ☐ viel zu hoch (1)   ☐ zu hoch (2)   ☐ angemessen (3)

Ergebnisdarstellung Tab. 3.6 zeigt, dass insgesamt drei Viertel der Befragten den für Zeugnisse betriebenen Zeitaufwand für „angemessen" halten. Andererseits hält ihn aber auch etwa ein Viertel für „zu hoch" oder gar „viel zu hoch". Nennenswerte Unterschiede zwischen den Größenklassen ergeben sich nicht.

Kommentierung Die Ergebnisse zu Frage 4 dürfen nicht unabhängig von Frage 3 betrachtet werden. Es steht zu vermuten, dass die Empfindung eines „zu hohen Aufwands" häufiger gewesen wäre, wenn tatsächlich der Zeitaufwand für die gesamte Erstellungsprozesskette kalkuliert worden wäre oder die Unternehmen nicht einen Weg gefunden hätten, sich mit für sie akzeptablem Zeitaufwand dieser Aufgabe zu entledigen. Aber auch ohne diese relativierenden Überlegungen bleibt die Erkenntnis, dass sich immerhin etwa ein Viertel der Unternehmen durch die derzeitige Zeugnispraxis über Gebühr belastet sieht.

> 5. Wann übergeben Sie dem Arbeitnehmer das Endzeugnis?
>   - Am Tag des Austritts   ☐
>   - Vor dem Austritt   ☐ ca. _____ Tage
>   - Nach Austritt des Mitarbeiters ☐ ca. _____ Tage

Tab. 3.6 Bewertung des zeitlichen Aufwands für Zeugnisse (n = 92)

Unternehmen	Antwort	Absolute Häufigkeit	Anteil in %
Klein	1 = viel zu hoch	1	9,1
	2 = zu hoch	2	18,2
	3 = angemessen	8	72,7
	Ø-Bewertung	2,6	
Mittel	1 = viel zu hoch	1	3,1
	2 = zu hoch	6	18,8
	3 = angemessen	25	78,1
	Ø-Bewertung	2,8	
Groß	1 = viel zu hoch	2	4,1
	2 = zu hoch	10	20,4
	3 = angemessen	37	75,5
	Ø-Bewertung	2,7	
Gesamt	**1 = viel zu hoch**	**4**	**4,3**
	2 = zu hoch	**18**	**19,6**
	3 = angemessen	**70**	**76,1**
	Ø-Bewertung	**2,7**	

Mit dieser Frage sollte einerseits aufgeklärt werden, wie schnell die Zeugniserstellung erfolgt und die Unternehmen ihrer Verpflichtung zur unverzüglichen Anfertigung eines Zeugnisses nachkommen. Andererseits wird in ihr auch ein Indikator für die gefühlte Belastung durch Arbeitszeugnisse gesehen. Je weiter die Erstellung zeitlich nach hinten geschoben wird, umso ungelegener kommt der zu betreibende bürokratische Aufwand.

Ergebnisdarstellung Etwa zwei Drittel der Unternehmen übergeben das Arbeitszeugnis erst nach Ausscheiden des Mitarbeiters. Dabei lassen sich die Unternehmen im Durchschnitt 16,4 Tage Zeit. Große Unternehmen sind mit 13,1 Tagen systematisch schneller als mittlere (14,8 Tage) und kleine Unternehmen (18,4). Es zeigt sich ein klarer Zusammenhang: Je kleiner das Unternehmen, umso länger die Zeit bis zur Übergabe des Arbeitszeugnisses.

Knapp ein Drittel aller Unternehmen überreicht die Zeugnisse direkt am Austrittstag. Lediglich vier große Unternehmen (4,2 %) übergeben das Zeugnis schon eine knappe Woche vor Arbeitsvertragsende (siehe Tab. 3.7).

Die Daten scheinen recht gut kompatibel mit den Ergebnissen der Studie von Haufe Lexware (2015, S. 9). Dort berichten 72 % der Unternehmen ohne spezielle Zeugnis-Software, dass sie mehr als zwei Wochen für die Anfertigung benötigen. Bei Unternehmen mit spezieller Zeugnis-Software wird diese Aufgabe von 47 % in ca. einer Woche

Tab. 3.7 Übergabezeitpunkt für das Endzeugnis (n = 95)

Unternehmen	Antwort	Absolute Häufigkeit	Anteil in %	Ø Zeit in Tagen
Klein	Tag des Austritts	2	18,2	
	Vor Austritt	–	–	–
	Nach Austritt	9	81,8	18,4
Mittel	Tag des Austritts	8	24,2	
	Vor Austritt	–	–	–
	Nach Austritt	25	75,8	14,8
Groß	Tag des Austritts	19	37,3	
	Vor Austritt	4	7,8	6,5
	Nach Austritt	27	52,9	13,1
	Unterschiedlich	1	2,0	
Gesamt	**Tag des Austritts**	**29**	**30,5**	
	Vor Austritt	**4**	**4,2**	**6,5**
	Nach Austritt	**61**	**64,2**	**16,4**
	Unterschiedlich	**1**	**1,1**	

erledigt. Wünschenswert wäre natürlich gewesen, wenn beide Zahlen aus der gleichen Zeitklasse („mehr als zwei Wochen") stammen würden.

Kommentierung Vorfristige Übergaben von Arbeitszeugnissen kommen kaum vor. Dies ist einerseits sinnvoll, denn schließlich haftet der Aussteller für die Richtigkeit des Zeugnisinhaltes und muss daher dafür Sorge tragen, dass auch zeugnisrelevante Vorkommnisse aus der Schlussphase des Arbeitsverhältnisses noch ihren Niederschlag im Zeugnis finden können. Andererseits nimmt es dem Mitarbeiter aber auch die Möglichkeit, sich direkt nach der Kündigung mit kompletten Bewerbungsunterlagen zu bewerben.

Die Bearbeitungsdauern weisen keine dramatisch negativen Werte auf. In Gesamtschau zeigen die Daten aus einer objektiven Sicht, dass die Unternehmen ihrer Verpflichtung zur unverzüglichen Zeugnisausstellung im Großen und Ganzen in akzeptabler Weise nachkommen. Jedoch ist aus Sicht eines Mitarbeiters, der eine schnelle Wiederbeschäftigung sucht und sich mit kompletten Unterlagen bewerben möchte, eine Wartezeit von bis zu fast drei Wochen suboptimal. Ihm wäre mit einem „vorläufigen Zwischenzeugnis" gedient.

Wünschenswert wäre daher, wenn der Arbeitsprozess zur Zeugniserstellung früher angestoßen wird, um idealerweise eine Überreichung am Austrittstag oder wenige Tage danach zu realisieren. Der große Anteil im Nachhinein übergebener Dokumente lässt vermuten, dass die Aufgabe der Zeugniserstellung häufig bis zum Schluss aufgeschoben wird und dadurch nicht rechtzeitig eine Fertigstellung erfolgt. Die größten Probleme hinsichtlich einer zeitnahen Überreichung haben kleine Unternehmen. Dies ist ein klares Indiz dafür, dass sie Schwierigkeiten haben, diesen administrativen Prozess in ihre Arbeitsplanung zu integrieren und sich durch den Arbeitsaufwand zusätzlich belastet fühlen.

Aus methodischer Sicht bleiben allerdings einige Restzweifel, ob die Angaben zu den Bearbeitungsdauern der Realität entsprechen oder etwas „geschönt" wurden. Schließlich handelte es sich um eine Frage, bei der ein Anreiz zur Aufrechterhaltung eines positiven Selbstbildes besteht oder „Antworten im Sinne sozialer Erwünschtheit" geliefert werden.

3.2   Zuständigkeit für die Zeugniserstellung

6. Wer erstellt in Ihrem Unternehmen Arbeitszeugnisse?
   (Mehrfachnennungen möglich)
   - Geschäftsleitung (GL)   ☐
   - Personalabteilung (PA)   ☐
   - direkter Vorgesetzter des Arbeitnehmers (V)   ☐

Mit dieser Frage sollten die Strukturen der Arbeitsteilung bei dem Prozess der „Zeugniserstellung" näher untersucht werden.

Ergebnisdarstellung Dominante Akteure bei der Zeugniserstellung sind die Personalabteilungen. In fast 90 % der Unternehmen ist sie zumindest beteiligt, bei 60 % sogar in der Alleinzuständigkeit (siehe Tab. 3.8). Wo es eigenständige Personalabteilungen gibt, ist in aller Regel die Aufgabe der Zeugniserstellung auch dort verortet.

Die Vorgesetzten der Mitarbeiter sind die zweitwichtigsten Akteure. Sie sind mit 30,9 % beteiligt, allerdings in keinem einzigen Fall alleiniger Akteur. Vielmehr kooperieren sie mit der Personalabteilung oder (seltener) mit der Geschäftsleitung.

Aus der Studie von Haufe Lexware (2015, S. 11) sind zusätzliche Informationen zur Aufgabenteilung zwischen Personalabteilung und Vorgesetzten entnehmbar. Vorgesetzte sind demnach hauptsächlich für die

- Erstellung der Leistungsbewertung (73 %),
- Kontrolle und Ergänzung der Tätigkeitsbeschreibung (65 %),
- Abstimmung der Formulierungen mit dem Mitarbeiter (47 %)

zuständig. Auch die von Weuster und Scheer (2015, S. 39) referierten Studien sehen die Hauptaufgabe von Vorgesetzten in der Leistungsbewertung.

Die Geschäftsleitung taucht in unseren Daten zu 16,5 % als Akteur auf. Erwartungsgemäß ist sie bei großen Unternehmen so gut wie nicht in die Zeugniserstellung

Tab. 3.8 Zuständigkeiten für die Zeugniserstellung (n = 97)

Unternehmen	Antwort	Absolute Häufigkeit	Anteil in %
Klein	GL	3	27,3
	GL, PA	1	9,1
	GL, V	2	18,2
	GL, PA, V	1	9,1
	PA	1	9,1
	PA, V	3	27,3
Mittel	GL	3	8,8
	GL, PA	1	2,9
	GL, V	1	2,9
	GL, PA, V	3	8,8
	PA	15	44,1
	PA, V	10	29,4
	Outsourcing	1	2,9
Groß	GL	–	–
	GL, PA	–	–
	GL, V	–	–
	GL, PA, V	1	1,9
	PA	42	80,8
	PA, V	9	17,3
Gesamt	**GL**	**16**	**16,5**
	PA	**87**	**89,7**
	V	**30**	**30,9**

involviert, bei kleinen und mittleren Unternehmen aber deutlich präsenter, in sechs Fällen sogar in der Alleinzuständigkeit.

Bei Kooperationen mehrerer Akteure sind es ganz dominant Zweierkooperationen und dabei hauptsächlich der Verbund „Personalabteilung und Vorgesetzte". Dreierkooperationen zwischen Personalabteilung, Vorgesetzten und Geschäftsleitung sind mit knapp 5 % kaum erwähnenswert.

Ein mittelgroßes Unternehmen wählte einen extremen Weg und gab ein Outsourcing der gesamten Zeugniserstellung an einen externen Dienstleister an.

Kommentierung Der hohe Anteil der Alleinzuständigkeit von Personalabteilungen für Zeugnisse macht skeptisch hinsichtlich der Zeugnisqualität und -individualität, denn in aller Regel erleben die Personalabteilungen den Mitarbeiter nicht in seinem täglichen Arbeitshandeln. Daher besteht das Risiko, dass der Bewertungsteil in Arbeitszeugnissen sehr standardisiert und mit zu wenig Bezug zum konkreten Mitarbeiter abgefasst wird. Dieses Risiko könnte durch eine enge Kooperation mit den Führungskräften deutlich reduziert werden, denn diese erleben den Mitarbeiter bei der täglichen Arbeit und wären im Rahmen ihrer Führungsverantwortung im Grundsatz auch für Bewertungsprozesse zuständig. Genau diese erforderliche Einbindung von Führungskräften scheint aber angesichts der oben berichteten geringen Einbindungsraten von 30,9 % viel zu wenig zu erfolgen. Zeugnisanfertigungen könnten damit ein Eigenleben, abgekoppelt von der Leistungs- und Verhaltensrealität des Alltags haben – Zeugniserstellung in der Parallelwelt der Administrationsbereiche? Vertiefend wird der Beteiligung von Führungskräften daher noch in Abschn. 3.5 nachgegangen.

In kleineren und mittleren Unternehmen scheint die Aufgabe der Zeugniserstellung häufiger bei der Geschäftsleitung angesiedelt zu sein. Fraglich ist, ob angesichts des seltenen Anfalls dieser Aufgabe in Kombination mit hoher Auslastung durch andere – vermutlich als bedeutsamer eingeschätzte – betriebswirtschaftliche Aufgaben die Fähigkeit und Bereitschaft zur Anfertigung qualitativ hochwertiger Zeugnisse gegeben ist.

Ein völlig inakzeptables Komplettoutsourcing der Zeugniserstellung konnte in unserem Sample nur in einem Fall erhoben werden. Es sollte allerdings aufmerksam beobachtet werden, ob unter dem Primat von Aufwands- und Kostenminimierung ein solches Vorgehen in der Unternehmenspraxis zu einem Trend erstarkt. Spätestens dann hätte das Arbeitszeugnis seine Berechtigung verloren.

3.3   Eingesetzte Hilfsmittel

7. Wie erstellen Sie die Zeugnisse?
- Individuelle Einzelanfertigung   □
- Selbst erstellte Textbausteine   □
- Aus Internet oder Literatur übernommene Textbausteine   □
- Zeugnissoftware (= Zeugnisgenerator)   □

Ergebnisdarstellung Dominierendes Hilfsmittel bei der Zeugniserstellung sind mit über 40 % bei großen und mittleren Unternehmen Zeugnisgeneratoren. In der Zeugnispraxis kaum noch präsent sind hingegen individuelle Einzelanfertigungen. Lediglich sieben Unternehmen (7,3 %) gaben ein solches Vorgehen an. Mit Textbausteinen, die sie entweder selbst erstellt haben (27,1 %) oder die aus der Literatur oder dem Internet entnommen wurden (24 %), behelfen sich in Summe 51,1 % aller Unternehmen (siehe Tab. 3.9).

29 Unternehmen (76,3 %), die einen Zeugnisgenerator einsetzen, sind Teil eines Konzerns. Es bestätigt sich damit die Vermutung, dass Konzerne zur Vereinheitlichung ihrer Strukturen gezielt auf derartig standardisierte Erstellungsmethoden zurückgreifen.

Tab. 3.9 Art der Zeugniserstellung (n = 96)

Unternehmen	Antwort	Absolute Häufigkeit	Anteil in %
Klein	Individuelle Einzelanfertigung	1	9,1
	Selbst erstellte Textbausteine	3	27,3
	Textbausteine Literatur/Internet	4	36,4
	Zeugnisgenerator	3	27,3
Mittel	Individuelle Einzelanfertigung	1	3,0
	Selbst erstellte Textbausteine	8	24,2
	Textbausteine Literatur/Internet	10	30,3
	Zeugnisgenerator	14	42,4
Groß	Individuelle Einzelanfertigung	5	9,6
	Selbst erstellte Textbausteine	15	28,8
	Textbausteine Literatur/Internet	9	17,3
	Zeugnisgenerator	23	44,2
Gesamt	**Individuelle Einzelanfertigung**	**7**	**7,3**
	Selbst erstellte Textbausteine	**26**	**27,1**
	Textbausteine Literatur/Internet	**23**	**24,0**
	Zeugnisgenerator	**40**	**41,7**

Daher ist andererseits erstaunlich, dass fünf der sieben Befragten (71,4 %), die individuelle Zeugnisse erstellen, aus dem Kreis der Großunternehmen stammen. Offensichtlich versucht man an dieser Stelle dem Trend zur Standardisierung entgegenzuwirken und dem Dokument Individualität zu geben. Ob dies aus Überzeugung geschieht oder es sich bei diesen Zeugniserstellern um Mitarbeiter handelt, die ihre Arbeitsgepflogenheiten nicht mehr aufgeben wollen, ist mit den Daten nicht zu klären.

In der Studie von Haufe Lexware (2015, S. 15) geben nur 15 % an, eine spezielle Software für das Zeugnismanagement zu nutzen. Weitere 15 % setzen ein Tabellenkalkulationsprogramm ein und 71 % arbeiten mit einem Textverarbeitungsprogramm. Der Widerspruch zu unseren Daten ist aber begrenzt, denn es zeichnet sich der gleiche Trend ab: 28 % der HR-Mitarbeiter stellen sich nämlich in dieser Studie eine weitere Optimierung der Zeugniserstellung über „vorgegebene, flexibel kombinierbare Textbausteine" und weitere 30 % über „rechtlich abgesicherte Textbausteine und Musterzeugnisse" vor (S. 20).

In einer Studie in den 90er Jahren gaben auch schon 73 % von 389 Unternehmen an, dass sie Zeugnisse auf der Basis von einigen mehr oder weniger passenden früheren Zeugnissen anderer Mitarbeiter zusammenstellen. Dies war die häufigste Erstellungsmethode (vgl. Weuster 1994, S. 29).

Kommentierung Das individuell angefertigte Arbeitszeugnis ist quer durch alle Größenklassen von Unternehmen tot! Das zeigen die erhobenen Daten sehr eindrucksvoll. Der Trend zur Standardisierung (Bausteine) oder gar Automatisierung (Zeugnisgeneratoren) ist unverkennbar. Damit dominieren Zeugnisse den Arbeitsmarkt, deren Hauptmotive Minimierung des Erstellungsaufwands und der arbeitsrechtlichen Risiken sind. Eine aussagekräftige, individualisierte Charakterisierung des Arbeitsverhaltens des ausscheidenden Mitarbeiters ist wohl kaum noch das Kernziel. Grundsätzlich könnten Aussagekraft und Individualität auch mit komplex angelegten Textbausteinsystemen und Zeugnisgeneratoren erzielt werden. So bieten beispielsweise Weuster und Scheer (2015) in ihrer sehr ambitioniert und akkurat zusammengestellten Monografie – die gleichzeitig inhaltliche Basis des Softwareprogramms „ZEUGNIS-MANAGER 4.0" ist – auf 220 Seiten Textbausteinvorschläge. Allerdings müssen Zweifel angemeldet werden, ob diese Informationsmengen wirklich hinreichend zur Kenntnis genommen werden. Es menschelt und das Trägheitsmoment dürfte häufig siegen. Wer sich erst einmal auf den Weg der Zeitminimierung bei der Zeugniserstellung begeben hat, der wird dann auch nicht mehr den Aufwand betreiben, aus einer sehr großen Zahl von Alternativvorschlägen den passendsten auszuwählen, sondern eher auf ein eng begrenztes Set von Bausteinen zurückgreifen. Der Prozess der Erstellung von Arbeitszeugnissen wird immer mehr zum „Haarschneideautomaten", den alle Mitarbeiter mit ähnlichen Frisuren verlassen. Will heißen: Arbeitszeugnisse verkommen immer mehr zu einem Standarddokument mit kaum noch differenzierenden Formulierungen.

8. Wenn **Zeugnisgenerator:** Welche Software/Hersteller verwenden Sie?

Ergebnisdarstellung Bei der Verwendung von Zeugnisgeneratoren gibt es eine eindeutige Tendenz zu zwei Softwareherstellern (Tab. 3.10).

Nachfolgend wird in den Tab. 3.11 und 3.12 eine kurze Übersicht zu den Funktionsumfängen der beiden häufigsten Programme gegeben (vgl. Grau 2015, S. 144 f.; www.arbeitszeugnis.haufe.de; www.zeugnis-generator.de).

Kommentierung Wie anhand der vielfältigen Funktionen der Programme ersichtlich ist, bieten die Systeme durchaus sehr umfassende Lösungen für die Abbildung des gesamten Zeugnisprozesses inklusive der Einbeziehung aller relevanten Akteure und Schnittstellen zu den Instrumenten der Mitarbeiterbeurteilung. Der Erstellungsprozess kann damit im Grundsatz deutlich strukturiert und vereinfacht werden. Es existieren Analysetools, mit denen erstellte Zeugnisse auf Fehler bzw. rechtliche Probleme überprüft werden können (z. B. Passung zwischen Zeugnislänge und vergebener Gesamtnote, Fehlen wichtiger Bestandteile, missverständliche Formulierungen).

Ein weiterer wichtiger Vorteil der Systeme ist, dass arbeitsrechtliche Informationen und Urteile rund ums Arbeitszeugnis hinterlegt sind. Potenziell stellen sie damit bis zu einem gewissen Grad auch ein autodidaktisches Qualifizierungsmodul für Zeugnisersteller dar.

Tab. 3.10 Verbreitung von Zeugnisgeneratoren (n = 38)

Anbieter	Absolute Häufigkeit	Anteil in %
H&P Infomedia	15	39,5
Haufe	13	34,2
Eigenkonfiguration	5	13,2
Scd soft	3	7,9
Escriba	1	2,6
Zeugnis-Manager 3.0	1	2,6

Tab. 3.11 Kurzbeschreibung Zeugnis-Generator 2015

Zeugnis-Generator 2015 (H&P Infomedia)	
Funktionen	• Mehr als 12.000 von Volljuristen entwickelte Textbausteine • Über 10.000 Erläuterungstexte zu den bewertungsrelevanten Textbausteinen • Einbindung eigener Formulierungen • Speicherung, Archivierung und Versand von Dokumenten • Export von Zeugnissen in verschiedene Textverarbeitungsprogramme • workflowintegriert durch Bewertungsbogen-Dienst • Werdegang-Generator durch Importfunktion von Mitarbeiterstammdaten • Mehrsprachigkeit: Deutsch, Englisch • Zusatzfunktionen: Datenbanken mit aktuellen Urteilen und allen wichtigen Gesetzen, Handbuch zur Zeugniserstellung mit zahlreichen Hintergrundinformationen • Analysetool: Überprüfung erstellter Zeugnisse auf Fehler oder Mängel
Referenzen	• Mehr als 50.000 Nutzer aus allen Branchen und Unternehmensgrößen • Allianz Versicherung • Deutsche Telekom • Nestle Deutschland • Thyssenkrupp • Dell Computer • Beiersdorf
Schulungen	• Anwenderschulungen
Preis	• Jahrespreis: 236,81 € inkl. MwSt.

Kritisch ist anzumerken, dass durch die Systeme zum Teil Textbausteine ohne viel sprachliches Feingefühl einfach aneinander gereiht werden. Wortwiederholungen oder hölzern wirkende Texte können somit die Folge sein. Eine stilistische Überarbeitung wird oftmals notwendig sein, zumindest wenn der Ersteller einen gewissen sprachästhetischen Grundanspruch hat. Und den sollte er haben, allein schon deshalb, weil der Zeugnisleser sonst möglicherweise versucht wäre, eine zu ungelenke Formulierung zuungunsten des Mitarbeiters zu interpretieren.

Tab. 3.12 Kurzbeschreibung Haufe Zeugnis Manager Professional

Haufe Zeugnis Manager Professional	
Funktionen	• Mehr als 10.000 juristisch geprüfte Textbausteine, 500 Musterzeugnisse mit Erklärungen und 200 Tätigkeitsbeschreibungen • Programmdatenbank zur Speicherung und Individualisierung von Zeugnissen • Druck, Speicherung und E-Mail-Versand von Bewertungsbögen • Export von Dokumenten in Textverarbeitungsprogramme • workflowintegriert: Linienvorgesetze per Klick in Zeugnisbearbeitung einbinden • Anlegen verschiedener User mit unterschiedlichen Zugriffsrechten • Import von Mitarbeiterstammdaten über optionale ERP-Schnittstelle • Mehrsprachigkeit: Deutsch, Englisch • Zusatzfunktion: „Info-Buttons" zum Abrufen von weiterführenden Erklärungen sowie zusätzliche Fachinformationen und Arbeitshilfen zu Mitarbeiterbeurteilung, Zeugnisrecht, Urteile und Gesetze
Referenzen	• Jack Wolfskin • Deutsche Kreditbank • L'ORÉAL • Ratiopharm • Ritter Sport • METRO Group
Schulungen	• Haufe Akademie: „Zeugnisse formulieren und analysieren"
Preis	• Jahrespreis: 399,84 € inkl. MwSt.

Offen bleibt aber, in welchem Umfang die angebotenen vielfältigen Funktionen und alternativen Bausteine wirklich genutzt werden. Ihr Einsatz kostet nämlich Zeit, die man für einen scheidenden Mitarbeiter eigentlich nicht investieren möchte. Der latente Anreiz für eher gleichförmige Standardzeugnisse bleibt so bestehen, und damit auch die bereits unter Frage 8 formulierte Skepsis.

9. Welche Unterlagen verwenden Sie unterstützend für die Erstellung von Arbeits-
   zeugnissen? (Mehrfachnennungen möglich)
   • Personalakte   ☐
   • Protokolle über Mitarbeitergespräche   ☐
   • Stellenbeschreibungen   ☐
   • Anforderungsprofile   ☐
   • Checklisten   ☐
   • freie Zuarbeiten der Führungskräfte   ☐
   • Zuarbeiten der Führungskräfte (Formblatt)   ☐
   • Leistungsbeurteilungsdaten   ☐

Sonstiges: _____

Tab. 3.13 Genutzte Unterlagen zur Zeugniserstellung (n = 96)

Antwort	Absolute Häufigkeit	Anteil in %
Zuarbeiten Führungskräfte auf Formblatt	83	86,5
Anforderungsprofile	80	83,3
Personalakte	76	79,2
Stellenbeschreibungen	69	71,9
Freie Zuarbeiten von Führungskräften	52	54,2
Leistungsbeurteilungsdaten	41	42,7
Protokolle über Mitarbeitergespräche	20	20,8
Checklisten	10	10,4
Sonstiges: Zuarbeit des Mitarbeiters	3	3,1

Ergebnisdarstellung Es sind fünf Unterlagen, die bei mindestens 50 % der Unternehmen als Hilfsmittel für die Zeugniserstellung herangezogen werden. Nach der Reihenfolge ihrer Wichtigkeit sind dies:

- Zuarbeiten der Führungskräfte auf Formblatt: 83 (86,5 %)
- Anforderungsprofile: 80 (83,3 %)
- Personalakte: 76 (79,2 %)
- Stellenbeschreibungen: 69 (71,9 %)
- frei formulierte Zuarbeiten von Führungskräften: 52 (54,2 %)

Alle anderen Dokumente spielten nur eine eher untergeordnete Rolle. Siehe dazu die Auflistung in Tab. 3.13.

Die Analyse ergab zudem, dass 92 Teilnehmer (= 95,8 %) mehr als eines der Hilfsmittel einsetzen. Immerhin noch 79 Unternehmen (= 82,3 %) bauen ihre Zeugniserstellung auf mindestens drei der zur Auswahl gestellten Unterlagen auf.

Kommentierung Die informatorische Fundierung von Arbeitszeugnissen wird in vielen Unternehmen offenbar sehr ernst genommen. Insbesondere die wichtige Perspektive des direkten Vorgesetzten wird ganz überwiegend systematisch (Formblatt) abgefragt. Immerhin sieht man im Grundsatz die Notwendigkeit für diesen Abfrageprozess in fast allen Unternehmen. Auch die angegebene Nutzungsintensität der klassischen personalwirtschaftlichen Instrumente „Anforderungsprofil, Personalakte, Stellenbeschreibung und Leistungsbeurteilung" spricht für einen überwiegend guten Informationsinput für die Zeugnisse, vor allem wenn man bei den obigen Zahlenwerten noch berücksichtigt, dass etliche Unternehmen nicht über alle vorgegebenen personalwirtschaftlichen Instrumente verfügen. Relativierend muss allerdings angemerkt werden, dass auf Basis der erhobenen Daten keine Aussagen über die Konzeptionsqualität und die Auswertungsintensität von Formblättern für Führungskräfte und personalwirtschaftlichen Instrumenten zu treffen sind.

Die doch recht intensive Nutzung von Hilfsmitteln im Vorfeld der Zeugniserstellung bestätigt die Vermutung in der Kommentierung zu Frage 3, dass bei der Angabe der Erstellungszeiten für Arbeitszeugnisse die vorbereitenden informatorischen Aktivitäten oft nicht mit einkalkuliert wurden. Die gute Nachricht dazu ist: Es fließt offenbar mehr Zeit und Energie in die Arbeitszeugnisse als es an der Oberfläche aufgrund der Zeitangaben den Anschein hat. Die schlechte Nachricht: Der Prozess der Zeugniserstellung ist bei Betrachtung der gesamten Prozessaktivitäten deutlich aufwendiger und kostenintensiver als die Zeitangaben in Frage 3 suggerieren. Damit bekommt dann auch die Frage nach einem angemessenen Kosten-Nutzen-Verhältnis eine neue Dimension.

Die entscheidende Frage aber bleibt, ob die gesammelten Informationen dann auch adäquat in ein individualisiertes Zeugnis Eingang finden oder der betriebene Aufwand eher in Standardfloskeln und schwer interpretierbaren codierten Formulierungen verpufft. Die Daten aus Frage 7 sprechen eher für Letzteres. Ein recht guter Informationsinput findet nicht adäquat seinen Niederschlag in einem aussagekräftigen Zeugnis.

3.4 Kompetenz der Zeugnisersteller

10. Wurden Sie für die Erstellung von Arbeitszeugnissen geschult?
    ☐ Ja   ☐ Nein
    Wenn **JA**: In welcher Form? _____
    War dies hilfreich? ☐ Ja   ☐ Nein
    Wenn **NEIN**: Würden Sie sich mehr Unterstützung in diesem Bereich wünschen?   ☐ Ja   ☐ Nein
    In welcher Form? _____

Ergebnisdarstellung Wie Tab. 3.14 zu entnehmen ist, haben die Hälfte der Zeugnissteller keinerlei Qualifizierungsmaßnahmen für diese Tätigkeit erhalten. Es gibt zudem einen ganz klaren Größeneffekt. Während in kleinen Betrieben nicht einmal jeder Fünfte (18,2 %) eine Schulung in diesem Bereich erhalten hat, waren es bei mittelgroßen Unternehmen 42,4 % und bei großen Unternehmen 62,7 %.

Kommentierung Die Ergebnisse sind eine einzige Misere-Inventur! Etwa die Hälfte der Arbeitszeugnisse kommt offensichtlich ohne ausreichende fachliche Basis zustande. In den Unternehmen scheint die Vorstellung vorzuherrschen „Arbeitszeugnis kann jeder". Der inhaltlich und rechtlich durchaus komplexen Materie wird das nicht gerecht. Diese Befunde nähren ernstliche Zweifel an der Qualität und Vergleichbarkeit der erstellten Arbeitszeugnisse. Gerade Zeugnisse, die von kleineren Unternehmen angefertigt wurden, sind vor diesem Hintergrund mit großer Skepsis zu betrachten.

Tab. 3.14 Schulung für die Zeugniserstellung (n = 95)

Unternehmen	Antwort	Absolute Häufigkeit	Anteil in %
Klein	Ja	2	18,2
	Nein	9	81,8
Mittel	Ja	14	42,4
	Nein	19	57,6
Groß	Ja	32	62,7
	Nein	19	37,3
Gesamt	**Ja**	**48**	**50,5**
	Nein	**47**	**49,5**

Nun zur Frage nach der Art der durchgeführten Schulung und ob diese Maßnahmen als hilfreich empfunden wurden.

Ergebnisdarstellung Hinsichtlich der Art der Qualifizierungsmaßnahmen zeichneten sich gravierende Unterschiede ab. Dominierendes Instrument bei über der Hälfte der Unternehmen waren spezifische Seminare zur Thematik „Zeugnisse formulieren und erstellen". Es folgen dann mit deutlichem Abstand weitere Maßnahmen, die die Befragten als Qualifizierung einstuften (siehe Tab. 3.15), wobei Mehrfachnennungen berücksichtigt wurden.

Lediglich mit einer Ausnahme wurden die Maßnahmen – unabhängig von ihrer Art – von den Befragten als „hilfreich" eingestuft (95,8 %).

Kommentierung Auch vom Inhalt her können die Schulungsmaßnahmen nur bedingt überzeugen. Lediglich etwa die Hälfte von allen Teilnehmern, die überhaupt qualifiziert wurden, erhielt offensichtlich eine eindeutig einschlägige, ausführlichere Qualifizierung auf Präsenzbasis.

„Einarbeitungen on the job" als zweitwichtigste Maßnahme fallen vermutlich überwiegend nicht sonderlich ausführlich und systematisch aus. Ähnliches könnte für die dritthäufigste Nennung („Kenntnisse aus Ausbildung und Studium") zutreffen, wobei sich hier zudem die Aktualitätsfrage stellt. „Programmschulungen" dürften dominant auf die technische Seite der eingesetzten Zeugnissoftware eingehen und bei „Schulungen im Arbeitsrecht" stellt das Zeugnis nur eines vom mehreren Themen dar. Am ehesten inhaltlich spezifisch dürften wohl noch E-Learning-Kurse und Online-Seminare sein. Sie sind aber recht selten (8,5 %). Dass Qualifizierungsbedarf besteht, bestätigt eindeutig die sehr hohe Zustimmungsquote bei der Frage nach der Nützlichkeit.

Analysiert man diesen empfundenen Unterstützungsbedarf via Qualifizierung bei den Teilnehmern, die keinerlei Schulung erhalten haben, dann wird dieser nur von einem guten Drittel der Befragten (36,2 %) gesehen (siehe Tab. 3.16). Eindeutiger Spitzenreiter bei den aktiv gewünschten Maßnahmen sind – analog zu oben – wieder „Seminare/Weiterbildungen" (siehe Tab. 3.17).

Tab. 3.15 Art der Schulung für die Zeugniserstellung (n = 47)

Antwort	Absolute Häufigkeit	Anteil in %
Seminar/Weiterbildung zum Thema (z. B. „Zeugnisse formulieren und analysieren")	25	53,2
Einarbeitung „on the job"	12	25,5
Kenntnisse aus Ausbildung/Studium	7	14,9
Haufe Webinar/Programmschulung	4	8,5
E-Learning/Online-Seminar	4	8,5
Schulung im Bereich Arbeitsrecht	2	4,3

Tab. 3.16 Empfundener Unterstützungsbedarf bei Nichtteilnehmern von Qualifizierungsmaßnahmen (n = 47)

Unternehmen	Antwort	Absolute Häufigkeit	Anteil in %
Klein	Ja	4	44,4
	Nein	4	44,4
	Keine Angabe	1	11,1
Mittel	Ja	5	26,3
	Nein	13	68,4
	Keine Angabe	1	5,3
Groß	Ja	8	42,1
	Nein	10	52,6
	Keine Angabe	1	5,3
Gesamt	**Ja**	**17**	**36,2**
	Nein	**27**	**57,4**
	Keine Angabe	**3**	**6,4**

Tab. 3.17 Art der gewünschten Qualifizierungsmaßnahme bei Nichtteilnehmern von Qualifizierungsmaßnahmen (n = 15)

Antwort	Absolute Häufigkeit	Anteil in %
Seminar/Weiterbildung zum Thema	7	46,7
Schulung im Bereich Zeugnisrecht	2	13,3
Regelmäßige Schulungen	2	13,3
Formulierungshilfe	2	13,3
E-Learning/Online-Seminar	1	6,7
Softwareschulung	1	6,7

Kommentierung Wer Schulungen erhalten hat, schätzt ihren Wert; wer keine erhalten hat, vermisst sie nicht so stark. Es gab ja keine Chance, ihre Nützlichkeit zu erfahren. Stattdessen hat man sich auf dem eigenen Kompetenzniveau „eingerichtet". Und solange dies nicht zu deutlichen Problemen führt, werden die Defizite nicht so stark empfunden.

Dass trotzdem ein relativ hoher Informationsbedarf zur Anfertigung von Arbeitszeugnissen herrscht, signalisieren auch die Antworten auf die folgende Frage.

11. Haben Sie sich mit Literatur zum Thema Zeugniserstellung beschäftigt?
    ☐ Ja   ☐ Nein

Ergebnisdarstellung Im Gesamtsample (n = 95) geben 81 Befragte (= 85,3 %) an, sich schon mit einschlägiger Literatur zum Zeugnis beschäftigt zu haben. Lediglich 14 (= 14,7 %) verneinen dies.

Kommentierung Der Unterstützungsbedarf ist also zumindest latent vorhanden. Die für die Zeugniserstellung zuständigen Mitarbeiter empfinden Wissensdefizite, die sie über den autodidaktischen Ansatz der selbstständigen Beschäftigung mit einschlägiger Literatur beheben wollen. Zumindest auf der Ebene der eigenen subjektiven Wahrnehmung scheint diese Strategie erfolgreich zu sein. Das zeigen die Ergebnisse zu unserer nächsten Frage.

12. Wie sicher fühlen Sie sich bei der Erstellung von Arbeitszeugnissen?
    ☐ sehr sicher   ☐ sicher   ☐ mittelmäßig   ☐ weniger sicher
    ☐ unsicher

Ergebnisdarstellung Genau 80 % der Befragten fühlen sich bei der Zeugnisanfertigung zumindest „sicher", zu einem kleineren Teil sogar „sehr sicher". Nur jeder Fünfte berichtet Unsicherheitsgefühle. Allerdings gibt es einen sehr ausgeprägten Größeneffekt. Bei kleinen Unternehmen fühlen sich 70 % nur „mittelmäßig sicher". Der arithmetische Mittelwert zum Sicherheitsgefühl liegt bei 2,6, während er in großen Unternehmen einen Wert von 1,7 erreicht (siehe Tab. 3.18).

Unsere Daten weichen hier sehr stark von den Ergebnissen der Studie von Haufe-Lexware (2015, S. 17) ab. Dort geben 82 % der Befragten an, dass sie sich im Hinblick auf eine rechtssichere Formulierung von Zeugnissen „nicht ausreichend sicher" fühlen.

Kommentierung Die subjektiv gefühlte Sicherheit bei der Zeugniserstellung ist in unseren Daten in Gesamtschau erstaunlich hoch – angesichts des oben berichteten begrenzten Anteils an geschulten Mitarbeitern und des signalisierten Unterstützungsbedarfs eigentlich zu hoch. Erklärbar werden diese Befunde über zwei Hypothesen. Zum einen kann man eine systematische Ergebnisverzerrung zum Positiven auf der

Tab. 3.18 Sicherheit bei der Zeugniserstellung (n = 95)

Unternehmen	Antwort	Absolute Häufigkeit	Anteil in %	Kumulierte Werte (%)
Klein	1 = sehr sicher	1	10,0	10,0
	2 = sicher	2	20,0	30,0
	3 = mittelmäßig	7	70,0	100,0
	4 = weniger sicher	–	–	
	5 = unsicher	–	–	
	Ø	**2,6**		
Mittel	1 = sehr sicher	6	18,2	18,2
	2 = sicher	19	57,6	75,8
	3 = mittelmäßig	7	21,2	97,0
	4 = weniger sicher	1	3,0	100,0
	5 = unsicher	–	–	
	Ø	**2,1**		
Groß	1 = sehr sicher	20	38,5	38,5
	2 = sicher	28	53,8	92,3
	3 = mittelmäßig	4	7,7	100,0
	4 = weniger sicher	–	–	
	5 = unsicher	–	–	
	Ø	**1,7**		
Gesamt	**1 = sehr sicher**	**27**	**28,4**	**28,4**
	2 = sicher	**49**	**51,6**	**80,0**
	3 = mittelmäßig	**18**	**18,9**	**98,9**
	4 = weniger sicher	**1**	**1,1**	**100,0**
	5 = unsicher	**–**	**–**	
	Ø	**1,9**		

psychologischen Ebene vermuten. Aus Gründen des Selbstwertschutzes gestehen sich Menschen nur ungern ein, dass sie über längere Zeit Aufgaben verrichten, denen sie nicht vollständig gewachsen sind. Der Aufbau von Kontrollillusionen ist ein naheliegender Mechanismus zur Unsicherheitsvermeidung. Zum anderen handelt es sich bei der Aufgabe der Zeugniserstellung um eine Tätigkeit ohne großes Bedrohungspotenzial. Was soll schon passieren? Negative Konsequenzen sind recht unwahrscheinlich. Die ausscheidenden Mitarbeiter werden in aller Regel zufrieden sein, da sie ganz überwiegend gute und sehr gute Zeugnisse erhalten. Und wenn einmal ein Mitarbeiter interveniert, dann ist eine Nachbesserung unproblematisch möglich.

Tab. 3.19 Sicherheit bei der Zeugniserstellung in Abhängigkeit von Qualifizierungsmaßnahmen (n = 95)

Sicherheit	Schulung	
	Ja	Nein
1 = sehr sicher	17	9
2 = sicher	25	24
3 = mittelmäßig	6	12
4 = weniger sicher	–	1
5 = unsicher	–	–
Gesamt	**48**	**46**
Sicherheitswert Ø	**1,8**	**2,1**

Ein stark ausgeprägtes Sicherheitsgefühl bei den Zeugniserstellern darf also nicht leichtfertig gleichgesetzt werden mit einer de facto vorhandenen Kompetenz für diese Aufgabe und schon gar nicht mit hoher Zeugnisqualität.

Eine Sonderrolle haben kleine Unternehmen. Sie sind zum einen durch Arbeitszeugnisse zeitlich viel stärker belastet (siehe Frage 3) und fühlen sich dabei auch noch deutlich unsicherer.

In einer weiteren Analyse wurde noch untersucht, welche Auswirkungen durchgeführte Qualifizierungsmaßnahmen auf das Sicherheitsgefühl haben. Dazu wurden in einer Kreuztabellierung Frage 10 und 12 in Beziehung gesetzt. Die Ergebnisse zeigt Tab. 3.19.

Ergebnisdarstellung Zeugnisersteller, die eine Qualifizierung erhalten haben, fühlen sich bei der Anfertigung und Formulierung derartiger Dokumente deutlich sicherer. Sie gaben im Durchschnitt einen Sicherheitswert von 1,8 an. Nicht geschulte Teilnehmer vergaben im arithmetischen Mittel einen um 14,3 % geringeren Sicherheitswert von 2,1. Fast identische Ergebnisse zeigte auch die Analyse des Sicherheitsgefühls (Frage 12) in Abhängigkeit von Frage 11 („Haben Sie sich mit Literatur zum Thema Zeugniserstellung beschäftigt?"). Teilnehmer die dies bejahten, hatten mit 1,9 einen höheren Sicherheitswert als die Teilnehmer ohne Literaturstudium mit einem Wert von 2,2.

Kommentierung Qualifizierungsmaßnahmen zur Erstellung von Arbeitszeugnissen im weitesten Sinne können also nicht nur die objektiv vorhandenen Kompetenzen stärken, sondern steigern auch das Sicherheitsgefühl der mit der Aufgabe betrauten Mitarbeiter. Die leichte Verfügbarkeit einschlägiger Literatur hat ebenfalls positive Effekte. Eine sinnvolle Qualifizierungskombination wäre der Besuch von einschlägigen Präsenzseminaren in Verbund mit der Integration einschlägiger Literatur in die Büroausstattung, in der bei Zweifelsfällen recherchiert werden kann.

Speziell für kleinere Unternehmen mit ihrer besonders geringen Qualifizierungsdurchdringung sind hier Verbesserungsmöglichkeiten zu sehen. Eine konsequente Weiterbildung lässt die Bearbeitungszeit sinken, erhöht die Aufgabensicherheit und reduziert in der Folge sicherlich auch die Anzahl von Konflikten ums Arbeitszeugnis.

Um nähere Informationen für die besondere Akzentsetzung bei Qualifizierungsmaßnahmen zu erhalten, wurde in einer offenen Fragestellung nach besonderen Problemen
bei der Zeugnisanfertigung gefragt:

> 13.   Was bereitet Ihnen bei der Erstellung von Arbeitszeugnissen besondere Prob-
>   leme? (Mehrfachnennungen möglich)

Ergebnisdarstellung Die erhobenen Befunde waren überraschend. Das gravierendste
Problem hatten die Unternehmen nicht – wie eigentlich erwartet – mit dem Bewertungsteil des Zeugnisses, sondern vielmehr mit der Rekonstruktion des Lebenslaufes bei
längerer Betriebszugehörigkeit (28,3 % der Nennungen). Erst dann folgen mit jeweils
18,3 % die eigentlich erwarteten Probleme mit dem vorzunehmenden Spagat zwischen
Wahrheitspflicht und Wohlwollen und dem Problem, Zeugnisse hinreichend zu individualisieren. Die mit 11,7 % angegebenen allgemeinen Formulierungsprobleme dürften
auch diesen beiden Kategorien zuzurechnen sein. Interne Organisationsprobleme liegen
in verspäteter oder unvollständiger Zuarbeit von Führungskräften (11,7 %) und interessanterweise in einzelnen Fällen in der Unbekanntheit interner Abkürzungen, was dann
nicht für eine sonderliche Nähe zwischen Personal- und Fachbereichen spricht. Tab. 3.20
zeigt die Komplettergebnisse.

Kommentierung Auch hier ergibt sich eine (völlig unerwartete) Misere-Inventur.
Wenn so viele Unternehmen Schwierigkeiten bei einer schnellen und zutreffenden
Zusammenstellung aller Tätigkeiten haben, die ein Mitarbeiter während seiner Betriebszugehörigkeit ausgeübt hat, dann liegt mit der Systematik und Konsequenz der Personalaktenführung in Deutschland etliches im Argen. Nähere Analysen der Daten haben
gezeigt, dass ausnahmslos alle Unternehmen mit diesem Problem Personalakten führen.
Demnach sollte eine lückenlose Nachvollziehbarkeit der beruflichen Stationen eigentlich
problemlos möglich sein. Die Tatsache, dass hier trotzdem Probleme bestehen, lässt auf
unvollständige und nicht systematisch gepflegte Unterlagen schließen. Dieser Befund ist
auch über die Thematik Arbeitszeugnisse hinaus sehr bedeutsam, da Personalakten die
informatorische Basis für fundierte personalwirtschaftliche Aktivitäten und Entscheidungen bilden. So wird beispielsweise für die Feststellung des Qualifikationsniveaus und des
Personalentwicklungsbedarfs eines Mitarbeiters eine Information zu bisher im Unternehmen ausgeübten Tätigkeiten benötigt. Ähnlich verhält es sich mit der Fundierung von
Versetzungs- und Beförderungsentscheidungen. Und auch die Planung einer systematischen Gehaltsentwicklung kommt eigentlich ohne valide Informationen zu den bislang
ausgeübten Tätigkeiten nicht aus. Diese Befunde rufen nach einer eigenen Studie zur
Qualität der Personalaktenführung in Deutschland.

Zurück zur Zeugnisproblematik: Eine Möglichkeit, die Tätigkeiten des Beurteilten
trotz lückenhafter Personalakten nachzuvollziehen, wäre ein persönliches Vorabgespräch
mit dem Mitarbeiter. Nähere Analysen zeigten aber, dass gerade diese in lediglich zwei

Tab. 3.20 Probleme bei der Zeugniserstellung (n = 60)

Antwort	Absolute Häufigkeit	Anteil in %
Werdegang bei langjähriger Betriebszugehörigkeit aufarbeiten	17	28,3
Konflikt zwischen Wahrheit und Wohlwollen (Negatives positiv ausdrücken)	11	18,3
Individualität des Zeugnisses	11	18,3
Formulierung	7	11,7
Zuarbeit des Vorgesetzten	5	8,3
Zeitaufwand	3	5,0
Interne Abkürzungen	3	5,0
Selbstüberschätzung des Mitarbeiters	2	3,3
Rechtslage/Gefahr von Rechtsstreiten	2	3,3
Fehlende Automatisierung	1	1,7

der betroffenen Unternehmen durchgeführt wurden. Dies lässt dann auf eine sehr hohe, qualitätskritische Gleichgültigkeit im Hinblick auf zutreffende Darstellungen des Werdegangs im Zeugnis schließen.

In aggregierter Betrachtung stellen Formulierungsprobleme im Bewertungsteil mit insgesamt 48,3 % der Nennungen (18,3 % + 18,3 % + 11,7 % – siehe Tab. 3.20) einen erwarteten Problemschwerpunkt dar. Eine so hohe Sicherheit, wie in Frage 12 berichtet, haben die Zeugnisersteller im Detail dann möglicherweise doch nicht. Sie kämpfen mit dem Konflikt zwischen den Grundsätzen von Wahrheit und Wohlwollen und mit dem Anspruch, das Zeugnis individuell zu gestalten. Durch die häufige Verwendung von Standardformulierungen, Textbausteinen und Zeugnisgeneratoren (siehe Frage 7) bleibt nur wenig Spielraum für personenbezogene Äußerungen.

Suboptimale Kommunikationsflüsse zwischen Personalabteilung und Vorgesetzten/Fachabteilungen, wie sie sich in den verspäteten oder unvollständigen Zuarbeiten zeigen, lassen vermuten, dass die Zeugniserstellung keine hohe Priorität genießt und als Zusatzbelastung empfunden wird, die man eher widerwillig erledigt. Für qualitativ hochwertige und zeitnahe Zeugnisse müssen die Unternehmen an der Schnittstelle zwischen Personalabteilungen und Vorgesetzten/Fachabteilungen die organisatorischen Voraussetzungen schaffen – etwa über strikt terminierte, gut strukturierte Formblätter zur Informationsabfrage oder über persönliche Rücksprachetermine.

Dieser Aspekt der Zusammenarbeit wird auch in der Studie von Haufe Lexware (2015, S. 13 f.) aufgegriffen. Mitarbeiter in Personalabteilungen monieren als Hauptprobleme, dass das Zeugnis „zu lange beim Vorgesetzten liegt" (44 %) und die „Abstimmung zwischen Führungskräften und Personalabteilung umständlich und langwierig" (30 %) ist. Umgekehrt bemängeln 30 % der Führungskräfte als Hauptproblem, dass Zeugnisse zu lange im Personalbereich liegen. Im Ergebnis sind 81 % der

HR-Mitarbeiter mit dem Prozess der Zeugniserstellung lediglich „einigermaßen bis gar nicht zufrieden"; bei Führungskräften sind es sogar 86 %. Die Einbindung von Vorgesetzten und Mitarbeitern in die Zeugniserstellung wird im nächsten Gliederungspunkt näher beleuchtet.

3.5   Einbindung von Vorgesetzten und Mitarbeitern

14. Führen Sie mit der zu beurteilenden Person oder dessen Vorgesetzten zur
     Vorbereitung der Zeugniserstellung ein Gespräch?
     (Mehrfachnennungen möglich)
     • Mit dem Vorgesetzten   ☐
                                 Durchschnittliche Länge: _____ Minuten
     • Mit dem Mitarbeiter   ☐
                                 Durchschnittliche Länge: _____ Minuten
     • Nein   ☐

Mit dieser Frage sollte vor allem die Qualität und Intensität des Informationsinputs als Vorbereitung auf die Zeugniserstellung eruiert werden.

Ergebnisdarstellung Die Ergebnisse in Tab. 3.21 zeigen zur Gesprächshäufigkeit, dass in Gesamtschau mehr als die Hälfte aller Befragten (55,2 %) keinerlei Gesprächsbedarf mit Vorgesetzten und/oder Mitarbeitern bei der Zeugniserstellung sieht.

Exakt ein Drittel der Unternehmen (33,3 %) führt zumindest Vorgespräche mit dem Vorgesetzten. Vorgespräche mit dem Mitarbeiter allein sind extrem selten (2,1 %) und Gespräche mit beiden auch eher unüblich (9,4 %). Hinsichtlich der Gesprächsdauern handelt es sich in Gesamtbetrachtung relativ einheitlich um Gespräche von etwa einer Viertelstunde.

Sowohl hinsichtlich Gesprächshäufigkeit als auch Gesprächsdauer gibt es einen deutlichen Größeneffekt. In kleinen Unternehmen werden am häufigsten Vorgespräche geführt und sie dauern im Durchschnitt auch am längsten. Die seltensten und kürzesten Vorgespräche finden in größeren Unternehmen statt.

Kommentierung Die Vorbereitung der Zeugniserstellung ist deutlich suboptimal. Es werden wichtige Informationsquellen nicht genutzt. In Frage 9 haben zwar 86,5 % der Unternehmen angegeben, die Zuarbeiten der Vorgesetzten auf einem Formblatt einzuholen, aber es ist nicht unbedingt davon auszugehen, dass diese in allen Fällen eindeutig und vollständig sind. Die Chance, die Zuarbeiten zu hinterfragen, zu relativieren oder zu ergänzen, bleibt oftmals ungenutzt.

Gänzlich inakzeptabel ist die faktisch nicht vorhandene Beteiligung der Mitarbeiter, speziell vor dem Hintergrund, dass viele Befragte Schwierigkeiten bei der

Tab. 3.21 Vorgespräche mit Vorgesetzten und Mitarbeitern (n = 96)

Unternehmen	Antwort	Absolute Häufigkeit	Anteil in %	Ø Dauer in Minuten
Klein	Vorgesetzter	5	45,5	22,5
	Mitarbeiter	1	9,1	–
	Beide	–	–	–
	Nein	5	45,5	
Mittel	Vorgesetzter	13	38,2	15,4
	Mitarbeiter	1	2,9	15,0
	Beide	4	11,8	25,8
	Nein	16	47,1	
Groß	Vorgesetzter	14	27,5	13,3
	Mitarbeiter	–	–	–
	Beide	5	9,8	11,0
	Nein	32	62,7	
Gesamt	**Vorgesetzter**	**32**	**33,3**	**15,5**
	Mitarbeiter	**2**	**2,1**	**15,0**
	Beide	**9**	**9,4**	**13,8**
	Nein	**53**	**55,2**	

Rekonstruktion der Tätigkeiten des Mitarbeiters im Unternehmen angeben (siehe Frage 13). Der wichtigste Experte in dieser Frage ist in aller Regel der Mitarbeiter selbst – und der wird nicht zurate gezogen. Zur Sicherstellung einer sachlich richtigen Tätigkeitsbeschreibung bietet sich die Einbeziehung der Mitarbeiter im Vorfeld auf alle Fälle an. Ein Gespräch, in dem die gesammelten Tätigkeitsinhalte an der Erinnerung des Mitarbeiters verprobt werden, ist sinnvoll und erspart spätere Korrekturnotwendigkeiten. Denkbar wäre natürlich auch die Abfrage der Tätigkeitsstationen beim Mitarbeiter auf einem Formblatt. Allerdings könnte dies zu einem gewissen Befremden führen, da der Mitarbeiter eigentlich zu Recht davon ausgehen darf, dass im Unternehmen eine hinreichend vollständige Personalakte über ihn geführt wird.

In einer Studie von Weuster (1994, S. 24 f.) war die Mitarbeiterbeteiligung etwas intensiver. Es gaben 31,9 % der Unternehmen an, den Mitarbeiter zumindest in besonderen Fällen an der Aufgabenbeschreibung zu beteiligen.

Der vergleichsweise geringe Beteiligungsgrad von Vorgesetzten und Mitarbeitern in großen Unternehmen erklärt im Zusammenwirken mit dem häufigsten Einsatz an Zeugnisgeneratoren (siehe Frage 7) die kürzesten Erstellungszeiten für Zeugnisse (siehe Frage 3). Bei kleinen Unternehmen ist es genau umgekehrt.

15.   Lassen Sie sich von dem zu beurteilenden Mitarbeiter einen Zeugnisentwurf
       anfertigen?
       ☐ immer   ☐ manchmal   ☐ nie

Ergebnisdarstellung Nahezu 40 % aller Unternehmen lassen zumindest „manchmal"
den Mitarbeiter den Zeugnisentwurf anfertigen, in zwei Unternehmen ist dies sogar
durchgehende Praxis. In kleinen Unternehmen ist dieses Vorgehen deutlich weniger ausgeprägt als in mittleren und großen Unternehmen (siehe Tab. 3.22).

Kommentierung Die Ergebnisse sind eigentlich ein Offenbarungseid. Es gibt in
Deutschland eine große Zahl an Unternehmen, die regelmäßig den Aufwand der Zeugniserstellung weitestgehend umgehen und sich deshalb das Zeugnis vom Mitarbeiter
selbst entwerfen lassen. Dieser ist aber in aller Regel dafür überhaupt nicht qualifiziert.
Eine mögliche Folge sind „verunglückte" Formulierungen, die dem Mitarbeiter dann
später zum Nachteil gereichen. Eine relativ sichere Folge sind extrem positive Zeugnisse
aus der subjektiven Sicht des Mitarbeiters mit einer Aneinanderreihung von Superlativen
und ausgesprochen wohlwollenden Aufgabenbeschreibungen und Bewertungen.

Leider wurde nicht erhoben, zu welchem Anteil und in welchem Umfang die vom
Mitarbeiter eingereichten Entwürfe durch das Unternehmen noch korrigiert werden.
Die Vermutung liegt nahe, dass dies in eher geringerem Umfang geschieht. Hier siegt
das Trägheitsmoment, denn man möchte ja schließlich Zeit sparen. Außerdem wird man
vielfach den Konflikt mit Mitarbeitern scheuen, wenn Veränderungen zum Schlech-
teren hin vorgenommen werden sollen. Weiterhin wird das juristische Risiko als nicht
vorhanden wahrgenommen, wenn der Mitarbeiter das Zeugnis selbst entworfen hat. Das

Tab. 3.22 Zeugnisentwurf durch Mitarbeiter (n = 96)

Unternehmen	Antwort	Absolute Häufigkeit	Anteil in %
Klein	Immer	–	–
	Manchmal	2	18,2
	Nie	9	81,8
Mittel	Immer	–	–
	Manchmal	14	41,2
	Nie	20	58,8
Groß	Immer	2	3,9
	Manchmal	21	41,2
	Nie	28	54,9
Gesamt	**Immer**	**2**	**2,1**
	Manchmal	**37**	**38,5**
	Nie	**57**	**59,4**

Anreizportfolio für ein überwiegend unverändertes „Durchwinken" des Zeugnisentwurfes ist also durchaus prall gefüllt.

Etwas irritierend ist die Tatsache, dass mit steigender Unternehmensgröße die Häufigkeit von Mitarbeiterzeugnissen zunimmt. Denn schließlich haben die mitarbeiterstarken Arbeitgeber tendenziell mehr Personal für solche Aufgaben zur Verfügung und zudem auch eher das nötige Know-how.

Im Fazit ist klar festzuhalten, dass der Sinn des Arbeitszeugnisses durch diese Praxis ad absurdum geführt wird. Die eigentlich angestrebte, bewertende Sicht durch einen Dritten wird nicht mehr realisiert. Als Selektionsinstrument bei der Personalbeschaffung wird das Arbeitszeugnis damit komplett entwertet. Selbst geschriebene Zeugnisse sind eine Farce. Zumindest unter Personalauswahlgesichtspunkten sollte man sich den damit betriebenen Aufwand dann besser vollständig sparen.

Es wäre zu überlegen, ob die Anfertigung von Zeugnissen durch Mitarbeiter nicht notfalls durch eine entsprechende gesetzliche Vorschrift explizit unterbunden werden sollte. Die Pflicht zur Zeugniserstellung hat eindeutig der Arbeitgeber. Das vom Gesetzgeber eigentlich Gewollte wird durch die Praxis konterkariert. Neben der juristischen Komponente hat das Problem auch einen personalethischen Aspekt, denn gerade nach langjähriger Betriebszugehörigkeit sollte man dem scheidenden Mitarbeiter genügend Respekt erweisen und ihm ein ordnungsgemäß erstelltes Zeugnis an die Hand geben.

Um eine gute informatorische Basis für eine effiziente Erstellung von Zeugnissen zu haben, ist auf eine kontinuierliche Beurteilung des Mitarbeiters zu achten. Regelmäßige Mitarbeitergespräche und konsequent fortgeschriebene Stellenbeschreibungen sind der Schlüssel für eine lückenlose Darstellung des betrieblichen Werdegangs. Wenn man von Beginn an eine Feedbackkultur errichtet, ergibt dies eine geeignete Basis für die spätere Zeugniserstellung und zudem weiß der Arbeitnehmer auch selber, wo er steht und wie seine Leistungen bewertet werden.

Mit den beiden nächsten Fragen sollten Einbindungsabläufe näher aufgeklärt werden, die nach der Zeugniserstellung stattfinden.

16. Von wem lassen Sie ein erstelltes Arbeitszeugnis Korrektur lesen?
    (Mehrfachnennungen möglich)
    - Vorgesetzter des Mitarbeiters   ☐
    - Mitarbeiter selbst   ☐
    - Kollege/in   ☐
    - mein Vorgesetzter   ☐
    - Sonstige: _____

Ergebnisdarstellung Lediglich ein einziges Unternehmen verzichtet komplett auf das Gegenlesen des Zeugnisses. Häufigster Korrekturleser ist mit 70,2 % der Vorgesetzte des Mitarbeiters. Es folgen mit deutlichem Abstand die eigenen Kollegen und Vorgesetzten.

Tab. 3.23 Korrekturleser des Arbeitszeugnisses (n = 94)

Antwort	Absolute Häufigkeit	Anteil in %
Vorgesetzter des Mitarbeiters	66	70,2
Kollege/in	34	36,2
Mein Vorgesetzter	28	29,8
Mitarbeiter selbst	15	16,0
Keinem	1	1,1

Das Gegenlesen des fertigen Zeugnisses durch den Mitarbeiter selbst kommt in nur 16 % der Fälle eher selten vor (siehe Tab. 3.23).

Immerhin 21 Unternehmen (= 22,3 %) lassen die Zeugnisse sogar von mehr als einer Person Korrektur lesen.

Kommentierung Die relativ starke Einbindung der Vorgesetzten und die relativ geringe Einbindung der Mitarbeiter selbst bestätigen sich auch nach Fertigstellung des Zeugnisses. Es wäre allerdings sinnvoll, den Mitarbeiter als „Experten in eigenen Angelegenheiten" die Aufgabenbeschreibungen vor der endgültigen Aushändigung auf sachliche Richtigkeit hin gegenlesen zu lassen. Dies erspart möglichen späteren Korrekturaufwand.

Generell erfreulich ist die fast 100 %-Quote von Zeugnissen, die Korrektur gelesen wurden. Dies spiegelt ein hohes Qualitätsbewusstsein der Unternehmen wider, das sich allerdings überwiegend auf formale Korrektheit beschränken dürfte.

17.   Besprechen Sie den Zeugnisinhalt vor Fertigstellung mit dem Mitarbeiter?
☐ Ja   ☐ Nein

Ergebnisdarstellung Eine Besprechung des Zeugnisinhaltes gemeinsam mit dem Beurteilten vor endgültiger Fertigstellung und Übergabe des Dokumentes ist weitestgehend unüblich. Lediglich 17 Teilnehmer (= 18,1 %) bejahten diese Frage. Zwischen den Größenklassen gab es dabei so gut wie keine Unterschiede (siehe Tab. 3.24).

Kommentierung Die Ergebnisse sind ambivalent zu sehen. Einerseits soll das Arbeitszeugnis im bewertenden Teil eine Fremdeinschätzung darstellen. Insofern sollte es nicht Gegenstand von Diskussions- und Verhandlungsprozessen sein. Andererseits eröffnet eine Besprechung mit dem Mitarbeiter eine gute Möglichkeit, Missverständnisse zu vermeiden, unterschiedliche Ansichten zu erläutern, Einschätzungen des Unternehmens zu erklären und ein gemeinsames Verständnis zu schaffen. Dies könnte durchaus ein Beitrag zur Vermeidung juristischer Konflikte sein. Allerdings besteht die Gefahr, dass das Zeugnis in dem Gesprächsprozess „um des lieben Friedens willen" in seiner Aussagekraft weiter verwässert wird. Die Autoren tendieren daher eher zu einem Verzicht auf solche

Tab. 3.24 Zeugnisbesprechung mit Mitarbeiter (n = 94)

Unternehmen	Antwort	Absolute Häufigkeit	Anteil in %
Klein	Ja	2	18,2
	Nein	9	81,8
Mittel	Ja	7	20,6
	Nein	27	79,4
Groß	Ja	8	16,3
	Nein	41	83,7
Gesamt	**Ja**	**17**	**18,1**
	Nein	**77**	**81,9**

nachlaufenden Besprechungen, da die Gefahr eines „orientalischen Teppichhandels" zu groß wird. Außerdem bestanden während des laufenden Arbeitsverhältnisses genügend Möglichkeiten, sich über Leistungs- und Verhaltenserwartungen auszutauschen. Zumindest gilt dies für den Fall, dass Führungsinstrumente wie Mitarbeitergespräche, Zielvereinbarungen, Leistungsbeurteilungen etc. im Unternehmen hinreichend konsequent eingesetzt werden.

3.6 Bewertungskriterien in qualifizierten Zeugnissen

18. Wie viele Kriterien werden in Ihren qualifizierten Arbeitszeugnissen beurteilt?

Mit dieser Frage sollte eruiert werden, in welchem Umfang der Bewertungsteil von unterschiedlichen Zeugnissen vergleichbar ist.

Ergebnisdarstellung Die Ergebnisse in Tab. 3.25 zeigen, dass die verwendete Anzahl an Beurteilungskriterien in qualifizierten Zeugnissen in ganz extremen Umfang zwischen den Unternehmen differiert. Im Gesamtsample ergibt sich eine Spannweite zwischen 2 und 17 Bewertungsaspekten. Kleine Unternehmen verwenden im Durchschnitt 4,5 Kriterien, bei Großunternehmen sind es 7,2. Das arithmetische Mittel aller Befragten liegt bei 6,9. Daraus resultiert eine sehr hohe Standardabweichung von 3,7.

Zu dieser Frage machten etliche Teilnehmer keine genauen Angaben, sondern verwiesen ausweichend auf die „allgemeingültigen" oder „alle" Kriterien. Dies erklärt die reduzierte Auswertungsbasis von n = 76.

Kommentierung Die Ergebnisse zeigen sehr deutlich, dass es keinen eindeutigen und einheitlichen Bewertungsrahmen für die Leistungs- und Verhaltensbewertung in

Tab. 3.25 Kriterien für
qualifizierte Zeugnisse
(n = 76)

Unternehmen	Min.	Max.	Ø	Standardabwei-chung
Klein	2	11	4,5	3,6
Mittel	3	10	6,7	3,5
Groß	3	17	7,2	3,8
Gesamt	**2**	**17**	**6,9**	**3,7**

qualifizierten Zeugnissen gibt. Auch andere Studien belegen die starke Streuung bei den
bewerteten Kriterien (vgl. die Übersichten bei Weuster und Scheer 2015, S. 84 ff.). Die
Unternehmen nutzen ihren Ermessensspielraum bei der Beurteilung von Mitarbeitern in
extremem Umfang. Jedes Unternehmen besitzt tendenziell seine eigenen Vorlagen und
Standards. Damit kann bei Arbeitszeugnissen auch nicht annähernd von einheitlichen
und vergleichbaren Dokumenten gesprochen werden.

Für die Nutzung von Arbeitszeugnissen in der Personalauswahl ist das unter methodischen Aspekten eine fatale Situation. Zwar liefert das Arbeitszeugnis ein Bild vom
einzelnen Bewerber, aber ein Quervergleich zwischen verschiedenen Bewerbern auf
Zeugnisbasis ist damit mangels Objektivität des Messprozederes nicht möglich.

Kein Zeugnisersteller weiß mit Sicherheit, welche Aspekte konkret zu beurteilen sind
beziehungsweise bei welcher Arbeitnehmergruppe besondere berufsspezifische Elemente
zu ergänzen sind. Und damit kann ein Zeugnisleser die Inhalte auch nicht sicher einord-
nen. So sieht Wildwuchs aus!

Eine Standardisierung der Beurteilungskriterien ist folglich dringend nötig. Sie kann
entweder seitens des Gesetzgebers oder durch den Abschluss großflächiger Tarifverträge
umgesetzt werden. Zur Vorbereitung würde sich ein Austausch von Arbeitgeberverbän-
den anbieten. Aber auch die Diskussion im Rahmen der Erfahrungskreise von Personalverantwortlichen stellt einen Startpunkt für die Weiterentwicklung des Systems der
Arbeitszeugnisse dar.

3.7   Konflikte um das Arbeitszeugnis

19. Wie häufig hat ein Mitarbeiter schon ein Arbeitszeugnis beanstandet?
     ☐ sehr häufig   ☐ häufiger   ☐ manchmal   ☐ in seltenen Ausnahmen
         (>20 %)   (10–20 %)   (3–10 %)   (<3 %)
     ☐ noch nie
     Wenn **Beanstandungen vorlagen:** Wurde das Zeugnis daraufhin
     überarbeitet?
     ☐ Ja   ☐ in manchen Fällen   ☐ Nein

Tab. 3.26 Zeugnisbeanstandungen durch den Mitarbeiter (n = 97)

Unternehmen	Antwort	Absolute Häufigkeit	Anteil in %	Ø Beanstandungen
Klein	Sehr häufig	0	0,0	4,2
	Häufiger	0	0,0	
	Manchmal	1	9,1	
	Selten	7	63,6	
	Noch nie	3	27,3	
Mittel	Sehr häufig	0	0,0	3,9
	Häufiger	2	5,9	
	Manchmal	7	20,6	
	Selten	16	47,1	
	Noch nie	9	26,5	
Groß	Sehr häufig	0	0,0	3,6
	Häufiger	2	3,8	
	Manchmal	19	36,5	
	Selten	31	59,6	
	Noch nie	0	0,0	
Gesamt	**Sehr häufig**	**0**	**0,**	**3,8**
	Häufiger	**4**	**4,1**	
	Manchmal	**27**	**27,8**	
	Selten	**54**	**55,7**	
	Noch nie	**12**	**12,4**	

1 = Sehr häufig
2 = Häufiger
3 = Manchmal
4 = In seltenen Ausnahmen
5 = Noch nie

Ergebnisdarstellung Zeugnisbeanstandungen durch den Mitarbeiter nach Zeugnis-übergabe sind im Gesamtsample gemäß der Daten in Tab. 3.26 tendenziell „eine seltene Ausnahme" (Mittelwert 3,8), dürften also gemäß obiger Skala im Bereich von etwa 3 % zu veranschlagen sein. Es gibt einen recht klaren Größeneffekt. Am stärksten sind große Unternehmen von dieser Problematik betroffen, bei denen immerhin ein gutes Drittel (36,5 %) den Häufigkeitsbereich 3 bis 10 % (= Skalenwert „manchmal") angegeben hat. Im arithmetischen Mittel führt das zu einem Beanstandungswert von 3,6 wohingegen kleine Unternehmen einen Mittelwert von 4,2 erreichen, der deutlich größere Konflikt-freiheit signalisiert.

Tab. 3.27 Beanstandungen in Abhängigkeit von Zeugnisbesprechungen (n = 94)

Beanstandung	Besprechung		
	Ja	Nein	Gesamt
1 = sehr häufig	–	–	–
2 = häufiger	3	–	3
3 = manchmal	4	23	27
4 = in seltenen Ausnahmen	7	45	52
5 = noch nie	3	9	12
Gesamt	**17**	**77**	**94**
Ø	**3,6**	**3,8**	**3,8**

Kommentierung Zeugnisbeanstandungen durch Mitarbeiter sind kein Massenphänomen, als Problem aber – speziell in größeren Unternehmen – durchaus existent. Man muss sich verdeutlichen, dass durch Reklamationen des Mitarbeiters eventuell längere Gespräche und nachfolgende Zeugnisänderungen nötig werden, der Gesamtprozess also deutlich zeitaufwendiger und damit kostenintensiver wird.

Kleine Unternehmen mit ihrer geringen Beanstandungsquote profitieren möglicherweise davon, dass sie mehr Zeit in die Abfassung des Zeugnisses investieren (siehe Frage 3) und auch die Vorgesetzten stärker einbinden (Frage 14). In großen Unternehmen werden Zeugnisse dagegen schneller und ohne vorherige Rücksprachen in einem eher „isolierten Arbeitsprozess" in der Personalabteilung erstellt. Von diesen Effizienzbestrebungen könnten die Unternehmen dann in Form einer höheren Reklamationsquote am Ende doch „negativ eingeholt" werden. Möglicherweise liegt der Grund aber auch eher in den größeren und professioneller arbeitenden Betriebsräten in großen Unternehmen, von denen die Mitarbeiter auch in Zeugnisfragen beraten und zu Interventionen ermuntert werden.

In einer zusätzlich vorgenommenen Analyse wurde durch eine Verbindung der Fragen 17 und 19 via Kreuztabellierung geprüft, ob eine Zeugnisbesprechung mit dem Mitarbeiter vor der Zeugnisübergabe die Beanstandungswahrscheinlichkeit senkt.

Ergebnisdarstellung Die Ergebnisse waren durchaus überraschend. Denn das Gegenteil war der Fall! Bei den Unternehmen, die Zeugnisbesprechungen vor Übergabe durchführten, konnten mit einem Mittelwert von 3,6 höhere Beanstandungsquoten gemessen werden als in Unternehmen ohne solche Gespräche (siehe Tab. 3.27).

Kommentierung Zeugnisbesprechungen vor der Übergabe sind also definitiv kein konfliktdämpfender Mechanismus. Es bestätigte sich damit die Skepsis zu solchen Gesprächen, die bereits in der Kommentierung zu Frage 17 formuliert wurde.

Wie können die höheren Beanstandungsquoten nach Zeugnisbesprechungen erklärt werden? Zum einen könnte man vermuten, dass die Mitarbeiter die grundsätzliche Gesprächsbereitschaft des Arbeitgebers ausnutzen und als Chance interpretieren, Inhalt

Tab. 3.28 Zeugniskorrekturen nach Beanstandungen (n = 83)

Zeugniskorrektur	Absolute Häufigkeit	Anteil in %
Ja	33	39,8
In manchen Fällen	46	55,4
Nein	4	4,8

und Bewertung auch nachträglich noch einmal zu ändern. Zum anderen ist es denkbar, dass gerade mit den Mitarbeitern eine Besprechung durchgeführt wird, deren Leistungen Mängel aufwiesen und denen erläutert werden soll, warum sie kein Spitzenzeugnis erhalten. Damit wäre auf Basis von Selbstüberschätzung oder Ärger über kritische Aussagen vorstellbar, dass die Beurteilten im Nachhinein gegen die Formulierungen vorgehen.

Im Fazit ist vor dem Hintergrund dieser Befunde von Zeugnisbesprechungen eher abzuraten. Denn möglicherweise werden durch sie die berühmten „schlafenden Hunde erst geweckt" und der orientalische Teppichhandel eröffnet.

Nun zur Frage, ob die Beanstandungen der Mitarbeiter noch zu nachträglichen Zeugnisveränderungen geführt haben.

Ergebnisdarstellung In 40 % der Fälle führte die Intervention der Mitarbeiter immer zu Zeugnisveränderungen. Und bei weiteren 55 % wurden zumindest fallweise Veränderungen vorgenommen. Nur im ganz seltenen Ausnahmefall erreichte der Mitarbeiter keine Veränderung (siehe Tab. 3.28).

Die Ergebnisse ähneln sehr stark den von Weuster und Scheer (2015, S. 188) referierten Studien, bei denen etwa die Hälfte der Unternehmen angaben, die Bewertungen zu verbessern, wenn der Mitarbeiter mit dem Klageweg drohte.

Kommentierung Leider wurde im Fragebogen der Beanstandungsgrund nicht erhoben. Sollte dieser in einer fehlerhaften oder unvollständigen Darstellung der ausgeübten Tätigkeit liegen, dann sind die Änderungswünsche natürlich in vollem Umfang berechtigt. Es ist aber anzunehmen, dass sich ein substanzieller Teil der Beanstandungen auch auf Bewertungen bezieht, mit denen der Mitarbeiter nicht einverstanden ist und Verbesserungen durchsetzen möchte. In vielen Fällen lenkt dann der Arbeitgeber ein und arbeitet – um sich weitere unangenehme Diskussionen oder gar juristische Auseinandersetzungen zu ersparen – Verbesserungen zugunsten des Mitarbeiters ein. Dies ist aus zwei Gründen nicht unproblematisch. Zum einen wird damit die Aussage des Zeugnisses verwässert, es verliert den Charakter eines „bewertenden Fremdbildes durch einen Dritten" und wird immer mehr zum Ergebnis eines Verhandlungsprozesses. Zum anderen wird unter den ausscheidenden Mitarbeitern eine Asymmetrie erzeugt. Konfliktstarke, eloquente, selbstbewusste Mitarbeiter, die fähig und willens sind den „Lästigkeitsfaktor nach oben zu treiben", erhalten bessere Zeugnisse, als die eher stilleren und bescheideneren Typen, die nicht aufbegehren. Für die Aussagekraft von Arbeitszeugnissen ist dies problematisch.

> 20. Wie häufig kam es in den letzten 5 Jahren wegen eines Arbeitszeugnisses
>   schon zu einem Rechtsstreit?
>   _____ Mal

Ergebnisdarstellung In einem 5-Jahres-Zeitraum musste mit 72 Unternehmen der größte Teil in unserem Sample (= 86,7 %) keinerlei gerichtliche Auseinandersetzungen um Arbeitszeugnisse führen. Dagegen hatten sich 11 Unternehmen – im Extremfall sogar bis zu sechs Mal – solchen Prozessen zu stellen. Im Durchschnitt kam es pro Unternehmen zu knapp 0,3 gerichtlichen Auseinandersetzungen (siehe Tab. 3.29).

Unter den Prozessinvolvierten befanden sich zwei Kleinunternehmen, drei mittelständische und sechs Großunternehmen. Es zeigt sich demnach, dass Rechtsstreite in allen Größenklassen vorkommen. Die erhöhte Repräsentanz der großen Betriebe kann damit erklärt werden, dass sie zum einen die am stärksten vertretene Gruppe innerhalb der Umfrage waren und zudem deutlich mehr Zeugnisse ausstellen als die kleineren Vertreter.

Kommentierung Zur Einordnung der Zahlen sind noch zwei Anmerkungen wichtig. Zum einen müssen die Angaben sicherlich noch etwas nach oben korrigiert werden, denn 14 Befragte (14,4 %) machten gar keine Aussage zu diesem Thema, was auf eine gewisse Dunkelziffer schließen lässt. Zum anderen sind die Zahlen auch in einem größeren Kontext zu interpretieren. Setzt man sie ins Verhältnis zu der Gesamtzahl der in Deutschland existierenden Unternehmen in den hier relevanten Größenklassen (339.087 im Mai 2015; vgl. www.destatis.de) und der oben bereits aus dem Jahr 2007 berichteten Zahl von 30.817 Arbeitsgerichtsprozessen p.a., dann ergibt sich für unser Sample ein vergleichbar hochgerechneter Wert von 16.780 Prozessen p.a.. Das ist nur etwa die Hälfte der in Deutschland üblichen Prozessintensität. Selbst wenn man noch um eine gewisse Dunkelziffer nach oben korrigiert, so können wir mit unseren Daten eine ansteigende arbeitsgerichtliche Konfliktintensität keinesfalls feststellen.

Tab. 3.29 Zeugnisprozesse in den letzten 5 Jahren (n = 83)

Zahl der Zeugnisprozesse	Absolute Häufigkeit	Anteil in %
0	72	86,7
1	4	4,8
2	5	6,0
4	1	1,2
6	1	1,2
Ø	**0,29**	

3.8 Subjektive Einschätzung der Zeugnisbedeutung

> 21. Wie schätzen Sie selbst die Aussagekraft der von Ihnen erstellten Zeugnisse für die Personalauswahl ein?
>
> ☐ sehr hoch ☐ hoch ☐ mittelmäßig ☐ eher gering ☐ gering

Ergebnisdarstellung Gerade einmal 49 % der Unternehmen im Gesamtsample schätzen die Aussagekraft der selbst erstellten Arbeitszeugnisse als „sehr hoch" oder „hoch" ein. Und dieser Wert wird auch nur erreicht, weil große Unternehmen, die tendenziell am stärksten von den eigenen Zeugnissen überzeugt sind, zahlenmäßig dominieren. Kleine und mittlere Unternehmen sind deutlich skeptischer. Der Modalwert, als häufigster Wert in der Antwortverteilung, liegt bei ihnen bei „mittelmäßig". Im Durchschnitt vergeben sich alle Unternehmen selbst den Einschätzungswert 2,6 und liegen dabei etwas näher an „mittelmäßig" als an „gut". Kleine Unternehmen attestieren sich selbst nur einen Wert von 3,0 („mittelmäßig") und mittlere Unternehmen einen von 2,7. Lediglich fünf Befragte im Gesamtsample sind von ihren Zeugnissen restlos überzeugt und schätzen die Aussagekraft als „sehr gut" ein. Die exakten Ergebnisse sind Tab. 3.30 zu entnehmen.

Kommentierung Auf die „Gretchenfrage" hin leisten die Unternehmen einen Offenbarungseid! Sie sind etwa zur Hälfte nicht von den Zeugnissen überzeugt, die sie selbst angefertigt haben. Dieser Befund ist äußerst aufschlussreich, denn schließlich sprechen hier die Experten, die die intensivsten Einsichten in die Dokumente haben und als Ersteller deren Qualität und Aussagekraft am besten beurteilen können. Sie wissen am ehesten, welche inhaltliche Substanz im Dokument ist, oder eben auch nicht ist. Und die Botschaft ist relativ klar: „In vielen Fällen fertigen wir Arbeitszeugnisse an, weil wir es eben müssen. Aber man muss sie nicht so ernst nehmen." Manchmal kann man eben doch die Frösche fragen, wenn man den Sumpf trockenlegen will – zumindest wenn diese ehrlich sind. Als Bewohner kennen sie dessen Zustand am besten …

Unter methodischen Aspekten kann man zudem fragen, ob diese Befunde schon die ganze Wahrheit enthalten oder sie eher noch geschönt sind. Denn aus Gründen des Selbstwertschutzes könnten die Befragten eine systematische Tendenz zu einer zu positiven Einschätzung haben. Schließlich geht es ja um ihre eigene Tätigkeit. Und es wäre psychologisch gut nachvollziehbar, wenn diese nicht über Gebühr abgewertet werden soll.

In weiteren Analysen wurde durch Kreuztabellierung noch geprüft, ob sich ein höherer Zeitaufwand für die Erstellung des Zeugnisses (Frage 3) positiv auf die Einschätzung seiner Aussagekraft auswirkt. Dies kann verneint werden. Ein eindeutig positiver Effekt auf die eingeschätzte Aussagekraft ergibt sich allerdings durch Schulungsmaßnahmen (Kreuztabellierung der Fragen 10 und 21). Ungeschulte Mitarbeiter schätzten mit einem Mittelwert von 2,8 die Aussagekraft ihrer Zeugnisse fühlbar schlechter ein als geschulte Mitarbeiter, die mit einem Mittelwert von 2,4 über dem Durchschnitt des Gesamtsamples lagen.

Tab. 3.30 Einschätzung der Aussagekraft erstellter Zeugnisse (n = 96)

Unternehmen	Antwort	Absolute Häufigkeit	Anteil in %	Kumulierte Werte (%)
Klein	1 = sehr hoch	–	–	–
	2 = hoch	3	27,3	27,3
	3 = mittelmäßig	6	54,5	81,8
	4 = eher gering	1	9,1	90,9
	5 = gering	1	9,1	100,0
	Ø	3,0		
Mittel	1 = sehr hoch	1	2,9	2,9
	2 = hoch	14	41,2	44,1
	3 = mittelmäßig	15	44,1	88,2
	4 = eher gering	3	8,8	97,0
	5 = gering	1	2,9	100,0
	Ø	2,7		
Groß	1 = sehr hoch	5	9,8	9,8
	2 = hoch	24	47,1	56,9
	3 = mittelmäßig	15	29,4	86,3
	4 = eher gering	7	13,7	100,0
	5 = gering	–	–	–
	Ø	2,5		
Gesamt	**1 = sehr hoch**	**6**	**6,3**	**6,3**
	2 = hoch	**41**	**42,7**	**49,0**
	3 = mittelmäßig	**36**	**37,5**	**86,5**
	4 = eher gering	**11**	**11,5**	**98,0**
	5 = gering	**2**	**2,1**	**100,0**
	Ø	**2,6**		

Im Fazit bietet das Ergebnis dieser Frage im Verbund mit den Defiziten, die bereits aus anderen Fragen deutlich wurden, Anlass ernsthaft darüber nachzudenken, Arbeitszeugnisse in der derzeitigen Form abzuschaffen.

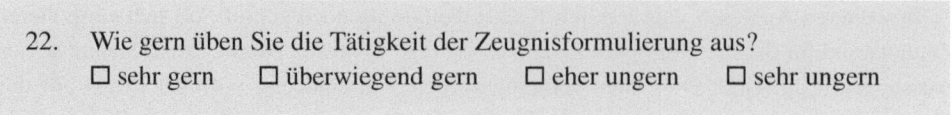

22.   Wie gern üben Sie die Tätigkeit der Zeugnisformulierung aus?
    ☐ sehr gern   ☐ überwiegend gern   ☐ eher ungern   ☐ sehr ungern

Über eine Skala mit gerader Anzahl an Skalenpunkten, sollte bei den Befragten gezielt eine eindeutige Positionierung zur Frage der Wertschätzung dieser Tätigkeit „erzwungen" werden.

Tab. 3.31 Wertschätzung für die Tätigkeit der Zeugnisanfertigung (n = 93)

Wertschätzung	Antworten	
	Absolute Häufigkeit	Anteil in %
1 = sehr gern	6	6,5
2 = überwiegend gern	45	48,4
3 = eher ungern	37	39,8
4 = sehr ungern	5	5,4
Gesamt	**93**	**100**
Ø Gesamt	**2,4**	
Ø Kleine Unternehmen	**2,8**	
Ø Mittlere Unternehmen	**2,5**	
Ø Große Unternehmen	**2,4**	

Ergebnisdarstellung Eine beliebte Tätigkeit ist die Zeugniserstellung lediglich bei 55 % der Befragten. Für fast die Hälfte der Zeugnisersteller handelt es sich um eine Aktivität, die sie „eher ungern" (39,8 %) oder gar „sehr ungern" (5,4 %) ausüben. Im arithmetischen Mittel bewegt sich das Gesamtsample mit einem Wert von 2,4 zwischen den Einschätzungen „überwiegend gern" und „eher ungern". In der Gruppe der kleinen Unternehmen ist die Zeugniserstellung mit einem arithmetischen Mittelwert von 2,8 sehr nahe an einer unbeliebten Tätigkeit (siehe dazu die Tab. 3.31).

Kommentierung Flächendeckende Begeisterung für eine Tätigkeit sieht anders aus. Wenn nahezu die Hälfte aller Befragten Zeugnisse nur mit einer mehr oder weniger großen Portion Widerwillen anfertigt, dann ist das gleichbedeutend mit einer geringen Motivation. Wo die Motivation für eine Tätigkeit gering ist, ist die Ausführungsqualität zumindest „bedroht". Es entsteht eine starke Tendenz, sich der ungeliebten Aufgabe mit möglichst wenig Zeiteinsatz zu entledigen.

Interessanterweise sind die Anteile der Befragten, die ihren Zeugnissen mindestens eine „hohe Aussagekraft" zubilligen (siehe Frage 21) und die die Erstellungstätigkeit mindestens „gern" ausüben mit 55 % exakt gleich groß. Im Umkehrschluss kann für einen Anteil von 45 % Skepsis an der Aussagekraft und innere Widerstände gegen die Tätigkeit konstatiert werden. Wenn eine Tätigkeit als eher sinnlos empfunden wird, dann beeinträchtigt dies natürlich auch die Freude an ihr.

Je größer die Unternehmensklasse, desto beliebter ist die Tätigkeit. Als Ursache kann einerseits angeführt werden, dass kleine Unternehmen seltener Personalabteilungen oder direkt für die Zeugnisausstellung verantwortliche Personen zur Verfügung haben. Demnach fehlen hier nicht nur die Kapazitäten, sondern teilweise auch das nötige Know-how. Außerdem wird in größeren Unternehmen die Aufgabe viel häufiger ausgeführt, wodurch das Vorgehen bereits etabliert ist und die Erstellung routiniert abläuft. Wie bislang über alle Fragen hinweg deutlich wurde, sind kleine Unternehmen durch Arbeitszeugnisse am stärksten belastet – real und psychisch. Sie wenden die meiste Zeit auf, fühlen sich am unsichersten, glauben am wenigsten an die Sinnhaftigkeit und haben den größten Widerwillen gegen die Tätigkeit.

3.9   Einheitlichkeit der Zeugnisformulierung

In der Abschlussfrage des Fragebogens wurden die Teilnehmer vor die Aufgabe gestellt, zu einer fiktiven Verhaltensbeschreibung eines Mitarbeiters eine Zeugnispassage zu formulieren, die auch ihrem Vorgehen bei einem echten Zeugnis entsprechen würde. Damit sollte möglichst realitätsnah geprüft werden, wie einheitlich oder unterschiedlich Zeugnisformulierungen ausfallen, also letztlich, in welchem Umfang es einen geteilten Zeugniscode gibt.

> 23.   Es wäre schön, wenn Sie sich nun abschließend noch die Zeit für eine etwas komplexere Frage nehmen könnten
>
> Wie würden Sie in einem Arbeitszeugnis folgenden Sachverhalt formulieren?
>
> „Herr Müller unterhält sich gern und viel. Die Pausenzeiten überzieht er dabei häufig und auch während der Arbeitszeit verwickelt er Kollegen immer wieder in Privatgespräche, die mit der Aufgabenerledigung nichts zu tun haben. Im Ergebnis zeigt er eine deutlich unterdurchschnittliche Arbeitsleistung."

Ergebnisdarstellung Diese komplexe Frage wurde von 45 Unternehmen ($= 46{,}4\,\%$) bearbeitet. Eine repräsentative Auswahl der gelieferten Formulierungen zeigen die Tab. 3.32 (Verhaltensbeschreibung) und 3.33 (zusammenfassende Leistungsaussage).

Die häufigste Antwort hinsichtlich der Verhaltensbeschreibung war mit acht Nennungen, dass solche negativen Verhaltensmuster im Zeugnis grundsätzlich nicht erwähnt werden. Darüber hinaus konnten folgende Überdeckungen bei den Antworten festgestellt werden: Es wurden zwei Formulierungen geliefert, die mit jeweils sieben und fünf Nennungen identisch waren. Weitere zwei identische Formulierungen wurden dann noch jeweils von zwei Teilnehmern gewählt. Alle anderen Antworten tauchten nur singulär auf und zeigten eine erhebliche Formulierungsvielfalt mit zum Teil hoher Kreativität. Ein eindeutiges und einheitliches Sprachmuster ist in der Breite nicht zu erkennen. Als gemeinsame Klammer aber sehr auffällig ist das durchgehende Bestreben, das eigentlich sehr negative Verhaltensmuster in der Fallstudie ausgesprochen positiv und wohlklingend zu umschreiben.

Graduell etwas mehr Einheitlichkeit zeigte die zusammenfassende Leistungsaussage zu der Vorgabe „Im Ergebnis zeigt er eine deutlich unterdurchschnittliche Arbeitsleistung". Hier waren zwei Formulierungen mit jeweils sieben Nennungen und eine

Tab. 3.32 Formulierungsbeispiele für Verhaltensbewertungen (n = 45)

Formulierung	Absolute Häufigkeit	Anteil in %
Sinngemäß: Solche negativen Verhaltensmuster werden im Zeugnis nicht erwähnt.	8	17,8
Herr M. war ein sehr kommunikativer Mitarbeiter.	7	15,6
Seine umfangreiche Bildung machte ihn stets zu einem gesuchten Gesprächspartner.	5	11,1
Wegen seines freundlichen und ausgeglichenen Wesens wird er allseits geschätzt.	2	4,4
Herr M. hielt stets regen Kontakt zu seinen Kollegen.	2	4,4
Seinen Kollegen stand er als vielseitiger Ansprechpartner jederzeit zur Seite und trug so wesentlich zu einem sozialen Arbeitsklima bei.	1	2,2
Er ist ein aufgeschlossener, kontaktfreudiger Mitarbeiter, der bei seinen Kollegen sehr beliebt ist.	1	2,2
Er tat sein Bestes, um einen reibungslosen Arbeitsablauf zu gewährleisten.	1	2,2
Herr M. ist ein geselliger Mitarbeiter und steht Kollegen stets mit Rat und Tat zur Seite.	1	2,2
Herr M. pflegte den internen Informationsaustausch mit Arbeitskollegen sehr intensiv.	1	2,2
Herr M. zeigte im Arbeitsprozess ein gutes Einfühlungsvermögen in alle Belange der Kollegen und Mitarbeiter.	1	2,2
Durch sein fröhliches Naturell war er bei Kollegen gern gesehen.	1	2,2
Herr M. war ein meinungs- und diskutierfähiger Mitarbeiter und verfügt über eine zufriedenstellende Dienstauffassung.	1	2,2
Sein Verhalten gab als geschätzter Ansprechpartner gegenüber Vorgesetzten, Kollegen und Kunden zu Beanstandungen keinen Anlass.	1	2,2
Sein Verhalten gegenüber Kollegen und Vorgesetzten war einwandfrei.	1	2,2
Im Umgang mit Kollegen und Mitarbeitern versteht er es, eine vertrauensvolle und offene Atmosphäre zu schaffen.	1	2,2

mit sechs Nennungen zu finden. Darüber hinaus zeigte sich auch wieder eine große Formulierungsbandbreite.

Unternimmt man den Versuch, die Formulierungen einer Notenskala zuzuordnen, dann sind auch hier Abweichungen zu konstatieren. Während manche Bearbeiter durch den Ausdruck „zu unserer Zufriedenheit" eine „Note vier" und damit eine deutlich

Tab. 3.33 Formulierungsbeispiele für Leistungseinschätzungen (n = 45)

Formulierung	Absolute Häufigkeit	Anteil in %
Er erfüllte die übertragenen Aufgaben zu unserer Zufriedenheit.	7	15,6
Er bemühte sich stets, seine Aufgaben zu unserer Zufriedenheit zu erfüllen.	7	15,6
Herr M. hat unseren Anforderungen entsprochen.	6	13,3
Er ist teamorientiert und erfüllt die Aufgaben zu unserer vollen Zufriedenheit.	4	8,9
Mit seiner Leistung waren wir zufrieden.	2	4,4
Er hat unseren Erwartungen größtenteils entsprochen.	1	2,2
Der Wille von Herrn M., zu unserem Erfolg beizutragen, war immer gegeben.	1	2,2
Mit seinen Arbeitsergebnissen waren wir meist zufrieden.	1	2,2
Er erfüllte die übertragenen Aufgaben stets zu unserer Zufriedenheit.	1	2,2

unterdurchschnittliche Leistung attestieren, bescheinigen andere mit „zu unserer vollen Zufriedenheit" eher eine „voll befriedigende Leistung" im Notenbereich drei. Die von sieben Teilnehmern gewählte Formulierung „Er bemühte sich stets …" suggeriert eher eine mangelhafte Leistung im „Notenbereich fünf".

Zwar wurde überwiegend versucht, die Gesamtleistungseinschätzung über eine „Zufriedenheitsformulierung" zu realisieren, aber auch dieses Muster war nicht einheitlich. Etliche Teilnehmer wählten den Weg über die Frage, inwieweit der Mitarbeiter den „Anforderungen/Erwartungen entsprochen" hat. Dies macht die Interpretation in einer Notenskala dann noch etwas unsicherer. Als gemeinsame Klammer war auch in diesem Formulierungsteil der Trend zum Wohlwollen eindeutig erkennbar.

Kommentierung Die Ergebnisse zeigen drei Dinge sehr deutlich. Erstens werden die in Abschn. 1.4 vorgetragenen Zweifel an der Existenz einer einheitlichen Notenskala für die Einschätzung der Gesamtleistung bestätigt. Es gibt sie nicht in der erforderlichen Eindeutigkeit.

Zweitens ist die für Arbeitszeugnisse eigentlich dominierend geltende Wahrheitspflicht mächtig unter die Räder gekommen. Wenn die häufigste Rückmeldung darin besteht, dass solche negativen und hoch leistungsrelevanten Verhaltensmuster im Arbeitszeugnis einfach ausgespart werden, dann bieten diese Dokumente für die Personalauswahl auch nicht annähernd eine verlässliche Grundlage. Es mangelt ihnen an Validität. Sie messen nicht mehr das, was sie zu messen vorgeben. Und ob die anderen – unter der Vorgabe des Wohlwollens – sehr positiv gehaltenen Formulierungen wirklich von allen Zeugnislesern als Hinweis auf ein höchst negatives Leistungsverhalten interpretiert werden, ist stark zu bezweifeln.

Drittens zeigt die extrem hohe Bandbreite an Formulierungen, dass es eine einheitliche Zeugnissprache nicht gibt. Viele Unternehmen umschrieben den Sachverhalt jeweils anders, zum Teil sind es kleine Nuancen, an anderen Stellen kann man sich kaum vorstellen, dass vom gleichen Mitarbeiter gesprochen wurde. Eindeutige und einheitliche Formulierungsmuster sind kaum erkennbar. Dies gilt in voller Schärfe für die Verhaltensbeschreibung und mit Abstrichen auch für die gesamtheitliche Leistungseinschätzung. Die Entwicklung und Durchsetzung eines einheitlichen Sprachkatalogs, der sowohl Schreibern und Lesern von Arbeitszeugnissen mehr Transparenz und Klarheit schafft, dürfte angesichts des Wustes an unterschiedlichen Formulierungsideen, die in der Literatur, im Internet und in den Köpfen der Akteure existieren, eine unlösbare Aufgabe sein. Der nicht eindeutig interpretierbare Formulierungswildwuchs ist zum System geworden.

Literatur

Destatis.de. (Hrsg.). (2015). Online-Portal des Statistischen Bundesamtes. https://www.destatis.de/DE/ZahlenFakten/GesamtwirtschaftUmwelt/Arbeitsmarkt/Erwerbstaetigkeit/Erwerbstaetigkeit.html. Zugegriffen: 05. Okt. 2015.

Grau, S. (2015). Arbeitszeugnisse: Kritische Darstellung theoretischer und rechtlicher Grundlagen und Durchführung einer empirischen Analyse zur Anfertigung und Nutzung. Jena (unveröffentlichte Masterarbeit).

Haufe-Lexware GmbH & Co. KG (Hrsg.). (2015). *Studie zum Thema: Zeugniserstellung in deutschen Unternehmen.* Freiburg: Haufe.

Weuster, A. (1994). *Personalauswahl und Personalbeurteilung mit Arbeitszeugnissen.* Göttingen: Verlag für Angewandte Psychologie.

Weuster, A., & Scheer, B. (2015). *Arbeitszeugnisse in Textbausteinen Deutsch-Englisch: Rationelle Erstellung, Analyse, Rechtsfragen* (13. Aufl.). Stuttgart: Boorberg.

Nutzung von Arbeitszeugnissen

4

4.1 Zuständigkeit für die Zeugnisanalyse

1. Wer analysiert in Ihrem Unternehmen Arbeitszeugnisse?
   (Mehrfachnennungen möglich)
   - Geschäftsleitung (GL)   ☐
   - Personalabteilung (PA)   ☐
   - Fachabteilung (FA)   ☐

Ergebnisdarstellung Im Vergleich zur Zeugniserstellung sind deutliche Parallelen erkennbar. Je größer das Unternehmen ist, desto häufiger agieren die Personalbereiche selbstständig. Als alleinige Akteure haben sie mit 32,6 % aber auch in großen Unternehmen bei weitem nicht die Bedeutung wie bei der Zeugniserstellung, wo zu 80,8 % die Aktivität allein bei ihnen lag (siehe Frage 6). In kleinen Unternehmen nehmen mit 45,5 % die Geschäftsleitungen die dominierende Rolle als Alleinakteure ein. Bewerbungsunterlagen laufen damit in der Hälfte aller Fälle exklusiv über ihren Schreibtisch.

Wie auch schon bei der Zeugniserstellung ist auch bei der Zeugnisanalyse im Gesamtsample die Personalabteilung mit 88,6 % der Nennungen mit Abstand der wichtigste Akteur. Die geringste Präsenz besitzt über alle Unternehmen hinweg die Geschäftsleitung, welche nur in 28,4 % involviert ist.

Im Gegensatz zur Zeugnisanfertigung spielt bei der Zeugnisanalyse die Fachabteilung eine viel wichtigere Rolle. Zwar agiert sie nie allein, wird aber zu 59,1 % als Kooperationspartner genannt – am häufigsten im Zusammenwirken mit dem Personalbereich. Im Rahmen der Zeugniserstellung lag die Beteiligung lediglich bei 30,9 %. Tab. 4.1 zeigt die Gesamtergebnisse zu dieser Frage.

© Springer Fachmedien Wiesbaden 2016
S. Grau und K. Watzka, *Arbeitszeugnisse in Deutschland*,
DOI 10.1007/978-3-658-13920-9_4

Tab. 4.1 Zuständigkeiten für die Zeugnisanalyse (n = 88)

Unternehmen	Antwort	Absolute Häufigkeit	Anteil in %
Klein	GL	5	45,5
	GL, PA	1	9,1
	GL, FA	–	–
	GL, PA, FA	–	–
	PA	1	9,1
	PA, FA	4	36,4
Mittel	GL	4	12,9
	GL, PA	3	9,7
	GL, FA	1	3,2
	GL, PA, FA	5	16,1
	PA	7	22,6
	PA, FA	11	35,5
Groß	GL	–	–
	GL, PA	–	–
	GL, FA	–	–
	GL, PA, FA	6	13,0
	PA	15	32,6
	PA, FA	25	54,3
Gesamt	**GL**	**25**	**28,4**
	PA	**78**	**88,6**
	FA	**52**	**59,1**

In einer zusätzlichen Auswertung wurde noch überprüft, wie viele verschiedene Mitarbeiter in den Personalbereichen für die Arbeit an den Zeugnissen zuständig sind. Zwischen Zeugniserstellung und Zeugnisanalyse gibt es dabei kaum Unterschiede (siehe Tab. 4.2). Der zentrale Befund ergibt sich für große Unternehmen. Dort sind im Durchschnitt über fünf Mitarbeiter mit den Zeugnissen beschäftigt. Dies spricht für eine hohe Arbeitsteilung und eine eher geringere Spezialisierung.

Kommentierung Die Ergebnisse haben Bedeutung für Qualifizierungsprozesse. Wenn die Fachabteilungen so intensiv in die Zeugnisanalyse eingebunden sind, dann müssen die dafür zuständigen Mitarbeiter – in aller Regel wohl die Führungskräfte – für diese Tätigkeit auch qualifiziert werden. Im Gegensatz zur Einbindung bei der Zeugniserstellung geht es hier um die richtige Personalauswahl, also eine Aktivität, die für den Unternehmenserfolg eine ungleich größere Bedeutung hat.

Tab. 4.2 Anzahl an Mitarbeitern im Personalbereich mit Zuständigkeit für Arbeitszeugnisse

Unternehmen	Ø-Mitarbeiterzahl Zeugniserstellung	Ø-Mitarbeiterzahl Zeugnisanalyse
Klein	1,3	1,4
Mittel	1,3	1,3
Groß	5,1	5,5
Gesamt	**3,6**	**3,8**

Vor diesem Hintergrund ist die geringe Spezialisierung auf die Zeugnisanalyse in den Personalabteilungen großer Unternehmen mit Skepsis zu sehen, da es bei der Einschätzung von Arbeitszeugnissen auch auf eine Einheitlichkeit des Bewertungsmaßstabs ankommt. Dieser dürfte aber bei unterschiedlichen Personalern unterschiedlich verankert sein. Insofern ergibt sich eine eingeschränkte Objektivität der Zeugnisanalyse. Diese Kritik betrifft allerdings ebenso die anderen Bestandteile der Bewerbungsunterlage.

4.2 Nutzungsintensität bei der Personalauswahl

2. Wie intensiv nutzen Sie Arbeitszeugnisse im Rahmen der Personalauswahl?
☐ sehr intensiv ☐ intensiv ☐ weniger intensiv ☐ kaum ☐ gar nicht

Ergebnisdarstellung Nur die Hälfte der befragten Unternehmen (49,4 %) nutzt bei der Personalauswahl die Arbeitszeugnisse mit hoher Intensität. Die extremste Einstufung „sehr intensiv" wurde dabei lediglich von vier Befragten gewählt. Die andere Hälfte nutzt das Dokument „weniger intensiv" (41,4 %) oder sogar „kaum" oder „gar nicht" (9,1 %); siehe Tab. 4.3.

Im Durchschnitt ergab sich für die Gesamtstichprobe ein Skalenwert von 2,6, der damit etwas näher bei der Aussage „weniger intensiv" als bei „intensiv" liegt. Lediglich in großen Unternehmen signalisiert ein Durchschnittswert von 2,4 eine etwas höhere Nutzungsintensität. Mittelgroße Unternehmen berichteten mit einem Durchschnittswert von 2,8 die geringste Nutzungsintensität.

Kommentierung Die Ergebnisse sind ernüchternd und bedürfen eigentlich keiner großen Kommentierung. Die Unternehmen werden mit der Erstellung eines Dokuments zeitlich und kostenmäßig belastet, das dann mit einer Wahrscheinlichkeit von 50 % nur eine recht geringe Beachtung findet. Ökonomische Rationalität sieht anders aus!

Tab. 4.3 Nutzungsintensität von Zeugnissen bei der Personalauswahl (n = 87)

Unternehmen	Antwort	Absolute Häufigkeit	Anteil in %	Kumulierte Werte in %
Klein	1 = sehr intensiv	–	–	–
	2 = intensiv	4	36,4	36,4
	3 = weniger intensiv	7	63,6	100,0
	4 = kaum	–	–	–
	5 = gar nicht	–	–	–
	Ø	2,6		
Mittel	1 = sehr intensiv	1	3,1	3,1
	2 = intensiv	12	37,5	40,6
	3 = weniger intensiv	14	43,8	84,4
	4 = kaum	4	12,5	96,9
	5 = gar nicht	1	3,1	100,0
	Ø	2,8		
Groß	1 = sehr intensiv	3	6,8	6,8
	2 = intensiv	23	52,3	59,1
	3 = weniger intensiv	15	34,1	93,2
	4 = kaum	3	6,8	100,0
	5 = gar nicht	–	–	–
	Ø	2,4		
Gesamt	**1 = sehr intensiv**	**4**	**4,6**	**4,6**
	2 = intensiv	**39**	**44,8**	**49,4**
	3 = weniger intensiv	**36**	**41,4**	**90,8**
	4 = kaum	**7**	**8,0**	**98,8**
	5 = gar nicht	**1**	**1,1**	**100,0**
	Ø	**2,6**		

3. Wie viel Zeit nehmen Sie sich durchschnittlich zur Prüfung von **Bewerbungsunterlagen?**

_____ Minuten

Wie viel Zeit entfällt dabei auf die Analyse von **Arbeitszeugnissen?**

_____ Minuten (Angabe pro Zeugnis)

Ergebnisdarstellung In der Durchschnittsbetrachtung des Gesamtsamples zeigen sich auf den ersten Blick wenig Auffälligkeiten. Die Unternehmen investieren im Mittel 15,5 min Zeit für die Prüfung einer gesamten Bewerbungsunterlage, wobei es einen klaren Größeneffekt gibt. Kleine Unternehmen benötigen 21,6 min, mittlere 16,8 und

Tab. 4.4 Zeitbedarf in Minuten zur Prüfung von Bewerbungsunterlagen (n = 87)

Unternehmen	Min.	Max.	Ø	Standardabweichung
Klein	5	30	21,6	9,3
Mittel	5	30	16,8	9,7
Groß	3	35	13,0	9,0
Gesamt	**3**	**35**	**15,5**	**10,2**

Tab. 4.5 Zeitbedarf in Minuten zur Prüfung eines Zeugnisses (n = 86)

Unternehmen	Min.	Max.	Ø	Standardabweichung
Klein	1	15	6,3	4,2
Mittel	0,5	15	5,7	4,6
Groß	0	20	4,3	4,2
Gesamt	**0**	**20**	**5,1**	**4,4**

Tab. 4.6 Zeitbedarf zur Prüfung von Bewerbungsunterlagen nach Minutenklassen (n = 87)

Zeitbedarf in Minuten	Absolute Häufigkeit	Anteil in %
0–5	15	17,2
6–10	26	29,9
11–15	16	18,4
16–20	9	10,3
21–25	2	2,3
26–30	17	19,5
>30	2	2,3

große Unternehmen nur 13 min je Bewerbungsunterlage (siehe Tab. 4.4). Dieser deutliche Größeneffekt findet sich auch für die Zeiten, die die Analyse eines Arbeitszeugnisses im Durchschnitt beansprucht, nämlich 5,1 min (siehe Tab. 4.5).

Das sind zwar recht ambitionierte Zeiten, die aber andererseits nicht gänzlich unrealistisch erscheinen. Auffällig sind aber die sehr hohen Streuungen der Zeitangaben zwischen den einzelnen Unternehmen, die sich auch in den hohen Werten für die Standardabweichungen ausdrücken. Daher wurde in den Tab. 4.6 und 4.7 eine detaillierte Aufschlüsselung nach Zeitklassen vorgenommen. Und dabei zeigte sich dann sehr deutlich, dass die Durchschnittsergebnisse durch eine größere Gruppe von Unternehmen verzerrt wird, die sich sehr lange Zeit für die Prüfung der Dokumente nimmt. Besonders ausgeprägt ist dieser Effekt bei der gesamten Bewerbungsunterlage, wo sich tendenziell eine zweigipfelige Verteilung ergibt: Etwa 47 % der Unternehmen liegen zwischen null und zehn Minuten (davon 17,2 % bei maximal fünf Minuten), wohingegen sich 22 % mindestens 26 min Zeit lassen.

Tab. 4.7 Zeitbedarf zur
Prüfung eines Zeugnisses nach
Minutenklassen (n = 86)

Zeitbedarf in Minuten	Absolute Häufigkeit	Anteil in %
0–3	42	48,8
4–6	22	25,6
7–9	6	7,0
10–12	7	8,1
13–15	8	9,3
16–18	–	–
>18	1	1,2

Bei den Zeiten für die Prüfung der Arbeitszeugnisse ergab sich, dass der Modalwert mit 48,8 % in der Klasse „0 bis 3 Minuten" liegt und damit fast die Hälfte aller Unternehmen abdeckt.

Kommentierung Hier trifft das alte Statistiker-Bonmot: „Wenn man mit dem Hintern auf der heißen Herdplatte sitzt und die Füße in Eiswasser taucht, dann hat man im Durchschnitt eine Wohlfühltemperatur". Die differenzierteren Zeitanalysen haben gezeigt, dass fast die Hälfte der Unternehmen der Durchsicht von Bewerbungsdokumenten extrem wenig Zeit widmet. Bei komplexeren Bewerbungsunterlagen ist schwer vorstellbar, dass in weniger als zehn Minuten wirklich eine tiefgründige Komplettanalyse möglich ist. Und eine hinreichend systematische Zeugnisanalyse ist bei einem längeren Zeugnis auch in maximal drei Minuten nicht machbar. In diesem Rahmen sind allenfalls oberflächliche, summarische oder punktuelle Prüfungen möglich. Für Bewerber, die mit ihrer Bewerbungsunterlage einen großen Aufwand betreiben, ist das ein eher frustrierender Befund. Den Zeugnis erstellenden Unternehmen zeigen die Ergebnisse, dass sie eigentlich alles richtig machen, wenn sie nicht allzu viel Zeit in die Anfertigung von Arbeitszeugnissen investieren (siehe Frage 3), da die Dokumente oftmals nur höchst oberflächlich zur Kenntnis genommen werden.

Wie kann nun abschließend noch der deutlich geringere Zeitaufwand erklärt werden, den große Unternehmen gegenüber kleinen und mittleren Unternehmen bei der Analyse der Bewerbungsdokumente betreiben? Obwohl sie deutlich mehr Personal zur Verfügung haben, ist diese Tatsache wohl auf die größere Anzahl an eingehenden Bewerbungen zurückzuführen. Während bei Kleinunternehmen nur selten Ausschreibungen stattfinden und die Resonanz eher gering ist, sind große Unternehmen bekannter und haben mit einem weitaus umfangreicheren Bewerberaufkommen zu rechnen. Diese höhere Anzahl führt dann auch sicher zu einer produktivitätssteigernden höheren Arbeitsroutine. Zudem ist es bei kleineren Arbeitgebern noch etwas wichtiger, dass die ausgewählte Person ins Team passt und die Qualifikationen optimal mit den Anforderungen übereinstimmen. Schließlich arbeitet man dort viel intensiver zusammen und die Möglichkeiten zur Versetzung oder Aufgabenumgestaltung sind deutlich limitierter. Weiterhin leistet man sich in Kleinunternehmen in aller Regel nicht so komplexe Auswahlverfahren, was die Bedeutung

Tab. 4.8 Wichtigkeit der Einzeldokumente in Bewerbungsunterlagen (n = 89)

Ranking		Min.	Max.	Ø	Standardabweichung
1.	Lebenslauf	1	5	1,4	0,9
2.	Anschreiben	1	5	2,2	1,3
3.	Arbeitszeugnisse	1	5	2,8	1,2
4.	Schul-/Hochschulzeugnisse	1	5	3,0	1,4
5.	Referenz-/Empfehlungsschreiben	1	5	3,3	1,5

der Vorauswahl über die Bewerbungsunterlagen steigert. Die relative Bedeutung der Arbeitszeugnisse in der Bewerbungsmappe wurde mit der nächsten Frage untersucht.

> 4. Ordnen Sie folgende Bewerbungsunterlagen nach Ihrer Bedeutung im Rahmen der Personalauswahl:
> (Vergeben Sie dazu Ziffern von 1 = sehr wichtig bis 5 = weniger wichtig)
> - Anschreiben: _____
> - Lebenslauf: _____
> - Arbeitszeugnisse: _____
> - Schul-/Hochschulzeugnisse: _____
> - Referenz-/Empfehlungsschreiben: _____

Ergebnisdarstellung Bei der Auswertung wurde deutlich, dass die Frage unter methodischen Aspekten suboptimal gestellt war. Beabsichtigt war, bei den Teilnehmern mit den Ziffern 1 bis 5 die Herstellung eines eindeutigen Rankings zwischen den Bestandteilen der Bewerbungsunterlage abzufragen. Jede Rangziffer sollte nur ein einziges Mal vergeben werden. Das wurde nicht deutlich genug kommuniziert, sodass die Teilnehmer die Ziffern 1 bis 5 als Wichtigkeitsskala interpretierten. Aber auch dies führte zu auswertbaren Ergebnissen.

Interessanterweise trat bei jedem Dokument sowohl die beste als auch die schlechteste Bewertung auf. In Gesamtschau kristallisierte sich mit einem Mittelwert von 1,4 und der geringsten Standardabweichung von 0,9 der Lebenslauf als das mit Abstand wichtigste Dokument einer Bewerbungsunterlage heraus (siehe Tab. 4.8). Die geringe Streuung zeigt eine recht große Einigkeit zwischen den Unternehmen. Es folgt das Anschreiben mit einem Mittelwert von 2,2. Das Arbeitszeugnis rangiert mit deutlichem Abstand und einem Mittelwert von 2,8 nur an dritter Stelle der Wichtigkeitseinschätzung. Unwichtiger für die Personalauswahl sind nur noch Schul- oder Hochschulzeugnisse und Empfehlungsschreiben.

Kommentierung Wie schon aus der geringen Nutzungsintensität (Frage 2) und dem relativ geringen Zeiteinsatz für die Zeugnisanalyse (Frage 3) zu erwarten war, spielt das Arbeitszeugnis für die Entscheidungen in der Personalauswahl nur noch eine untergeordnete Rolle.

Die Wichtigkeitseinschätzung erreicht gerade einmal eine mittlere Höhe. Die Frage des Nutzens in der Personalauswahl wird in Abschn. 4.4 dann noch weiter vertieft.

Schul-/Hochschulzeugnisse scheinen heutzutage nicht mehr so relevant zu sein. Die aus Sicht der Schulen und Hochschulen positive Hypothese ist, dass in den Unternehmen mehr Wert auf den Nachweis von Berufserfahrungen gelegt wird. Die negative Hypothese ist, dass die Unternehmen den Schul-/Hochschulzeugnissen wegen der Inflation guter Noten keine große Differenzierungsfähigkeit mehr zumessen und den Dokumenten daher wenig Beachtung schenken. Für die Ausbildungsinstitutionen sollte dies Anlass sein, die Praxis der Notenvergabe kritisch zu hinterfragen. Eine Vorselektionsfunktion als Dienstleistung für Unternehmen erfüllen Schul-/Hochschulnoten seit längerem nur noch bedingt.

Die geringste Wichtigkeit unter den Dokumenten in Bewerbungsunterlagen weisen Referenz-/Empfehlungsschreiben auf. Deren schlechte Beurteilung ist jedoch auch dadurch zu begründen, dass sie in der deutschen Bewerbungspraxis bislang eher selten vorkommen und dadurch die Aussagekraft und Zuverlässigkeit kaum eingeschätzt werden können. Inwieweit sie perspektivisch eine Alternative zum Arbeitszeugnis darstellen könnten, wird in Abschn. 5.3 näher diskutiert.

Für Arbeitszeugnisse ist mit Blick auf die Personalauswahl am Ende dieses Kapitels als Zwischenfazit festzuhalten: Sie werden wenig intensiv genutzt, eher oberflächlich zur Kenntnis genommen und haben nur eine sehr begrenzte Wichtigkeit in Relation zu anderen Dokumenten der Bewerbungsunterlage.

4.3   Nutzungsart bei der Personalauswahl

Nach der Analyse der Nutzungsintensität von Arbeitszeugnissen in der Personalauswahl sollte noch die Form der Nutzung über zwei weitere Fragen näher aufgeklärt werden.

5. Lesen Sie Arbeitszeugnisse von Bewerbern komplett durch?
   ☐ Ja ☐ Nein
Wenn **JA:** Worauf achten Sie bei einem Arbeitszeugnis besonders?
_____

Wenn **NEIN:** Auf welche Teile konzentrieren Sie Ihre Aufmerksamkeit besonders?
(Mehrfachnennungen möglich)
- Unternehmensbeschreibung   ☐
- Tätigkeitsbeschreibung des Mitarbeiters   ☐
- Detaillierte Leistungsbewertung   ☐
- Zusammenfassende Leistungsbewertung   ☐
- Schlussformel   ☐
- Ausstellungsdatum   ☐

Sonstiges: _____

Tab. 4.9 Relevante Zeugnisbestandteile aus Sicht der Nicht-Komplettleser (n = 46)

Antwort	Absolute Häufigkeit	Anteil in %
Tätigkeitsbeschreibung	39	84,8
Schlussformel	28	60,9
Zusammenfassende Leistungsbewertung	25	54,3
Detaillierte Leistungsbewertung	19	41,3
Ausstellungsdatum	6	13,0
Sonstiges: Beschäftigungsdauer, Verhalten, Beendigungsgrund	5	10,9
Unternehmensbeschreibung	1	2,2

Ergebnisdarstellung Mehr als die Hälfte der Unternehmen (n = 47; 54 %) liest ein vorgelegtes Arbeitszeugnis nicht komplett durch. Hinsichtlich der Relevanz der einzelnen Zeugnisbestandteile, die besonders hohe Aufmerksamkeit finden, ergab sich eine recht eindeutige Rangfolge. Mit Abstand der wichtigste Teil ist die Tätigkeitsbeschreibung. Sie wird von fast 85 % der Zeugnisleser zur Kenntnis genommen. Es folgen mit deutlichem Abstand relativ gleichauf die Schlussformel (61 %) und die zusammenfassende Leistungsbewertung (54 %). Alle anderen Zeugnisbestandteile finden nur eine deutlich geringere bis fast keine Aufmerksamkeit – siehe Tab. 4.9. Mehr als die Hälfte dieser Selektivleser (56,5 %) beachtete aber zumindest drei Bestandteile des Zeugnisses.

Bei der Gruppe von Unternehmen, die Arbeitszeugnisse komplett durchlesen (n = 40; 46 %) wurden die wichtigsten Bestandteile offen abgefragt. Als relevanteste Zeugnisteile kristallisierten sich bei 36 Antwortern und unter Berücksichtigung von Mehrfachnennungen auch hier auf den ersten beiden Rangplätzen die Tätigkeitsbeschreibung und die Schlussformel heraus – siehe Tab. 4.10.

Kommentierung Auch nach dieser Frage drängt sich, wie schon nach Frage 2, die Feststellung auf, dass Unternehmen zeitlich und kostenmäßig mit der Anfertigung eines Dokuments belastet werden, das dann mit einer Wahrscheinlichkeit von über 50 % nicht einmal in Gänze zur Kenntnis genommen wird. Erklärbar ist jetzt auch der oft geringe Zeiteinsatz, der für die Analyse des Arbeitszeugnisses aufgewandt wird (Frage 3; Tab. 4.7). Wer nicht alles liest, ist natürlich schnell fertig.

Ins Leere geht damit auch die häufiger zu lesende Empfehlung in Ratgebern zur Zeugnisanalyse, dass man einzelne Formulierungen in Zeugnissen nicht überbewerten, sondern Zeugnisse „ganzheitlich interpretieren" sollte. Genau das kann mehr als die Hälfte der Unternehmen gar nicht tun, wenn das Zeugnis nur selektiv ausgewertet wird.

Für die Zeugnispraxis aber sehr wichtig ist die Erkenntnis, dass eine aussagekräftige Beschreibung der vom Mitarbeiter ausgeübten Tätigkeit mit Abstand der wichtigste Zeugnisbestandteil ist. An ihm haben die Unternehmen bei der Personalselektion offenbar großes Interesse, um Qualifikationen und Berufserfahrungen fundiert beurteilen zu

Tab. 4.10 Relevante Zeugnisbestandteile aus Sicht der Zeugnis-Komplettleser (n = 36)

Antwort	Absolute Häufigkeit	Anteil in %
Tätigkeiten	13	36,1
Schlussformel	10	27,8
Gesamteindruck	9	25,0
Verhalten	7	19,4
Beendigungsgrund	6	16,7
Beschäftigungsdauer	4	11,1
Zusammenfassende Leistungsbewertung	3	8,3
Floskeln/zwischen den Zeilen lesen	2	5,6
Ehemaliger Arbeitgeber	1	2,8
Formatierung	1	2,8

können. In eine möglichst aussagekräftige – sprich: detaillierte und präzise – Tätigkeitsdarstellung sollte daher primär die Zeit und Energie bei der Zeugniserstellung fließen. Vor diesem Hintergrund ist es besonders misslich, dass die Zeugnisersteller die zutreffende Rekonstruktion des Tätigkeitslebenslaufes gerade als das schwerwiegendste Problem angeben (siehe Frage 13; Tab. 3.20). Erwartung und Realität scheinen hier fühlbar auseinander zu klaffen.

Akzeptiert man die eingeschränkte Bereitschaft der Zeugnisleser, einerseits dem Dokument nur sehr begrenzt Zeit zu widmen und andererseits es häufig auch nur selektiv zu lesen, dann muss dies Konsequenzen für die Zeugnisgestaltung haben. Seitenlange Fließtexte sind dann nicht angemessen. Es ist stattdessen zwingend erforderlich, das Dokument sehr übersichtlich zu gestalten, damit die gewünschten Informationsblöcke sofort ins Auge fallen. Zudem könnte es sich anbieten, die Zeugnislänge prinzipiell auf maximal eine DIN-A4-Seite zu komprimieren.

6. Wie häufig haben Sie einen Bewerber schon wegen eines schlechten Arbeitszeugnisses abgelehnt?
   ☐ sehr häufig   ☐ häufig   ☐ manchmal   ☐ in seltenen Ausnahmefällen
   ☐ noch nie

Ergebnisdarstellung Der Modalwert liegt über alle Größenklassen hinweg mit deutlichem Abstand zu den anderen Einstufungen in der mittleren Kategorie „manchmal". „Häufige" oder gar „sehr häufige" Ablehnungen eines Bewerbers aufgrund von Arbeitszeugnissen kommen im Gesamtsample nur bei 14,8 % der Unternehmen vor. Doppelt so hoch (= 30,6 %) ist dagegen die Wahrscheinlichkeit, dass dies nur „in seltenen Ausnahmen" oder „noch nie" passiert ist (siehe Tab. 4.11).

Tab. 4.11 Zeugnisse als Ablehnungsgrund (n = 88)

Unternehmen	Antwort	Absolute Häufigkeit	Anteil in %	Kumulierte Werte in %
Klein	Sehr häufig	1	10,0	10,0
	Häufig	1	10,0	20,0
	Manchmal	4	40,0	60,0
	Selten	2	20,0	80,0
	Noch nie	2	20,0	100,0
Mittel	Sehr häufig	–	–	–
	Häufig	5	15,6	15,6
	Manchmal	16	50,0	65,6
	Selten	5	15,6	81,2
	Noch nie	6	18,8	100,0
Groß	Sehr häufig	1	2,2	2,2
	Häufig	5	10,9	13,1
	Manchmal	28	60,9	74,0
	Selten	8	17,4	91,4
	Noch nie	4	8,7	100,0
Gesamt	**Sehr häufig**	**2**	**2,3**	**2,3**
	Häufig	**11**	**12,5**	**14,8**
	Manchmal	**48**	**54,5**	**69,3**
	Selten	**15**	**17,0**	**86,3**
	Noch nie	**12**	**13,6**	**100,0**

Kommentierung Die Ergebnisse sind gut kompatibel mit den Befunden aus Frage 3, wo das Zeugnis nur als drittwichtigstes Element bei einer Bewerbung angesehen wird und Frage 2, in der dem Arbeitszeugnis eine eingeschränkte Nutzungsintensität für die Personalauswahl bescheinigt wird. Es sind alles Bewertungen im mittleren Bereich. Zeugnisse scheinen also fallweise noch eine Rolle bei der Personalauswahl zu spielen, aber definitiv keine dominierende. Es steht zu vermuten, dass bei guter Bewerberlage und tendenzieller Gleichwertigkeit von Kandidaten dann auch einmal die Zeugnisse den Ausschlag geben. Diesen Vermutungen soll im nächsten Kapitel noch näher nachgegangen werden.

4.4 Nutzeneinschätzung für die Personalauswahl

7. Worin sehen Sie Vor- und Nachteile bei der Verwendung von Arbeitszeugnissen als Selektionsinstrument?

Tab. 4.12 Vorteile von Zeugnissen als Selektionsinstrument (n = 52)

Antwort	Absolute Häufigkeit	Anteil in %
Ausführliche Tätigkeitsbeschreibung	17	31,7
Gesamtbild vom Mitarbeiter	9	17,3
Abgleich mit Lebenslauf	7	13,5
Sicht eines Dritten	7	13,5
Vorauswahl treffen	3	5,8
Erster Eindruck vom Kandidaten	3	5,8
Tatsächlicher Beschäftigungsnachweis	2	3,8
Keine	2	3,8

Ergebnisdarstellung In dieser offenen Abfrage nannte ein Drittel der Befragten mit deutlichem Abstand (17 aktive Nennungen; 32,7 %) die „ausführliche Tätigkeitsbeschreibung" als wichtigsten Vorteil von Arbeitszeugnissen. Weitere häufiger genannte Vorteile werden in der Tatsache gesehen, dass Zeugnisse

- ein Gesamtbild von einem Mitarbeiter wiedergeben,
- einen Abgleich mit den Angaben im Lebenslauf ermöglichen,
- die externe Sicht eines Dritten auf den Bewerber widerspiegeln.

Die weiter angegebenen Vorteile sind der Tab. 4.12 zu entnehmen.

Die genannten Nachteile von Zeugnissen sind Tab. 4.13 zu entnehmen. Auch wenn die Befragten es graduell verbal anders zum Ausdruck brachten, so laufen alle geäußerten Aspekte letztlich darauf hinaus, dass Zweifel an der Wahrheit und Aussagenpräzision von Zeugnissen bestehen.

Kommentierung Durch die Äußerungen auf der Vorteilsseite wird noch einmal der Befund aus Frage 5 bestätigt, dass eine ausführliche und aussagekräftige Beschreibung der vorherigen Tätigkeit des Bewerbers aus Sicht der Zeugnisnutzer das eindeutig wichtigste Element eines Arbeitszeugnisses ist.

Was die geäußerten Nachteile anbelangt, so wird deutlich, dass Arbeitszeugnisse in der Personalpraxis mittlerweile äußerst skeptisch betrachtet werden. Das Vertrauen in ihre Wahrheit und Eindeutigkeit ist vielfach nicht vorhanden. Es wird vermutet, dass die Aussagen oftmals durch zu großes Wohlwollen, unverständliche Sprache oder auch durch (vor dem Arbeitsgericht) erstrittene Formulierungen verzerrt sind. Das Risiko von Fehldeutungen wird als zu groß eingeschätzt. Dies erklärt dann auch sehr plausibel die recht eingeschränkte Nutzungsintensität im Personalauswahlprozess (Frage 2) und die geringe Bereitschaft, in die Analyse Zeit zu investieren (Frage 3).

Tab. 4.13 Nachteile von Zeugnissen als Selektionsinstrument (n = 58)

Antwort	Absolute Häufigkeit	Anteil in %
Zeugnissprache/Floskeln	14	24,1
Subjektiv	12	20,7
Unwissenheit der Ersteller	11	19,0
Rechtsstreite/Einklagen von Formulierungen	10	17,2
Wohlwollen/Zeugnisse zu positiv	8	13,8
Nicht immer wahr	8	13,8

8. Wie würden Sie die Aussagekraft von Arbeitszeugnissen für die Personalauswahl einschätzen?

☐ sehr hoch   ☐ hoch   ☐ mittelmäßig   ☐ eher gering   ☐ gering

Ergebnisdarstellung Lediglich ein Viertel der Befragten (27 %) im Gesamtsample schätzt die Aussagekraft von Zeugnissen als „hoch" ein. Für den Extremwert „sehr hoch" gab es nicht eine einzige Nennung. Der Modalwert liegt mit sehr deutlichem Abstand in der Klasse „mittelmäßig". Im arithmetischen Mittel ergibt sich auf einer Fünferskala ein Wert von 2,9. Es zeigen sich leichte Größeneffekte. Kleine Unternehmen schätzen die Aussagekraft von Zeugnissen am negativsten ein – siehe zu den Einzelergebnissen Tab. 4.14.

In einer Studie aus den 90er Jahren wurde Zeugnissen – in Abhängigkeit von der Beschäftigtengruppe – noch eine höhere Bedeutung bei der Personalvorauswahl attestiert. Für die Gruppe der Arbeiter hatten sie für 51,8 % der Unternehmen schon damals nur eine „mittelmäßige Bedeutung", bei der Auswahl von Tarifangestellten aber bei 47,8 % eine „große Bedeutung" und für die Selektion von leitenden Angestellten sprachen 31,6 % der Unternehmen dem Dokument sogar eine „sehr große Bedeutung" zu (vgl. Weuster 1994, S. 69). Im Zeitverlauf scheint sich also eine abnehmende Bedeutung abzuzeichnen.

Kommentierung Von besonderem Interesse ist hier ein direkter Vergleich der Ergebnisse mit Frage 21 im Fragebogen für Zeugnisersteller. Dort wurden die Ersteller nach der Einschätzung der Aussagekraft der von ihnen selbst erstellten Zeugnisse gefragt und es zeigte sich, dass die Teilnehmer bei einem arithmetischen Mittelwert von 2,6 nur mäßig überzeugt von dem angefertigten Dokument waren. In der Kommentierung hatten wir die Vermutung geäußert, dass auch diese Einschätzung aus Gründen des Selbstwertschutzes noch etwas zu positiv sein könnte. Genau diese Vermutung bestätigt sich nun, denn mit der hier vorliegenden Frage 8 geht es jetzt um die Einschätzung der erstellten Zeugnisse durch Dritte, also um das Fremdbild. Und hier zeigt sich, dass der Mittelwert im Gesamtsample bei 2,9 liegt. Von außen wird die Aussagekraft der Arbeitszeugnisse also noch um etwa

Tab. 4.14 Aussagekraft von Arbeitszeugnissen (n = 89)

Unternehmen	Antwort	Absolute Häufigkeit	Anteil in %	Kumulierte Werte in %
Klein	1 = sehr hoch	–	–	–
	2 = hoch	1	9,1	9,1
	3 = mittelmäßig	8	72,7	81,8
	4 = eher gering	2	18,2	100,0
	5 = gering	–	–	–
	Ø	**3,1**		
Mittel	1 = sehr hoch	–	–	–
	2 = hoch	10	31,3	31,3
	3 = mittelmäßig	13	40,6	71,9
	4 = eher gering	7	21,9	93,8
	5 = gering	2	6,3	100,0
	Ø	**3,0**		
Groß	1 = sehr hoch	–	–	–
	2 = hoch	13	28,3	28,3
	3 = mittelmäßig	29	63,0	91,3
	4 = eher gering	4	8,7	100,0
	5 = gering	–	–	–
	Ø	**2,8**		
Gesamt	**1 = sehr hoch**	**–**	**–**	**–**
	2 = hoch	**24**	**27,0**	**27,0**
	3 = mittelmäßig	**50**	**56,2**	**83,2**
	4 = eher gering	**13**	**14,6**	**97,8**
	5 = gering	**2**	**2,2**	**100,0**
	Ø	**2,9**		

12 % negativer eingeschätzt als von den Zeugniserstellern selbst. Da dieser Mittelwert nicht von potenziellen Selbstwertschutztendenzen „verunreinigt" ist, handelt es sich eher um die „wahre" Bewertung. Im Fazit kann also die Aussagekraft von Arbeitszeugnissen für die Personalauswahl eindeutig nur als „mittelmäßig" bezeichnet werden.

9. Steht der Nutzen von Arbeitszeugnissen in einem angemessenen Verhältnis zum Aufwand der Erstellung?

☐ eindeutig ja   ☐ eher ja   ☐ teilweise   ☐ eher nein   ☐ eindeutig nein

Tab. 4.15 Angemessenheit zwischen Erstellungsaufwand und Nutzen (n = 88)

Antwort	Absolute Häufigkeit	Anteil in %	Kumulierte Werte in %
1 = eindeutig ja	4	4,5	4,5
2 = eher ja	49	55,7	60,2
3 = teilweise	30	34,1	94,3
4 = eher nein	5	5,7	100,0
5 = eindeutig nein	–	–	–
Ø	2,4		

Ergebnisdarstellung Ähnlich wie schon von den Zeugniserstellern in Frage 4, die zu 76,1 % den Zeitaufwand für angemessen hielten, wird das Aufwands-Nutzen-Verhältnis auch von den Zeugnisanalytikern relativ positiv beurteilt. Immerhin 55,7 % antworten mit „eher ja", 4,5 % sogar mit „eindeutig ja". Andererseits verbleiben aber auch 40 % Skeptische, die den Aufwand nur „teilweise" oder „eher nicht" gerechtfertigt sehen – siehe Tab. 4.15.

Kommentierung Es gibt eine Tendenz, Arbeitszeugnisse unter ökonomischen Aspekten als sinnvoll einzustufen. Tiefe Überzeugung sieht allerdings anders aus. Bei einem Mittelwert von 2,4 liegen die Bewertungen etwas näher an „eher ja" als an „teilweise". Beide Einstufungen schließen schon rein verbal doch auch etliche Zweifel ein.

Zudem ist kritisch zu fragen, wie sich diese vergleichsweise positive Einschätzung rechtfertigt, wenn Zeugnisse weder besonders intensiv genutzt noch ihre Aussagekraft als besonders hoch veranschlagt wird. Aus Sicht der Zeugnisanalytiker, die ja mit dem Erstellungsaufwand nicht belastet sind und die sehr autonom steuern können, wie viel Zeit sie dem Lesen des Dokuments widmen, werden ökonomische Bewertungskalküle vermutlich eher mit begrenzter Schärfe angewandt. Vielmehr könnte die Aufwands-Nutzen-Bewertung von einer „Nice-to-have-Einstellung" geprägt sein. Man hat sich daran gewöhnt, dass Arbeitszeugnisse obligatorischer Bestandteil der Bewerbungsunterlagen sind und möchte nur ungern auf die Option verzichten, dass diese im Einzelfall doch einmal einen informatorischen Mehrwert haben, denn „schaden kann es ja nicht".

| 10. | Wie gern üben Sie die Tätigkeit der Zeugnisanalyse aus? |
| | ☐ sehr gern   ☐ überwiegend gern   ☐ eher ungern   ☐ sehr ungern |

Auch hier waren die Befragten über eine Skala mit gerader Anzahl an Skalenpunkten „gezwungen", sich eindeutig positiv oder negativ zur Wertschätzung dieser Tätigkeit zu positionieren.

Tab. 4.16 Wertschätzung für die Tätigkeit der Zeugnisanalyse (n = 84)

Antwort	Absolute Häufigkeit	Anteil in %	Ø Analysezeit in Min.
1 = sehr gern	2	2,4	5,5
2 = überwiegend gern	48	57,1	4,9
3 = eher ungern	31	36,9	4,8
4 = sehr ungern	3	3,6	5,0
Ø	**2,4**		**5,1**

Ergebnisdarstellung Eine kleine Mehrheit von 60 % übt die Tätigkeit der Zeugnisanalyse mindestens „überwiegend gern" aus. Für 40 % ist es aber auch eine Tätigkeit, die sie „eher ungern", in drei Fällen sogar „sehr ungern ausüben" – siehe Tab. 4.16.

In kleinen Unternehmen sind die Widerstände gegen diese Aufgabe mit einem Mittelwert von 2,6 etwas größer als im Gesamtsample mit einem Mittelwert von 2,4.

In einer separaten Analyse wurde noch geprüft, ob sich Befragte, die die Zeugnisanalyse tendenziell gern durchführen, sich auch zeitlich länger mit diesen Dokumenten auseinandersetzen. Prägnante zeitliche Unterschiede konnten dabei nicht gefunden werden.

Im Vergleich mit Frage 22 im Fragebogen für die Zeugniserstller, in der abgefragt wurde, wie gern die Tätigkeit der Zeugnisformulierung ausgeübt wird, ergaben sich hier ganz ähnliche Ergebnisse. Der Mittelwert war mit 2,4 im Gesamtsample exakt gleich. Lediglich die Extrempositionen „sehr gern" und „sehr ungern" waren bei der Zeugniserstellung stärker besetzt; die Antworten polarisierten also etwas mehr.

Kommentierung Es kann hier auf die Stellungnahme zurückgegriffen werden, die bereits zur Wertschätzung der Tätigkeit der Zeugnisformulierung abgegeben wurde. Die Ergebnisse sind sicherlich nicht katastrophal, aber bei einem Anteil von 40 %, der die Zeugnisanalyse nur mit Widerwillen und im Gefolge wohl mit recht geringer Motivation verrichtet, auch nicht unproblematisch. Als fördernde Determinante für die Präzision und Sorgfalt bei der Durchsicht von Zeugnissen können die Antworten – zumindest in der Fläche – nicht interpretiert werden. Letztlich wird dadurch der Nutzen in der Personalauswahl bedroht.

4.5   Kompetenz der Zeugnisanalytiker

11.   Wurden Sie für die Analyse von Arbeitszeugnissen geschult?
　　　　☐ Ja   ☐ Nein
Wenn **JA**: In welcher Form? _____
　　　　　　　War dies hilfreich? ☐ Ja   ☐ Nein
Wenn **NEIN**: Würden Sie sich Unterstützung in diesem Bereich wünschen?
　　　　　　☐ Ja   ☐ Nein
　　　　　　In welcher Form? _____

Tab. 4.17 Schulung für die Zeugnisanalyse (n = 89)

Unternehmen	Antwort	Absolute Häufigkeit	Anteil in %
Klein	Ja	1	9,1
	Nein	10	90,9
Mittel	Ja	11	34,4
	Nein	21	65,6
Groß	Ja	29	63,0
	Nein	17	37,0
Gesamt	**Ja**	**41**	**46,1**
	Nein	**48**	**53,9**

Ergebnisdarstellung Tab. 4.17 zeigt, dass etwas mehr als die Hälfte (53,9 %) der Zeugnisanalytiker keinerlei Personalentwicklungsmaßnahmen für ihre Tätigkeit erhalten hat. Die Zahlen liegen damit noch geringfügig schlechter als bei den Zeugniserstellern, bei denen 49,5 % keine Schulungen erhielten (siehe Frage 10, Fragebogen 1). Und wieder zeigt sich ein eindeutiger Größeneffekt. Die Schulungsquote ist in großen Unternehmen mit 63 % am höchsten, in kleinen Unternehmen mit 9,1 % am geringsten.

Die Überdeckungsquote bei der Personalentwicklung für Zeugniserstellung und Zeugnisanalyse ist sehr hoch. Von den 41 Befragten, die eine Schulung zur Zeugnisanalyse bekamen, hatten 82,9 % (34) ebenfalls eine Schulung zur Zeugniserstellung. Dies zeigt, dass die Unternehmen die beiden Arbeitsprozesse sehr stark als die „zwei Seiten der gleichen Medaille" auffassen und die Qualifizierung daher uno actu vornehmen.

Hinsichtlich der Art der Schulung dominiert laut Tab. 4.18 wieder eindeutig das Präsenzseminar mit 17 Nennungen (44,7 %). Auf Rangplatz zwei greifen die Befragten schon mit 11 Nennungen (28,9 %) auf ihre „Kenntnisse aus Ausbildung/Studium" zurück. Alle anderen Maßnahmen sind vergleichsweise unbedeutend.

Nahezu alle Befragten (= 95,1 %) fanden die erhaltenen Schulungen auch „hilfreich" (einmal „nein", einmal „keine Angabe").

Kommentierung Es geht immer noch schlimmer! Waren die geringen Schulungsquoten bei der Zeugniserstellung schon verheerend, so liegen sie bei der Zeugnisanalyse noch ein klein wenig höher. Und vor allem haben die hinsichtlich Aktualität und Systematik kaum einzuschätzenden „Kenntnisse aus Ausbildung und Studium" ein doppelt so hohes Gewicht. Mit einer zielorientierten und systematischen Personalentwicklung für dieses Aufgabenfeld hat all das nichts zu tun. Basierend auf der Geisteshaltung „Zeugnisanalyse kann jeder" wird der Wurf ins kalte Wasser praktiziert. Der Mitarbeiter, der Zeugnisse zu analysieren hat, ist dann der Frosch in der Milch, der strampeln muss, bis er Butter unter die Füße bekommt. Und vielleicht bekommt er ja nie Butter unter die Füße und dilettiert sich eher durch die Personalauswahl. Das aber fällt nicht auf, da in aller Regel für den Erfolg von Personalauswahlmaßnahmen kein systematisches Personalcontrolling betrieben werden dürfte. Fehlerhafte, unzureichende Zeugnisanalysen sind damit fast immun gegen Entdeckung.

Tab. 4.18 Art der Schulung für die Zeugnisanalyse (n = 38)

Antwort	Absolute Häufigkeit	Anteil in %
Seminar/Weiterbildung zum Thema (z. B. „Zeugnisse formulieren und analysieren")	17	44,7
Kenntnisse aus Ausbildung/Studium	11	28,9
Einarbeitung on the job	5	13,2
Fachliteratur	4	10,5
E-Learning/Online-Seminar	2	5,3
Schulung im Bereich Arbeitsrecht	2	5,3

Nun noch zur Gruppe der Befragten, die keinerlei Schulung erhalten haben. Nur exakt ein Drittel (33,3 %) sieht die Notwendigkeit einer einschlägigen Personalentwicklung auf dem Feld der Zeugnisanalyse. Diese Ergebnisse sind nahezu deckungsgleich mit der Beantwortung von Frage 10 aus Fragebogen 1, in der nach dem Schulungsbedarf für die Zeugniserstellung gefragt wurde. Dort meldeten diesen unwesentlich mehr Befragte an (36,2 %). Eindeutig auf dem ersten Rangplatz der gewünschten Maßnahmen stehen wieder „Seminare/Weiterbildungen" zur Zeugnisanalyse. Die exakten Ergebnisse sind den Tab. 4.19 und 4.20 zu entnehmen.

Kommentierung Bei nahezu gleichen Ergebnissen wie in Frage 10 von Fragebogen 1 muss auch die Kommentierung gleich ausfallen: Wer geschult wurde, ist sich des Wertes dieser Maßnahme bewusst. Und wer nicht geschult wurde, der vermisst diese Qualifizierung angesichts der fehlenden Nützlichkeitserfahrung auch nicht so stark. Mangels des unmittelbaren Ausbleibens von negativen Konsequenzen aus suboptimalen Zeugnisanalysen kann man sich im eigenen subjektiven Erleben recht gut auch ohne spezielles Training mit der Aufgabe arrangieren. Vielleicht haben die Befragten aber auch ein „feines Gespür" dafür, dass wegen der Komplexität und geringen Einheitlichkeit der Zeugnisformulierungen selbst eine Schulung keine absolute Sicherheit schaffen kann. Daher messen sie dieser eine begrenzte Bedeutung zu. Die Befunde zur nächsten Frage sprechen allerdings in der Tendenz gegen diese Vermutung.

12. Wie sicher fühlen Sie sich bei der Interpretation von Arbeitszeugnissen?
    ☐ sehr sicher   ☐ sicher   ☐ mittelmäßig   ☐ weniger sicher   ☐ unsicher

Ergebnisdarstellung Bei einem Mittelwert von 2,2 fühlen sich die Zeugnisanalytiker nicht ganz so sicher wie die Zeugniserstellter, die beim Sicherheitsgefühl (Frage 12, Fragebogen 1) einen Mittelwert von 1,9 aufwiesen. Zeugnisanalyse wird also als die etwas komplexere und anspruchsvollere Aufgabe empfunden. In Gesamtschau ist die gefühlte Handlungssicherheit aber trotzdem recht hoch, denn kumuliert fühlen sich immerhin

Tab. 4.19 Empfundener Unterstützungsbedarf bei Nichtteilnehmern von Qualifizierungsmaßnahmen (n = 48)

Unternehmen	Antwort	Absolute Häufigkeit	Anteil in %
Klein	Ja	2	20,0
	Nein	8	80,0
Mittel	Ja	8	38,1
	Nein	12	57,1
	Keine Angabe	1	4,8
Groß	Ja	6	35,3
	Nein	11	64,7
Gesamt	**Ja**	**16**	**33,3**
	Nein	**31**	**64,6**
	Keine Angabe	**1**	**2,1**

Tab. 4.20 Art der gewünschten Qualifizierungsmaßnahme bei Nichtteilnehmern von Qualifizierungsmaßnahmen (n = 13)

Antwort	Absolute Häufigkeit	Anteil in %
Seminar/Weiterbildung zum Thema	8	61,5
Formulierungen/Interpretation von Floskeln	2	15,4
E-Learning/Online-Seminar	2	15,4
Schulung im Bereich Zeugnisrecht	1	7,7

mehr als zwei Drittel der Befragten (68,2 %) bei der Zeugnisinterpretation mindestens „sicher". Und weitere 28,5 % gaben zumindest eine „mittelmäßige" Sicherheit an. Deutliche Unsicherheitsgefühle kommen fast nicht vor – siehe Tab. 4.21.

Es ist wieder ein relativ ausgeprägter Größeneffekt zu beobachten. Kleine Unternehmen fühlen sich – genau wie bei der Zeugniserstellung – mit einem Mittelwert von 2,6 am unsichersten, wohingegen sich große Unternehmen mit einem arithmetischen Mittel von 2,0 deutlich sicherer fühlen.

Kommentierung Angesichts des oben dargestellten geringen Anteils an geschulten Mitarbeitern und der gleichzeitig signalisierten Wertschätzung für durchgeführte Schulungen, vermuten wir in der „gefühlten subjektiven Sicherheit" wieder einen substanziellen Anteil an Kontrollillusionen. Zur Erinnerung: Diese Hypothese wurde auch schon in der Parallelfrage zur Zeugniserstellung aufgestellt. Die Stimmung ist also möglicherweise besser als die Lage. Zur näheren Erläuterung und Begründung verweisen wir hier explizit auf die Kommentierung von Tab. 3.18.

Tab. 4.21 Sicherheit bei der Zeugnisanalyse (n = 88)

Unternehmen	Antwort	Absolute Häufigkeit	Anteil in %	Kumulierte Werte in %
Klein	1 = sehr sicher	–	–	
	2 = sicher	4	36,4	36,4
	3 = mittelmäßig	7	63,6	100,0
	4 = weniger sicher	–	–	–
	5 = unsicher	–	–	–
	Ø	2,6		
Mittel	1 = sehr sicher	4	12,	12,5
	2 = sicher	14	43,8	56,3
	3 = mittelmäßig	12	37,5	93,8
	4 = weniger sicher	2	6,3	100,0
	5 = unsicher	–	–	–
	Ø	2,4		
Groß	1 = sehr sicher	9	20,0	20,0
	2 = sicher	29	64,4	84,4
	3 = mittelmäßig	6	13,3	97,7
	4 = weniger sicher	1	2,2	100,0
	5 = unsicher	–	–	–
	Ø	2,0		
Gesamt	**1 = sehr sicher**	**13**	**14,8**	**14,8**
	2 = sicher	**47**	**53,4**	**68,2**
	3 = mittelmäßig	**25**	**28,4**	**96,6**
	4 = weniger sicher	**3**	**3,4**	**100,0**
	5 = unsicher	–	–	–
	Ø	**2,2**		

Deutlich wurde auch, dass kleine Unternehmen wieder real und mental am stärksten belastet sind. Sie benötigen die längste Zeit für die Zeugnisanalyse (siehe Frage 3) und fühlen sich auch noch am unsichersten dabei.

Von Interesse ist dann weiter die Frage, ob sich in der Zeugnisanalyse geschulte Mitarbeiter sicherer fühlen als ungeschulte Mitarbeiter. Per Kreuztabellierung wurden die Fragen 10 und 11 in Beziehung gesetzt.

Ergebnisdarstellung Die Unterschiede zwischen geschulten und ungeschulten Mitarbeitern sind – gemessen am Mittelwert für das Sicherheitsgefühl – überaus prägnant. Erbrachte schon die Schulung bei der Zeugniserstellung einen Anstieg bei der gefühlten

Tab. 4.22 Sicherheit bei der Zeugnisanalyse in Abhängigkeit von Qualifizierungsmaßnahmen (n = 88)

Sicherheit	Schulung	
	Ja	Nein
1 = sehr sicher	11	2
2 = sicher	26	21
3 = mittelmäßig	3	22
4 = weniger sicher	–	3
5 = unsicher	–	–
Gesamt	**40**	**48**
Ø	**1,8**	**2,5**

Sicherheit von 14,3 % (Mittelwert 2,1 zu 1,8), so ist es bei der Zeugnisanalyse ein doppelt so hoher gefühlter Sicherheitszugewinn von 28 % – siehe dazu die Ergebnisse in Tab. 4.22.

Kommentierung Die Ergebnisse legen auf alle Fälle nahe, dass Unternehmen ihre mit der Zeugnisanalyse betrauten Mitarbeiter speziell schulen sollten. Auf die reale und gefühlte Kompetenz (=Sicherheitsgefühl) sollte dies positive Auswirkungen haben.

Wie weitreichend Steigerungen der realen Kompetenz tatsächlich sein können, muss aber zunächst offen bleiben. Denn hochwertige Schulungen in der Zeugnisanalyse setzen voraus, dass es auch ein hinreichend präzises Curriculum gibt. Damit rückt die Frage in den Fokus, ob es denn eine einheitliche und eindeutige Zeugnissprache gibt, die lehrbar und lernbar ist. Ihr wird im nächsten Kapitel nachgegangen.

4.6 Objektivität der Zeugnisinterpretation

13. Gibt es Ihrer Meinung nach eine „eindeutige und einheitliche Zeugnissprache", die in Personalbereichen gesprochen und verstanden wird?
    ☐ eindeutig ja   ☐ eher ja   ☐ teilweise   ☐ eher nein   ☐ eindeutig nein

Ergebnisdarstellung Nicht einmal die Hälfte der Befragten (46 %) bestätigt die Existenz einer eindeutigen und einheitlichen Zeugnissprache mit „eindeutig ja" oder zumindest „eher ja". Ein Drittel (33,7 %) macht mit der Einschätzung „teilweise" bereits erhebliche Einschränkungen und weitere 20,2 % verneinen in unterschiedlich starkem Ausmaß, dass es eine allgemein geteilte Zeugnissprache gibt. Der arithmetische Mittelwert von 2,7 tendiert eindeutig zur Kategorie „teilweise". Tab. 4.23 zeigt alle Einzelwerte.

Kommentierung Was ist von einer Sprache zu halten, von der mehr als die Hälfte der im gleichen Sprachraum Lebenden sagen, dass sie sie teilweise oder zum großen Teil nicht verstehen? Die Antwort kann nur lauten: Sie ist zur Kommunikation schlichtweg

Tab. 4.23 Existenz einer eindeutigen und einheitlichen Zeugnissprache (n = 89)

Antwort	Absolute Häufigkeit	Anteil in %	Kumulierte Werte in %
1 = eindeutig ja	6	6,7	6,7
2 = eher ja	35	39,3	46,0
3 = teilweise	30	33,7	79,7
4 = eher nein	12	13,5	93,2
5 = eindeutig nein	6	6,7	100,0
Ø	2,7		

ungeeignet, zumindest dann, wenn es um den Austausch von komplexeren Inhalten geht, die ein Mindestmaß an Aussagenpräzision voraussetzen. Für die Leistungs- und Verhaltensbewertung in Arbeitszeugnissen, die einen hohen Nutzen in der Personalauswahl stiften sollen, trifft das zu. Statt hoher Präzision in den Aussagen wird aber eher eine babylonische Sprachverwirrung veranstaltet. Diese Einschätzung zeichnete sich schon ab in der eingeschränkten Sicherheit bei der Zeugnisinterpretation (Frage 12), in dem nur mittelmäßigen Nutzen für die Personalauswahl (Frage 8) und in der konkreten Benennung von Zeugnisnachteilen, die primär in mangelnder Wahrheit und Präzision gesehen werden (Frage 7). Eine eindeutige und einheitliche Zeugnissprache existiert in Deutschland nicht. Sie ist eine reine Fiktion. Das ließen schon die theoretischen Betrachtungen in Abschn. 1.4 ahnen und es wird jetzt durch die Aussagen der Zeugnisanalytiker bestätigt.

Das Hauptproblem der Zeugnisanalyse liegt in der nicht eindeutigen Zeugnissprache, die von den Erstellern entweder bewusst oder unbewusst eingesetzt wird. Viele Formulierungen sollen wegen der Pflicht zum Wohlwollen zunächst positiv wirken, aber auf den zweiten Blick versteckte negative Hinweise transportieren. Andere hingegen sind tatsächlich ernst gemeint, jedoch ist der Leser schon so darauf fixiert, eine geheime Botschaft zu erahnen, dass er einzelne Aussagen überinterpretiert. Manche Aussagenlücken sind bewusst gesetzt, andere entstehen aus Nichtwissen oder mangelnder Sorgfalt. Einige Formulierungen sind codiert, andere sind dagegen nicht interpretationsbedürftig. Nur kann sich der Zeugnisanalytiker nie ganz sicher sein, was gerade gilt. Unter solchen Bedingungen ist von einer Objektivität der Zeugnisanalyse definitiv nicht zu sprechen. Mehrere Leser des gleichen Zeugnisses kommen möglicherweise zu unterschiedlichen Schlüssen. Das macht Arbeitszeugnisse für die Personalauswahl zumindest höchst fragwürdig, wenn nicht sogar komplett untauglich.

Um die Hypothese einer nicht hinreichend einheitlichen Zeugnissprache weiter zu prüfen, wurden die Unternehmen in einer weiteren Frage über einen Testansatz mit fünf typischen Zeugnisformulierungen konfrontiert. Sie hatten dann auf einer Skala zwischen „sehr gut (1)" bis „ausreichend (4)" anzugeben, welcher Note die/das beschriebene Leistung/Verhalten entspricht. Die Leistungs- und Verhaltensbeschreibungen wurden dem verbreiteten Zeugnis-Generator „Haufe Zeugnis Manager Professional" entnommen (vgl.

Haufe-Lexware GmbH & Co KG, (Hrsg.), 2013). Dieser hat nach unseren Daten als zweithäufigstes Produkt einen Marktanteil von 34,2 % (siehe Tab. 3.10).

Die Leistungs- und Verhaltensbeschreibungen sind in dem Zeugnisgenerator jeweils einer Notenstufe zugeordnet. In der nachfolgend abgedruckten Frage ist die von den Generatorentwicklern intendierte „richtige" Lösung weiß unterlegt. Die Beschreibungen betreffen folgende Beurteilungskategorien:

a) Fachwissen/Fachkönnen
b) Weiterbildung
c) Leistungsbereitschaft
d) (Allgemeines) Verhalten
e) Zusammenfassende Leistungsbeurteilung

Über diesen Testansatz konnte damit zum einen geprüft werden, wie einheitlich die Befragten eine Zeugnisformulierung interpretieren und andererseits, wie groß die Übereinstimmung mit den Vorgaben eines verbreiteten Zeugnisgenerators ausfällt. Gerne hätten wir zur Erhöhung der Stabilität der Ergebnisse die Befragten noch mit einer deutlich größeren Anzahl an Leistungs- und Verhaltensbeschreibungen konfrontiert, aber das hätte sich mit hoher Wahrscheinlichkeit negativ auf die Teilnahmebereitschaft ausgewirkt und damit die Rücklaufquote gesenkt.

14. Welche Bewertung eines Mitarbeiters kommt Ihrer Ansicht nach durch die folgenden Zeugnisformulierungen zum Ausdruck?
(1 = sehr gut bis 4 = ausreichend)
a) Aufgrund ihres im Laufe der Ausbildung erworbenen Fachwissens, wurde Frau XY von unseren Facharbeitern in die täglichen Abläufe integriert.
☐ 1   ☐ 2   ☐ 3   ☐ 4
b) Durch seine regelmäßige Teilnahme an unseren unternehmensinternen Schulungen hat er seine Kenntnisse mit gutem Erfolg zusätzlich erweitert.
☐ 1   ☐ 2   ☐ 3   ☐ 4
c) Frau XY zeigte Eigeninitiative und identifizierte sich immer voll mit ihren Aufgaben und unserem Unternehmen, wobei sie auch durch ihre Einsatzfreude überzeugte.
☐ 1   ☐ 2   ☐ 3   ☐ 4
d) Er war ein überaus loyaler Mitarbeiter, der sich sehr gut in das Team integrierte. Sein Verhalten gegenüber Vorgesetzten, Kollegen und Kunden war stets vorbildlich.
☐ 1   ☐ 2   ☐ 3   ☐ 4
e) Sie hat die ihr übertragenen Aufgaben zu unserer vollen Zufriedenheit erledigt.
☐ 1   ☐ 2   ☐ 3   ☐ 4

Ergebnisdarstellung In der Tab. 4.24 sind für alle fünf Formulierungsbeispiele die Antwortverteilungen dargestellt. Die „richtigen" Antworten sind grau unterlegt. Zusätzlich sind der Modalwert, der arithmetische Mittelwert und die Standardabweichungen vermerkt.

Die prägnantesten Ergebnisse lassen sich in folgende Punkten zusammenfassen:

- Lediglich bei zwei der insgesamt fünf Formulierungsbeispiele (= 40 %) haben mehr als 50 % der Unternehmen die „richtige" Bewertung gewählt.
- Nur bei drei der insgesamt fünf Formulierungsbeispiele (= 60 %) war die „richtige" Bewertung die am häufigsten besetzte Klasse (= Modalwert). Und dabei war der Vorsprung der „richtigen" Antworten gegenüber den „falschen" Bewertungen bei Beispiel e.) mit einer einzigen Nennung noch denkbar knapp.
- Im Gesamtsample hat lediglich ein einziges Unternehmen (!) von 88 alle fünf Formulierungsbeispiele „richtig" eingeschätzt. Skurrilerweise war das ein kleines Unternehmen, in dem keine Schulungen zur Zeugnisanalyse existierten, das seine eigene Analysesicherheit nur als „mittelmäßig" einschätzte und das zur Existenz einer einheitlichen Zeugnissprache „eindeutig nein" sagte.
- Die durchschnittliche Abweichung der Mittelwerte der Antworten von den „richtigen" Bewertungen liegt über alle fünf Formulierungsbeispiele hinweg bei 0,46. Bei einer Skala mit vier Skalenpunkten ist das auf den ersten Blick ein tolerierbares Fehlerniveau von 11,5 %. Ein deutlich negativeres Bild zeigt aber die Streuung der Antworten.
- Die Standardabweichung vom Mittelwert liegt im Durchschnitt über alle fünf Formulierungsbeispiele bei 0,94. Das ist bei einer sehr kurzen Skala – wie der hier gewählten Viererskala – eine systematische Abweichung von nahezu einem ganzen Skalenpunkt. Der Wert signalisiert eine recht geringe Einheitlichkeit der Antworten.
- Es konnte eine asymmetrische systematische Abweichungstendenz der Bewertungen gefunden werden: Positive Formulierungsbeispiele der Bewertungsstufen 1 und 2 wurden von den Befragten immer negativer eingeschätzt (Items b und d) und eher negative Formulierungen der Bewertungsstufen 3 und 4 (Items a, c und e) wurden immer positiver eingeschätzt. Es kann die Hypothese aufgestellt werden, dass bei den Zeugnisanalysten bei besonders positiven Formulierungen der Verdacht eines „Gefälligkeitszeugnisses" aufkommt und der Inhalt daher sehr kritisch betrachtet wird. Für den umgekehrten Fall, dass eigentlich negative Verhaltensbeschreibungen zu wohlwollend interpretiert werden, kann keine überzeugende Hypothese präsentiert werden.
- Der Anteil der „richtigen" Bewertungen variiert zwischen den Größenklassen nicht sonderlich stark. Interessanterweise weisen aber große Unternehmen den geringsten Anteil an richtigen Antworten auf.

Kommentierung Unter dem Eindruck des hier durchgeführten Tests kann die Behauptung der Existenz einer eindeutigen und einheitlichen Zeugnissprache nur ins Reich der Fabel verwiesen werden. Weder existiert eine hinreichende Deckungsgleichheit zwischen den Bewertungsvorschlägen des Zeugnisgenerators und den Bewertungen der Befragten,

Tab. 4.24 Bewertung von Zeugnisformulierungen (n = 88/89)

Item	Antwort	Absolute Häufigkeit	Anteil in %	Modalwert	Ø-Bewertung	Standardabw.
a)	1	–	–	3	3,4	1,2
	2	4	4,5			
	3	43	48,9			
	4	41	46,6			
b)	1	1	1,1	2	2,4	0,9
	2	51	57,3			
	3	35	39,3			
	4	2	2,2			
c)	1	13	14,8	2	2,2	0,9
	2	46	52,3			
	3	28	31,8			
	4	1	1,1			
d)	1	65	73,0	1	1,3	0,7
	2	18	20,2			
	3	5	5,6			
	4	1	1,1			
e)	1	1	1.1	3	2,6	1,0
	2	41	46,1			
	3	42	47,2			
	4	5	5,6			

noch der Bewertungen der Befragten untereinander. Viel zu gering ist die Zahl der „richtigen" Einschätzungen und viel zu hoch die Streuung der Antworten. Dabei muss man sich verdeutlichen, dass bei einer Viererskala die statistische Wahrscheinlichkeit, über eine reine Zufallsauswahl die „richtige" Bewertung zu treffen, allein schon bei 25 % liegt. Bei Formulierungsbeispiel c) liegt der Wert von 31,8 % nur unwesentlich über dem Wahrscheinlichkeitswert einer reinen Zufallsauswahl.

Nicht einmal bei der zusammenfassenden Leistungsaussage in Formulierungsbeispiel e) konnte eine überzeugende Einheitlichkeit zwischen den Befragten festgestellt werden. Die Existenz einer einheitlichen Notenskala für Gesamtbeurteilungen wurde bereits schon in Abschn. 1.4 (Punkt 9.) mit großer Skepsis kommentiert. Diese Skepsis bestätigt sich hier eindeutig.

Im Fazit dieses Kapitels kann man festhalten: Mehrheitlich glauben die Befragten nicht an eine eindeutige und einheitliche Zeugnissprache und sie belegen durch ihr Bewertungsverhalten, dass sie mit dieser Überzeugung auch recht haben. In Frage 7 hatten sie ja selbst bereits die Zeugnissprache und ihre Subjektivität als die beiden größten Probleme identifiziert (siehe Tab. 4.13).

4.7   Bewertung von Alternativkonzepten

In diesem Fragenkomplex sollte zum einen eruiert werden, auf welche Akzeptanz Alternativen zum Arbeitszeugnis und Veränderungen bei den derzeitigen Zeugnisansätzen treffen und zum anderen wurde erhoben, welche Veränderungsvorschläge die Befragten selbst haben.

> 15.   Halten Sie Referenz-/bzw. Empfehlungsschreiben für aussagekräftiger als Arbeitszeugnisse?
> ☐ Ja   ☐ Nein
> Begründung: _____.

Ergebnisdarstellung Nahezu zwei Drittel der Befragten im Gesamtsample (64,7 %) glauben nicht, dass Referenzschreiben aussagekräftiger sind als die bisherigen Arbeitszeugnisse. Die skeptische Haltung existierte sowohl bei mittelgroßen als auch großen Unternehmen. Lediglich kleine Unternehmen sehen mehrheitlich (60 %) eine höhere Aussagekraft des Empfehlungsschreibens – siehe Tab. 4.25.

In Verbindung mit Frage 8 (Aussagekraft von Arbeitszeugnissen für die Personalauswahl) zeigte sich, dass die Befürworter von Referenzschreiben dem Arbeitszeugnis mit einem Mittelwert von 3,2 deutlich negativer gegenüberstehen als diejenigen, die Referenzschreiben ablehnen mit einem Mittelwert von 2,8. Befragte, die dem Arbeitszeugnis skeptischer gegenüberstehen, suchen nach einer Alternative und sehen diese tendenziell in Empfehlungsschreiben.

Aus den Begründungen für die eher zustimmende oder ablehnende Haltung gegenüber der Aussagekraft von Referenzen schälten sich aus Sicht der Befragten die folgenden selbsterklärenden Vor- und Nachteile heraus (siehe Tab. 4.26); Häufigkeiten der Nennungen sind in Klammern angegeben.

Kommentierung Referenz-/Empfehlungsschreiben sind in den Augen der Mehrheit keine Verbesserung gegenüber Arbeitszeugnissen. Die Ablehnung speist sich primär aus

Tab. 4.25 Vorteile in der Aussagekraft von Referenzen gegenüber Zeugnissen (n = 85)

Unternehmen	Antwort	Absolute Häufigkeit	Anteil in %
Klein	Ja	6	60,0
	Nein	4	40,0
Mittel	Ja	12	38,7
	Nein	19	61,3
Groß	Ja	12	27,3
	Nein	32	72,7
Gesamt	**Ja**	**30**	**35,3**
	Nein	**55**	**64,7**

Tab. 4.26 Vor- und Nachteile von Referenzschreiben

Vorteile	Nachteile
• Individuell, keine vorgegebenen Formulierungen (6)	• Subjektiv (11)
• Freiwillige Erstellung, keine Pflicht (5)	• Immer positiv (9)
• Engere Beziehung zwischen Ersteller und Beurteiltem = bessere Kenntnis (4)	• Keine Standardisierung (für den Inhalt) und damit keine Vergleichbarkeit (3)
• Ehrlich (4)	• Unüblich und kaum bekannt (2)
• Enthält Ansprechpartner für persönliche Nachfrage (2)	• Erstellung nicht nachvollziehbar (1)
• Geringer Zeitaufwand (1)	• Gefälligkeitsschreiben (1)

den gleichen Argumenten, die auch gegen das Zeugnis sprechen. Es wird die Gefahr einer undifferenzierten, zu positiven Bewertung des Mitarbeiters gesehen und das Fehlen einer festen Struktur bemängelt, die dann zu hohen Subjektivitätsspielräumen führt.

In Letzterem sehen die Befürworter – und das ist immerhin ein gutes Drittel der Befragten – eher den Vorteil, dass man bei der Anfertigung von Referenzen größere individuelle Freiheitsgrade hat als bei der mittlerweile entstandenen relativ starren Struktur des Arbeitszeugnisses. Auch die anderen vorgebrachten Vorteilsargumente sind nicht von der Hand zu weisen.

Daher, und weil dieses Instrument in Deutschland nicht so verbreitet ist, soll in Abschn. 5.3 unter Einbezug weiterer Literatur noch eine etwas vertiefte Betrachtung des Referenzschreibens als Zeugnisalternative stattfinden. Möglicherweise steigt die Akzeptanz in den Unternehmen, wenn potenzielle Vorteile breiter bekannt sind.

16. Meinen Sie, dass der Gesetzgeber für die Erstellung von Arbeitszeugnissen striktere Vorgaben machen sollte?
☐ Ja   ☐ Nein
Begründung: _____

Ergebnisdarstellung Über alle Größenklassen hinweg lehnen die Unternehmen mit einer großen Mehrheit von durchschnittlich 85,2 % konkretere Vorgaben des Gesetzgebers zum Arbeitszeugnis ab – siehe Tab. 4.27.

Bei der Begründung zeigte sich, dass die Befragten dabei gedanklich nicht zwischen gesetzlichen Vorgaben und der Rechtsprechung trennen. Viele kritische Einwände beziehen sich nämlich eher auf die Urteile der Arbeitsgerichte und nicht auf die wenigen gesetzlichen Festlegungen.

Als Begründungen für die ablehnende Haltung werden insbesondere aufgeführt, dass

- das bisherige Rechtssystem bereits zu restriktiv ist (n = 9),
- eine weitere Standardisierung keine individuellen Arbeitszeugnisse mehr zulässt (n = 5),

Tab. 4.27 Einstellung
zu strikteren gesetzlichen
Vorgaben zum Arbeitszeugnis
(n = 88)

Unternehmen	Antwort	Absolute Häufigkeit	Anteil in %
Klein	Ja	2	18,2
	Nein	9	81,8
Mittel	Ja	3	9,7
	Nein	28	90,3
Groß	Ja	8	17,4
	Nein	38	82,6
Gesamt	**Ja**	**13**	**14,8**
	Nein	**75**	**85,2**

- das Zeugnis durch weitere Regulierungen noch stärker an Aussagekraft verliert (n = 5),
- eine stärkere Regulierung keinen Sinn macht, da Gerichte auch zukünftig immer primär zugunsten des Arbeitnehmers entscheiden werden (n = 1),
- weitere Aufklärungsarbeit und das Angebot von Unterstützungsleistungen wichtiger wären (n = 1),
- statt Gesetzen eher die Rechtsprechung geändert werden sollte (n = 1).

Die relativ kleine Gruppe der Befürworter von weiteren gesetzlichen Vorgaben führt als Aspekte ins Feld, dass

- ein Standard für eine einheitliche Benotung geschaffen werden müsste (gemeint ist vermutlich primär die zusammenfassende Leistungsaussage) (n = 6),
- die Grundsätze von Wahrheit und Wohlwollen in der Rechtsprechung einer Neujustierung bedürfen, denn – so in etwa der Wortlaut – „es kann doch nicht bestraft werden, wenn ein Arbeitgeber in gewissem Maße über tatsächliche Vorkommnisse offen spricht" (n = 3),
- die Abschaffung des gesetzlichen Zeugnisanspruchs zu überlegen wäre und die Unternehmen die Möglichkeit haben sollten, bei einer guten Arbeitsleistung ein Arbeitszeugnis rein auf freiwilliger Basis auszustellen (n = 3).

Ein Befragter plädierte aber auch für die ersatzlose Abschaffung des gesetzlichen Zeugnisanspruchs.

Kommentierung Die Unternehmen verkennen bei ihrer ablehnenden Haltung, dass viele Probleme und Unsicherheiten rund um das Arbeitszeugnis primär durch das nahezu gänzliche Fehlen gesetzlicher Normierungen und Standardisierungen entstanden sind. Bislang ist lediglich der grundsätzliche Zeugnisanspruch rechtlich festgeschrieben, an einer Konkretisierung des Inhaltes und der Ausgestaltung von Zeugnissen mangelt es bislang jedoch. Diese unregulierten Bereiche mussten über Jahrzehnte durch Rechtsprechung gefüllt werden, die die Unternehmen in ihrer Vielzahl und Komplexität häufig nicht mehr überblicken und eher als Bedrohung, denn als Hilfe empfinden. Ausführliche Vorgaben auf gesetzlicher Basis könnten hier wieder Klarheit und Rechtssicherheit herstellen. Eine stärkere gesetzliche Standardisierung von Arbeitszeugnissen wäre zudem ein wichtiger Beitrag für eine höhere Objektivität und Vergleichbarkeit von Zeugnissen. Diese Überlegungen werden im Rahmen eines eigenen Zeugnisvorschlags in Abschn. 5.4 weiter vertieft.

Die starke Ablehnung weiterer Konkretisierungen im Gesetz erscheint fast ein wenig reflexhaft. Bei Unternehmen haben möglicherweise alle staatlichen Eingriffe per se ein negatives Stigma, lassen Befürchtungen von Freiheitseinschränkungen aufkommen und rufen daher zunächst einmal Widerstand hervor. Die entlastende Wirkung von höherer Rechtssicherheit tritt dabei in der Wahrnehmung eher in den Hintergrund. Diese Vorteile müssen deutlich kommuniziert werden.

Bei den Befürwortern ausführlicherer gesetzlicher Regelungen zeigt sich in den Stellungnahmen der bereits an anderen Stellen deutlich gewordene „Leidensdruck" mit nicht einheitlichen Bewertungsskalen und dem kaum umzusetzenden Spagat zwischen Wahrheit und Wohlwollen.

| 17. | Welche Vorschläge haben Sie zur Veränderung der derzeitigen Zeugnispraxis? |

Ergebnisdarstellung Lediglich ein Viertel der Unternehmen ($= 25{,}8\,\%$) äußerte sich überhaupt zu dieser offenen Frage. Zum Teil entsprechen die Ausführungen den bereits dargestellten Stellungnahmen zu einer Konkretisierung der Zeugnispflicht im Gesetz (siehe Frage 16). Die formulierten Vorschläge sind nachfolgend mit Angabe der Nennungshäufigkeiten zusammengefasst:

- Der häufigste Wunsch betraf die Einführung von festen Standardkriterien in Kombination mit einer einheitlichen Zeugnissprache, die als zwingend notwendig angesehen wird. Die Willkür der bisherigen Zeugniserstellung soll damit ein Ende finden (8).
- Qualifizierte Zeugnisse sollten abgeschafft werden. Stattdessen wollen die Befragten nur noch einfache Zeugnisse anfertigen, da sie weitaus objektiver sind und zudem die wichtigsten Informationen kurz und knapp zusammenfassen (5).
- Verbal formulierte Texte sollen im Arbeitszeugnis komplett abgeschafft werden. An ihre Stelle soll eine Bewertung anhand eines Noten- oder Punktsystems treten. Ähnlich der schulischen Zeugnisse ist damit klar erkennbar, welche Leistung erbracht wurde. Die Beurteilung wird nicht durch schwammige oder unverständliche Ausdrücke verfälscht (3).
- Es wird die Aufhebung der Erstellungspflicht für Arbeitszeugnisse für sinnvoll gehalten. Der Anspruch sollte in ein Wahlrecht des Arbeitgebers umformuliert werden, der ein Zeugnis nur dann ausstellt, wenn der Mitarbeiter tatsächlich hervorzuhebende

Leistungen erbracht hat. Die Freiwilligkeit der Anfertigung würde besonders gute Arbeitnehmer wertschätzen und zudem den Wahrheitsgehalt und damit die Aussage-kraft erhöhen. Schließlich ist es relativ unwahrscheinlich, dass bei schlechten Mitarbeitern freiwillig der Zeitaufwand für das Verfassen eines Gefälligkeitszeugnisses in Kauf genommen wird (2).

- Zwei Befragte sehen überhaupt keine Perspektive mehr für das deutsche Arbeitszeugnis. Es sollte gänzlich abgeschafft werden (2).
- Zeugnisse könnten durch das Referenzschreiben ersetzt werden, welches sich als Alternative mehr etablieren und durchsetzen müsste. Man verspricht sich davon eine ehrlichere Darstellung und weniger verklausulierte Bewertungen (1).
- Zeugnisverantwortliche müssen besser geschult werden (1).
- Wahre Äußerungen dürfen nicht mehr zu Prozessen führen (1).

Kommentierung Die „Ausbeute" zu dieser Frage ist ein wenig enttäuschend. Sie zeigt aber auch eine gewisse Ratlosigkeit, wenn nicht sogar ein gewisses Maß an Schizophrenie. Einerseits wurde in etlichen Fragen und kritischen Äußerungen deutlich, dass eine relativ hohe Unzufriedenheit mit der derzeitigen Zeugnispraxis herrscht, die eigentlich in dieser Form keinen weiteren Bestand haben kann, sondern dringend eine Veränderung nötig macht. Andererseits existieren nur bei relativ wenigen Befragten Ideen für Veränderungen. Und weitere Konkretisierungen durch den Gesetzgeber werden mehrheitlich abgelehnt. Das klingt schon alles etwas nach „Wasch mir den Pelz, aber mach mich nicht nass". Das ungeliebte Alte hat gewisse Beharrungskräfte und vor dem Neuen schreckt man wegen der damit verbundenen Unsicherheiten und Umstellungsnotwendigkeiten zurück – typische Phänomene bei Veränderungen. Man hält weiter an einem Dokument fest, dessen Wert kaum noch ersichtlich ist.

Die aktiv geäußerten Vorschläge gehen allerdings nach unserem Dafürhalten in die richtige Richtung. Sie enthalten etliche Aspekte, die auch den alternativen Zeugnisentwurf der Autoren prägen, der in Abschn. 5.4 näher vorgestellt wird. Seine wesentlichen Grundelemente wurden mit der abschließenden Frage in der empirischen Untersuchung bei den Teilnehmern zur Diskussion gestellt, um das Akzeptanzniveau für diesen Ansatz festzustellen und mögliche inhaltliche Einwände zu sammeln. Die Reaktionen der Befragten werden im Anschluss an die nähere Darstellung und Begründung des alternativen Zeugniskonzepts in Abschn. 5.4 präsentiert.

Literatur

Haufe-Lexware GmbH & Co. KG. (Hrsg.). (2013). *Haufe Zeugnis Manager Professional.* Freiburg: Haufe.

Weuster, A. (1994). *Personalauswahl und Personalbeurteilung mit Arbeitszeugnissen.* Göttingen: Verlag für Angewandte Psychologie.

Handlungsimplikationen

5

5.1 Zusammenfassende Ergebnisdarstellung

In den nachfolgenden Tab. 5.1 und 5.2 sind die wichtigsten deskriptiven Ergebnisse der empirischen Untersuchung nochmals kompakt zusammengestellt.

5.2 Optimierungen innerhalb der derzeitigen Zeugnispraxis

Aufgrund der dargestellten empirischen Befunde plädieren die Autoren grundsätzlich für die Einführung eines neuen Zeugniskonzepts. Im übertragenen Sinne wäre das ein Neustart über das Drücken der Reset-Taste. Die derzeitige Zeugnispraxis ist über viele Jahre gewachsen und daher bei allen Akteuren entsprechend verfestigt und verkrustet. Es bestehen ernsthafte Zweifel, ob inkrementale Veränderungen zum Erfolg führen können und auf die Veränderungsbereitschaft und -fähigkeit der Akteure treffen. Zu verbreitet sind mittlerweile die eingeschliffenen Handlungsroutinen, zu umfänglich die teilweise widersprüchliche Ratgeberliteratur im Buchregal und im Internet, zu verbreitet die fertigen Textbausteine und zu bequem die Komfortzone, in der man sich vielfach arbeitssparend eingerichtet hat. Die Anreizlogik wirkt also eher in Richtung Bewahrung des Status quo – auch wenn vielen Akteuren natürlich klar ist, dass die Anfertigung von Arbeitszeugnise1n nur noch Folklore aus Gewohnheit ist. Vor diesem Hintergrund scheint es eigentlich erfolgsversprechender zu sein, die alten Routinen radikal über Bord zu werfen und einen Neuanfang zu wagen. Bei einem extrem renovierungsbedürftigen Haus nimmt man auch den Komplettabriss oder zumindest die vollständige Entkernung in den Blick.

© Springer Fachmedien Wiesbaden 2016
S. Grau und K. Watzka, *Arbeitszeugnisse in Deutschland*,
DOI 10.1007/978-3-658-13920-9_5

Vertritt man eine weniger veränderungspessimistische Position und hält Optimierungen innerhalb der derzeitigen Zeugnispraxis für erfolgsträchtig, dann ergeben sich aus den dargestellten empirischen Befunden die nachfolgenden Handlungsimplikationen (ab Seite 125) im Sinne von Ansatzpunkten für eine Verbesserung der Zeugnispraxis. Die Ausführungen sind nach Zeugniserstellung und Zeugnisanalyse getrennt und führen die Handlungsnotwendigkeiten komprimiert zusammen.

Tab. 5.1 Ergebniszusammenfassung zur Zeugniserstellung

Zeugniserstellung
• In großen Unternehmen dominieren eindeutig qualifizierte Arbeitszeugnisse; in kleinen Unternehmen ist dagegen der Anteil einfacher Arbeitszeugnisse höher.
• 62,9 % aller Unternehmen erstellen bei Ausscheiden eines Mitarbeiters auch ohne explizite Anforderung ein qualifiziertes Zeugnis.
• Der durchschnittliche Zeitaufwand für ein einfaches Arbeitszeugnis beträgt 0,5 h.
• Der durchschnittliche Zeitaufwand für ein qualifiziertes Arbeitszeugnis beträgt 1,2 h. Kleine Unternehmen benötigen länger und weisen stärkere Schwankungen auf. Es bestehen Zweifel, ob die Unternehmen alle Vorbereitungsarbeiten einkalkuliert haben.
• Drei Viertel der Unternehmen halten den Aufwand für Arbeitszeugnisse für „angemessen", ein Viertel für zu hoch.
• Arbeitszeugnisse werden im Durchschnitt 16,4 Tage nach Ausscheiden des Mitarbeiters übergeben. Kleine Unternehmen benötigen am längsten.
• Personalabteilungen sind bei 90 % der Unternehmen die wichtigsten beteiligten Akteure bei der Zeugniserstellung; bei 60 % agieren sie sogar allein. Vorgesetzte sind in 31 % der Fälle beteiligt, aber nie Alleinakteur. In kleinen und mittleren Unternehmen spielt die Geschäftsleitung eine wichtige Rolle. Komplettes Outsourcing gab es nur in einem Fall.
• Nur noch 7,3 % der Zeugnisse werden individuell angefertigt.
• Dominierendes Hilfsmittel sind bei 41,7 % Zeugnisgeneratoren vor selbst erstellten Textbausteinen (27,1 %) und Textbausteinen aus der Literatur oder dem Internet (24 %). Arbeitszeugnisse werden so immer stärker zu einem standardisierten Dokument.
• Als wichtigste unterstützende Unterlagen verwenden Unternehmen Formblätter für Zuarbeiten von Führungskräften (86,5 %), Anforderungsprofile (83,3 %), Personalakte (79,2 %), Stellenbeschreibungen (71,9 %) und frei formulierte Zuarbeiten von Führungskräften (54,2 %). Fast alle setzen mehr als eine unterstützende Unterlage ein.
• 49,5 % aller Zeugnisersteller haben keinerlei Schulung für diese Tätigkeit erhalten. Bei kleinen Unternehmen sind es sogar über 80 %.
• Nur etwa die Hälfte der durchgeführten Schulungen stellen ausführlichere Präsenzseminare dar. Die andere Hälfte hat eher informalen Charakter (z. B. Einarbeitung „on the job", Kenntnisse aus Ausbildung oder Studium).
• Nahezu alle Teilnehmer (95,8 %) einer Schulung haben die Maßnahmen als „hilfreich" eingestuft.
• Befragte ohne Schulungsmaßnahmen sehen nur zu 36,2 % Schulungsbedarf und wünschen sich dann mit einem Anteil von 46,7 % hauptsächlich Seminare/Weiterbildungen zum Thema.
• 85,3 % der Befragten haben sich schon selbstständig mit Literatur zur Zeugniserstellung beschäftigt.

(Fortsetzung)

Tab. 5.1   (Fortsetzung)

Zeugniserstellung

- 80 % fühlen sich bei der Erstellung von Zeugnissen „sicher". Bei kleinen Unternehmen liegt der Wert nur bei 30 %.
- Befragte mit Schulungsmaßnahmen fühlten sich um 14,3 % sicherer bei der Zeugniserstellung als ungeschulte Personen.
- Die gravierendsten Probleme bei der Zeugniserstellung: Rekonstruktion des Lebenslaufs (28,3 %), Konflikt zwischen Wahrheit und Wohlwollen (18,3 %), Individualität des Zeugnisses (18,3 %).
- Nur ein Drittel der Unternehmen führt im Vorfeld der Zeugniserstellung ein Vorgespräch von etwa einer Viertelstunde mit dem Vorgesetzten. Vorgespräche mit dem Mitarbeiter selbst kommen nahezu nicht vor. Die wenigsten und kürzesten Gespräche finden in Großunternehmen statt.
- 38,5 % der Unternehmen lassen sich „manchmal" einen Zeugnisentwurf vom Mitarbeiter selbst anfertigen; 2,1 % sogar „immer".
- Nahezu alle Zeugnisse werden nach Erstellung Korrektur gelesen. Wichtigste Korrekturleser sind mit 70 % die Vorgesetzten des Mitarbeiters. Mitarbeiter selbst werden mit 16 % kaum als Korrekturleser eingesetzt.
- Die Spannweite der im qualifizierten Zeugnis zugrunde gelegten Bewertungskriterien liegt zwischen 2 und 17. Der Mittelwert im Gesamtsample beträgt 6,9 Beurteilungskriterien. Zeugnisse fallen damit sehr uneinheitlich aus.
- Beanstandungen des Mitarbeiters nach Zeugnisübergabe kommen bei 68 % der Unternehmen gar nicht oder in maximal 3 % der Fälle vor. 28 % der Unternehmen haben Beanstandungsquoten zwischen 3 % und 10 %. In großen Unternehmen kommen Beanstandungen häufiger vor.
- Zeugnisbesprechungen mit dem Mitarbeiter vor der Zeugnisübergabe erhöhen die Beanstandungsquote in kleinem Umfang.
- Beanstandungen des Mitarbeiters führen in 95 % der Unternehmen „immer" (39,8 %) oder zumindest „manchmal" (55,4 %) zu Zeugniskorrekturen.
- 86,7 % der Unternehmen hatten in den letzten fünf Jahren keine Arbeitsgerichtsprozesse wegen Zeugnissen. Der arithmetische Mittelwert für die Anzahl der Prozesse in fünf Jahren liegt bei 0,29 Prozessen.
- Nur die Hälfte der Unternehmen schätzt die Aussagekraft der von ihnen selbst erstellten Zeugnisse als „hoch" oder „sehr hoch" ein.
  Kleine Unternehmen sind skeptischer als große Unternehmen.
- Geschulte Zeugnisersteller attestieren dem eigenen Zeugnis eine um etwa 17 % höhere Aussagekraft.
- Zeugniserstellung ist vielfach eine unbeliebte Tätigkeit. 45 % der Befragten fertigen „eher ungern" (39,8 %) oder sogar „sehr ungern" (5,4 %) Zeugnisse an. Bei großen Unternehmen ist die Tätigkeit am beliebtesten.
- Die Aufforderung an die Befragten zur Formulierung einer Zeugnispassage auf Basis einer Verhaltens- und Leistungsbeschreibung eines fiktiven Mitarbeiters (= Fallstudie) zeigte eine extreme Formulierungsvielfalt und wies nach, dass es eine einheitliche Zeugnissprache nicht gibt und auch eine einheitliche Notenskala für die Gesamtbewertung nicht existiert.
- Die häufigste Reaktion auf die Fallstudie zeigte, dass viele Unternehmen schwache Leistungen und negatives Verhalten im Arbeitszeugnis grundsätzlich nicht thematisieren. Damit wird die Umsetzung der Wahrheitspflicht problematisch.

Tab. 5.2 Ergebniszusammenfassung zur Zeugnisanalyse

Zeugnisanalyse

- Wichtigster beteiligter Akteur bei der Zeugnisanalyse ist mit 88,6 % der Personalbereich. Allerdings agiert er viel weniger allein als bei der Zeugniserstellung, sondern in 59,1 % der Fälle mit der Fachabteilung als Kooperationspartner, die ihrerseits nie allein agiert. In kleinen Unternehmen dominieren die Geschäftsleitungen mit 45,5 % als Alleinakteure.

- In großen Unternehmen sind durchschnittlich mehr als fünf Mitarbeiter im Personalbereich mit Analyse und Erstellung von Zeugnissen befasst. Die Prozesse sind also wenig spezialisiert.

- Die Hälfte der Unternehmen (50,5 %) nutzt bei der Personalauswahl die Arbeitszeugnisse nur „weniger intensiv" (41,4 %) oder sogar „kaum" oder „gar nicht".

- Die komplette Bewerbungsunterlage wird von 47 % der Unternehmen innerhalb von maximal zehn Minuten analysiert; 22 % geben sich mehr als 26 min Zeit. Die Standardabweichung liegt bei 4,4 min.

- Die Analyse von Arbeitszeugnissen erfolgt bei 48,8 % der Unternehmen (= Modalwert) in einer Zeit zwischen 0–3 min.
  Große Unternehmen sind sowohl bei der Analyse der Bewerbungsunterlage, als auch von Zeugnissen am schnellsten.

- Arbeitszeugnisse sind in einer Bewerbungsmappe mit sehr deutlichem Abstand auf Lebenslauf und Anschreiben nur das drittwichtigste Dokument für die Personalauswahl.

- 54 % der Unternehmen lesen ein Arbeitszeugnis nicht komplett durch (Selektivleser).

- Die wichtigsten Bestandteile eines Zeugnisses sind für Selektivleser die Tätigkeitsbeschreibung (85 %), die Schlussformel (61 %) und die zusammenfassende Leistungsbewertung (54 %). Auch für Komplettleser ist die Tätigkeitsbeschreibung mit Abstand das wichtigste Element.

- 54,5 % der Unternehmen (Modalwert) lehnen „manchmal" Bewerber wegen schlechter Zeugnisse ab; 30,6 % tun das „selten" oder „nie".

- Den mit Abstand wichtigsten Vorteil von Arbeitszeugnissen sehen Unternehmen in der ausführlichen Tätigkeitsbeschreibung.

- Die Nachteile des Arbeitszeugnisses werden in der eingeschränkten Wahrheit und Aussagenpräzision aufgrund der Zeugnissprache gesehen.

- Nur 27 % der Befragten schätzen die Aussagekraft von Zeugnissen für die Personalauswahl als „hoch" ein, niemand als „sehr hoch". Der Modalwert liegt mit 56,2 % bei „mittelmäßiger" Aussagekraft.

- 40 % sehen den Nutzen von Zeugnissen in Relation zum Aufwand nur „teilweise" oder „nicht" gerechtfertigt; 60 % votieren mit „eher ja", im seltenen Einzelfall auch „eindeutig ja".

- 40 % verrichten die Tätigkeit der Zeugnisanalyse „eher ungern", 60 % mindestens „überwiegend gern".

- 53,9 % aller Zeugnisanalytiker haben keinerlei Schulung für diese Tätigkeit erhalten. Bei kleinen Unternehmen sind es sogar über 90 %.

- Nur knapp die Hälfte der durchgeführten Schulungen (44,7 %) finden als ausführlichere Präsenzseminare statt. Zweitwichtigste Qualifikationsquelle sind „Kenntnisse aus Ausbildung oder Studium" (28, 9 %).

- Nahezu alle Teilnehmer (95,1 %) einer Schulung haben die Maßnahmen als „hilfreich" eingestuft.

- Befragte ohne Schulungsmaßnahmen sehen nur zu 33,3 % Schulungsbedarf und wünschen sich dann mit einem Anteil von 61,5 % hauptsächlich Seminare/Weiterbildungen zum Thema.

(Fortsetzung)

Tab. 5.2 (Fortsetzung)

Zeugnisanalyse

• 68,2 % der Befragten fühlen sich bei der Zeugnisinterpretation mindestens „sicher; 28,5 % mittelmäßig sicher. Die größte Unsicherheit ist bei kleinen Unternehmen zu finden.

• Befragte mit Schulungsmaßnahmen fühlten sich um 28 % sicherer bei der Zeugnisanalyse als ungeschulte Personen.

• Nur 46 % der Befragten bestätigen mit mindestens „eher ja“, dass es eine „einheitliche und eindeutige“ Zeugnissprache gibt.

• In einer Testsituation sollten die Befragten fünf vorgegebenen typischen Zeugnisaussagen auf einer Viererskala die richtige Bewertung zuordnen. Es zeigte sich u. a., dass.
  - nur bei drei von fünf Zeugnisaussagen mehr als 50 % der Befragten richtig antworteten,
  - nur ein einziger Befragter (von 88) alle Aussagen korrekt bewertete,
  - die Streuung der Antworten mit einer Standardabweichung von 0,94 (bei einer Viererskala) sehr hoch ist.
  Der Test zeigt, dass es eine einheitliche und eindeutige Zeugnissprache nicht gibt. Dies gilt auch für die zusammenfassende Leistungsbewertung.

• Referenzschreiben werden von 64,7 % nicht als aussagekräftiger als Arbeitszeugnisse angesehen. Als wichtigste Vorteile werden die größere Individualität, die Freiwilligkeit der Erstellung und die gute Personenkenntnis des Referenzgebers genannt. Als wichtigste Nachteile werden die starke Subjektivität und die generell positive Bewertung gesehen.

• Striktere gesetzliche Vorgaben für das Arbeitszeugnis werden mit einer großen Mehrheit von 85,2 % abgelehnt. Es zeigte sich bei der Auswertung, dass die Befragten gedanklich unzureichend zwischen Gesetz und Rechtsprechung trennen.

• Ein Viertel der Befragten machte Vorschläge zur Veränderung der Zeugnispraxis. Die häufigsten Vorschläge zielten auf.
  - Einführung von Standardkriterien zur Beurteilung,
  - Schaffung einer einheitlichen Zeugnissprache,
  - gänzliche Abschaffung von qualifizierten Zeugnissen und Beschränkung auf einfache Zeugnisse,
  - Verzicht auf verbale Ausführungen und Einführung eines reinen Noten- oder Punktesystems.

Zeugniserstellung

• Das Arbeitszeugnis ist zwar gesetzlich verankert, aber Hinweise für die nähere Ausgestaltung und auf einzuhaltende Formalkriterien fehlen. Sie ergeben sich allein über die Rechtsprechung. In ihrer mittlerweile entstandenen Vielfältigkeit und Komplexität ist sie für Unternehmen nur noch schwer zu überblicken. Eine detailliertere gesetzliche Regelung, die die gefestigten (Formal-)Vorgaben der Rechtsprechung beinhaltet, würde für die Unternehmen mehr Klarheit und Handlungssicherheit schaffen und sich auch positiv auf eine größere Einheitlichkeit in der Ratgeberliteratur und bei Zeugnisgeneratoren auswirken. Hier ist der Gesetzgeber gefordert.

• Personalabteilungen sind die zentralen Akteure bei der Zeugniserstellung. Speziell in größeren Unternehmen ist die Aktivität auf eine höhere Anzahl an Mitarbeitern verteilt. Zeugniserstellungen sollten aber tendenziell bei einer (oder wenigen) Personen gebündelt werden. Aus einer Generalistenmaterie muss eine Spezialistenmaterie werden. Das sichert eine stärkere Einheitlichkeit der Dokumente, eine größere Fachexpertise, eine höhere Erstellungseffizienz und wirkt sich auch positiv auf die Entwicklung und Etablierung von einheitlich strukturierten Einbindungsroutinen der Vorgesetzten in die Zeugniserstellung aus. Selbstverständlich müssen auch die für einen ausscheidenden Mitarbeiter zuständigen Personalbetreuer eingebunden werden, sofern sie valide Aussagen zu Leistung und Verhalten des Mitarbeiters beisteuern können. Die Ansiedlung des Zeugniserstellungsprozesses bei einer oder wenigen Personen sollte die gefühlte Verantwortlichkeit und damit die Qualität steigern („Themen brauchen Gesichter").

- Die direkten Vorgesetzten eines Mitarbeiters sind immer als Informationslieferanten in den Erstellungsprozess des Zeugnisses einzubinden. Sie haben den besten Überblick über die ausgeführten Aufgaben und die Leistung des Mitarbeiters. Dazu sind einheitliche Abfrageroutinen zu entwickeln, die im ganzen Unternehmen eingesetzt werden. Dies kann in der Struktur eines schriftlichen Formblattes (vorzugsweise natürlich in digitaler Version) oder eines Interviewleitfadens jeweils mit vordefinierten Abfrage- und Einschätzungskriterien geschehen. Weuster und Scheer (2015, S. 201 ff.) legen mit ihrem systematischen Beurteilungsbogen dazu einen guten Vorschlag vor. Wünschenswert wäre aus Gründen der Informationsvollständigkeit und -exaktheit natürlich ein zweistufiger Prozess, bei dem einer strukturierten schriftlichen Abfrage noch ein kurzes Interview (mündlich oder telefonisch) folgt, in dem Informationslücken geschlossen und Missverständnispotenziale ausgeräumt werden können. Ebenfalls wünschenswert wäre eine möglichst einheitliche Systematik der Abfrageroutinen über Unternehmensgrenzen hinweg. Das würde die Unternehmen von individuellen Einzelentwicklungen für die Abfrageprozesse entlasten und für eine größere Einheitlichkeit von Zeugnissen sorgen. Gefordert sind hier die Verbände, die Tarifpartner, aber auch die Ratgeberliteratur und die Softwareentwickler. Ein etablierter Standardprozess sollte ein Fernziel sein. Trotz hoher Standardisierung des Erstellungsprozesses kann die intensive Einbindung der Vorgesetzten ein wichtiger Beitrag für eine inhaltliche Individualisierung des Arbeitszeugnisses sein.

- Ebenfalls über einen strukturierten, schriftlichen und/oder mündlichen Abfrageprozess zu den während der Beschäftigungszeit im Unternehmen ausgeübten Tätigkeiten muss der ausscheidende Mitarbeiter eingebunden werden. Vor dem Hintergrund, dass offensichtlich derzeit die Personalakten bei längeren Beschäftigungsdauern vielfach eklatante Informationslücken aufweisen, ist der Informationsinput dieser „Experten in eigener Sache" keinesfalls verzichtbar. Die vorherige Einbindung erspart spätere Korrekturnotwendigkeiten. Auch hier sind in der Strukturentwicklung die genannten Akteure gefordert.

- Die Einbindung des Mitarbeiters darf sich keinesfalls auf die Beurteilung von Leistung und Verhalten erstrecken. Damit würde das Arbeitszeugnis seinen Charakter als „Fremdbild eines Dritten" verlieren, zum Verhandlungsgegenstand werden und den geringen Nutzen für die Personalauswahl zementieren. Auch von Nachbesprechungen zum fertigen Zeugnis ist vor dem Hintergrund der erhobenen empirischen Daten abzuraten. Sie mindern nicht die Konfliktwahrscheinlichkeit, sondern steigern sie (siehe auch die Ergebniskommentierungen in den Abschn. 3.5 und 3.7).

- Die Anfertigung ausformulierter Zeugnisentwürfe für den Bewertungsteil durch den Mitarbeiter selbst sollten explizit verboten sein, zumindest aber in der öffentlichen Kommunikation durch Verbände, Tarifparteien und die Ratgeberbranche als „ethisch inakzeptabel" eingestuft werden.
- Die personalwirtschaftlichen Instrumente „Personalakte, Stellenbeschreibung, Leistungsbeurteilung und Zielvereinbarung" sollten perspektivisch so gestaltet sein, dass die relevanten Informationen einfach in das Arbeitszeugnis transferiert oder zumindest auf sehr direktem Weg als valide Informationsbasis genutzt werden können. Es geht also um eine stringente Vernetzung der Instrumente der Personalarbeit. Digital ausgestaltete personalwirtschaftliche Prozessketten bieten hierfür beste Voraussetzungen. Informationslücken bei der Rekonstruktion des betrieblichen Tätigkeitslebenslaufes eines Mitarbeiters darf es künftig nicht mehr geben. Dazu ist auch die bereits vorgeschlagene, automatisierte halbjährliche Datenerhebung bei den Vorgesetzten zu prägnanten Aufgabenveränderungen bei den unterstellten Mitarbeitern hilfreich.
- Alle mit der verantwortlichen Erstellung von Arbeitszeugnissen betrauten Personen sollten eine fundierte Schulung – am besten auf Präsenzbasis – zu den zentralen rechtlichen Grundlagen und Aufbauprinzipien von Zeugnissen erhalten. Hinsichtlich der Lehrbarkeit von Formulierungsprinzipien hatten die Autoren auf Basis der festgestellten nichtvorhandenen einheitlichen Zeugnissprache ja bereits ihre Skepsis vorgetragen. Sinnvoll könnten auch zusätzliche „Refresher-Kurse" sein, in denen Zweifelsfragen und neue Entwicklungen in der Rechtsprechung thematisiert werden. Überlegenswert wäre zudem auch der Einbezug der Führungskräfte in diese Fortbildungen. Zeugniserstellung könnte durchaus ein Standardmodul in der Führungskräfteschulung sein. Auf alle Fälle muss Schluss sein mit dem vielfach vorzufindenden „kompetenzfreien Durchwursteln" und der Philosophie des „Arbeitszeugnis kann jeder". Systematische Schulungen erhöhen die Qualität, aber auch die gefühlte persönliche Sicherheit bei der Zeugnisanfertigung.

Wenn der Aufwand für solche Fortbildungen gescheut wird, dann sollte als absolutes Minimalziel die Verfügbarkeit einer kleinen Handbibliothek für die Zeugnisersteller angesehen werden. Von ihr geht ein gewisser Aufforderungscharakter aus, bei Zweifelsfragen tatsächlich gezielt zu recherchieren, vielleicht sogar sich autodidaktisch weiterzubilden.

- Die Zeugnisersteller sollten besonders viel Sorgfalt auf eine präzise, ausführliche und übersichtliche Tätigkeitsbeschreibung legen. Das ist der Bestandteil, auf den Zeugnisleser am meisten Wert legen und der am häufigsten komplett gelesen wird.
- Das Dokument muss übersichtlich gestaltet sein, damit der Leser die einzelnen Bestandteile sofort erfassen kann. Es zeigte sich, dass die Bereitschaft zur sorgfältigen Komplettlektüre bei den Zeugnisanalytikern nicht vorhanden ist. Daher ist auch

zu überlegen, ob das Zeugnis nicht auf eine DIN-A4-Seite komprimierbar ist. So weit sind wir von diesem Ziel auch gar nicht entfernt. Etliche Studien zeigen, dass die allermeisten Zeugnisse einen Umfang von zwei Seiten nicht überschreiten (vgl. Weuster und Scheer 2015, S. 160 f.).

- Für die zusammenfassende Leistungsaussage muss eine Skala definiert sein, die tatsächlich von allen Zeugniserstellern geteilt wird. Differenzen in der Anzahl der Skalenpunkte sind jedenfalls inakzeptabel. Gefordert bei der Durchsetzung und Kommunikation sind hier vor allem Verbände und Tarifpartner, eventuell auch der Gesetzgeber.

- Ebenfalls starken Handlungsbedarf ermittelte die empirische Untersuchung bei der Verwendung von Beurteilungskriterien. Sowohl die Art als auch die Anzahl der Kriterien schwanken erheblich, was zu einer Unvergleichbarkeit der Dokumente führt. Niemand weiß mit Sicherheit, welche Aspekte konkret zu benennen sind oder bei welcher Arbeitnehmergruppe besondere berufsspezifische Elemente ergänzt werden müssen. Eine Standardisierung ist folglich dringend nötig. Gefordert sind hier wieder Verbände und Tarifpartner. Dabei könnte man sich die Vorgabe eines Sets an Beurteilungskriterien – mit entsprechenden Freiheitsgraden – über Tarifverträge gut vorstellen. Ein sinnvoller Startpunkt der Diskussion über eine stärkere Vereinheitlichung der Beurteilungskriterien könnte über die Erfahrungsaustauschkreise von Personalverantwortlichen führen.

- Der Zeugniserstellungsprozess sollte unternehmensintern so frühzeitig angestoßen werden, dass dem Mitarbeiter spätestens am Austrittstag das Zeugnis überreicht werden kann. Sinnvoll wäre auch die Überreichung eines „vorläufigen Zeugnisses" schon vor dem eigentlichen Austritt, damit sich der Mitarbeiter, der eine nahtlose Weiterbeschäftigung in einem anderen Unternehmen anstrebt, mit kompletten Unterlagen bewerben kann.

- Zur Effizienzüberprüfung des Erstellungsprozesses bietet sich im Rahmen eines Personalcontrollings die Durchführung einer Prozesskostenrechnung an, in der der komplette Zeitaufwand von allen Beteiligten festgestellt und mit ihren Personalkostensätzen bewertet wird. Eine solche Rechnung dokumentiert den durchaus relevanten Aufwand für die Zeugniserstellung und schärft die Sinne für die Frage nach dem korrespondierenden Nutzen von Arbeitszeugnissen. Eventuell hilft dieser Erkenntnisprozess bei der Verdrängung von nichtssagenden Zeugnissen, nach dem Motto „Wenn wir schon diesen Aufwand betreiben, dann soll er für den Leser auch einen Nutzen bringen".

Zeugnisanalyse

- Innerhalb der Personalabteilungen sollte die Zeugnisanalyse eher nur von einer oder wenigen Personen vorgenommen werden. Dadurch ergibt sich ein stabilerer Vergleichsmaßstab.

- Für die Zeugnisanalyse muss mehr Zeit eingeplant werden. Zeugnisse müssen auch komplett gelesen werden. Nur so kann ein valider Gesamteindruck generiert werden.

Es macht definitiv wenig Sinn, Dokumente anzufertigen und der Bewerbungsunterlage beizufügen, die von der Gegenseite nicht oder nur in kleinen Ausschnitten zur Kenntnis genommen werden.

- Genau wie für die Zeugniserstellung, muss auch für die Zeugnisanalyse eine flächendeckende Schulung für alle Akteure stattfinden. Es ist nicht in Ansätzen von einer objektiven Messoperation in der Personalauswahl zu sprechen, wenn jeder Zeugnisleser das Dokument mit seiner eigenen Auswertungstheorie analysiert. Benötigt wird also ein hinreichend geteilter Analyseansatz, bei dem man sich zumindest in Grundzügen darüber einig ist, nach welchen Kriterien ein Arbeitszeugnis zu analysieren ist. In die Schulungsmaßnahmen sind zwingend auch die Führungskräfte einzubeziehen, die in Personalauswahlaktivitäten involviert sind.

- Die Unternehmen müssen sich darüber klar werden, welches relative Gewicht das Arbeitszeugnis bei der Personalauswahlentscheidung haben soll. Führt ein unterdurchschnittliches Arbeitszeugnis zur Ablehnung eines Bewerbers? Oder bedarf es dafür mehrerer unterdurchschnittlicher Zeugnisse? Durch welche anderen Positiveindrücke sind unterdurchschnittliche Zeugnisse kompensierbar? Man kann diese Fragen in einem Unternehmen ganz unterschiedlich beantworten. Aber man sollte sie nicht einmal so und beim nächsten Personalauswahlprozess wieder anders handhaben. Das ist zufallsgesteuertes Handeln und hat mit Systematik in der Personalselektion nichts zu tun.

- Die Aussagen in Arbeitszeugnissen sollten im Rahmen von Bewerbungsgesprächen stärker thematisiert werden. In einem mittelfristigen Prozess kann das dem Dokument eine höhere Bedeutung verleihen, die dann nach dem Pull-Prinzip auch auf die Erstellungsqualität zurückwirken kann.

- Es muss Klarheit und ein einheitliches Verständnis geschaffen werden, wie eine systematische Zeugnisanalyse zu erfolgen hat. Nur dann kann Zeugnisanalyse auch in Fortbildungsveranstaltungen systematisch geschult werden. Ein einheitliches und geteiltes Vorgehen bei der Zeugnisanalyse wirkt mittelfristig auch zurück auf die Zeugniserstellung. Wenn eindeutig klar ist, worauf Leser von Zeugnissen achten, dann kann der Zeugnisersteller dem Dokument auch mehr Stringenz geben.

Durchaus denkbar wäre, die einzelnen Schritte für eine Zeugnisanalyse zur Erreichung eines höheren Verbreitungsgrads über eine DIN-Norm zu definieren. Als Vorbild kann zum Beispiel die frühere DIN-Norm zur Wertanalyse (DIN 69910; jetzt VDI-Richtlinie 2800 bis 2806) oder die DIN-Norm zur Personalauswahl (DIN 33430) dienen. Ein erster Diskussionsvorschlag für eine systematische Schrittfolge in der Zeugnisanalyse ist nachfolgend in Abb. 5.1 samt kurzer Erläuterungen dargestellt (vgl. Watzka 2014, S. 46 ff.).

Zum Abschluss dieses Kapitels sei nochmals explizit betont, dass die Autoren ernste Zweifel daran haben, dass in die entstandene „uneinheitliche Welt der Zeugnissprache" eine hinreichende Ordnung zu bringen ist. Insofern wurden die vorstehenden Vorschläge etwas gegen die eigenen inneren Überzeugungen formuliert. Im Mittelpunkt der nächsten Kapitel soll nun die Suche nach Alternativen zur derzeitigen Zeugnispraxis stehen.

1. Schritt: Analyse der Zeugnislänge
Die Länge eines Arbeitszeugnisses sollte in einem angemessenen Verhältnis zur Dauer der Beschäftigung, zur Komplexität und Vielfältigkeit der Aufgabe und zur eingenommenen Hierarchieposition stehen.

2. Schritt: Analyse des Ausscheidenszeitpunktes
Arbeitsverhältnisse enden wegen gesetzlicher und tariflicher Kündigungsfristen in aller Regel zum Ende eines Monats bzw. eines Quartals, allenfalls zur Monatsmitte. Üblicherweise ist das Datum der Zeugniserstellung identisch mit dem Ausscheidensdatum. Abweichungen von diesen Regeln geben Hinweise auf eine nicht problemfreie Beendigung des Arbeitsverhältnisses.

3. Schritt: Analyse der zusammenfassenden Leistungsaussagen
Sehr gute Leistungen werden in Arbeitszeugnissen durch die Verwendung von Superlativen zum Ausdruck gebracht. In inhaltlicher Hinsicht zeigt sich das in Formulierungen wie „in jeder Hinsicht hervorragend", „zur vollsten Zufriedenheit". In zeitlicher Hinsicht werden Zusätze wie „stets", „immer", „ausnahmslos" gewählt. Gute, zufriedenstellende oder aber gerade ausreichende Leistungen zeigen sich in mehr oder weniger deutlichen Abstrichen/Einschränkungen von diesen superlativischen Formulierungen, z.B. „seine Leistungen waren im weit überwiegenden Regelfall überdurchschnittlich". Für diesen Analyseschritt wird dringend die oben eingeforderte einheitliche Skalierung für die zusammenfassende Leistungseinschätzung benötigt.

4. Schritt: Suche nach fehlenden Aussagen
Wegen des Grundsatzes, dass Zeugnisse positiv („mit verständigem Wohlwollen") formuliert werden sollen, wählen Arbeitgeber zur Vermeidung negativer Aussagen häufig den Weg, überhaupt keine Aussagen zu einem bestimmten Leistungsbereich zu machen („beredtes Schweigen"). Insofern ist eine Analyse dahingehend notwendig, ob Aussagen, die eigentlich in das Zeugnis gehören, fehlen. Wichtig sind dabei fehlende Aussagen zu berufstypischen Merkmalen bzw. Kernqualifikationen bei Ausübung einer bestimmten Tätigkeit (z. B. „Sorgfalt" bei Inkassoaufgaben, „Kreativität" bei Tätigkeiten in der Werbebranche, „Motivationsfähigkeit" bei Führungsaufgaben).

5. Schritt: Analyse der Zusammenarbeitsfelder
Arbeitszeugnisse sollten Aussagen zum Verhalten eines Mitarbeiters zu allen relevanten Bezugsgruppen enthalten. Im Falle eines Mitarbeiters ohne Führungsverantwortung sind das seine gleichgestellten Kollegen und seine Vorgesetzten. Bei Mitarbeitern mit Führungsverantwortung wird zusätzlich das Verhalten gegenüber unterstellten Mitarbeitern relevant. Fallweise kommen auch externe Bezugsgruppen dazu, zu denen regelmäßige Kontakte nötig sind (z. B. Kunden bei einem Verkäufer, Zulieferer bei einem Einkäufer, TÜV-Mitarbeiter bei einem Qualitätssicherer in einem Maschinenbauunternehmen). Die Zeugnisaussagen sind hinsichtlich Vollständigkeit und Verhaltensbewertung zu analysieren.

Abb. 5.1   Schrittmodell für eine systematische Zeugnisanalyse

6. Schritt: Analyse der Schlussformel
Üblicherweise enthält die Schlussformel einen Ausscheidensgrund (z. B. „... verlässt unser Haus auf eigenen Wunsch, um in einem anderen Unternehmen eine verantwortungsvollere Aufgabe zu übernehmen") und – falls es dazu Anlass gibt – einen Dank für die geleistete Arbeit und gute Wünsche für die berufliche und private Zukunft. Bei Mitarbeitern, mit denen das Unternehmen sehr zufrieden war, findet sich zusätzlich eine Formulierung, die Bedauern über den Weggang zum Ausdruck bringt (z. B. „... wird bei uns eine Lücke hinterlassen") oder sogar andeutet, dass eine Rückkehr immer möglich ist (z. B. „... ihr steht unsere Tür jederzeit offen"). Auch wenn eine Schlussformel nicht zu den geschuldeten Zeugnisinhalten gehört, so hat sie sich doch eingebürgert und transportiert Informationen zur Wertschätzung der Leistung des Mitarbeiters im Unternehmen.

7. Schritt: Suche nach Codeformulierungen und Auffälligkeiten
Wurden im Zeugnisse typische Codierungsmittel eingesetzt, um Informationen „zwischen den Zeilen" zu transportieren? Beispiele wären:

- Überraschende Reihenfolgen: Die Aufzählung der Tätigkeitsgebiete erfolgt in der Reihenfolge „unwichtig vor wichtig". Eine relativ anspruchslose Tätigkeit wird zuerst genannt, das deutlich wichtigere und anspruchsvollere Tätigkeitselement rückt an die letzte Stelle. Dies kann ein Hinweis auf unzureichende Leistungen im Kerngebiet der ausgeübten Tätigkeit sein.

- Doppelte Verneinungen: Beispielsweise werden Erfolge als „nicht unbedeutend" bezeichnet. „Bedeutend waren sie aber auch nicht" ist die konkrete Information, die der Zeugnisleser erhalten soll.

- Überbetonung von Nichtigkeiten und Selbstverständlichkeiten: Bei einem Verkäufer kann das ein „gepflegtes äußeres Erscheinungsbild" oder eine „sehr hohe Sorgfalt bei der Ausarbeitung von Angeboten" sein, also Merkmale, die eigentlich keiner besonderen Erwähnung bedürfen und die daher Leistungsmängel im Kerngebiet andeuten.

- Örtliche oder zeitliche Einschränkungen von Leistungsaussagen: Eine typische Formulierung wäre: „Er setzte sich mit großem Engagement in unserem Dachverband „Bauleistungsvertrieb" ein und galt dort als Fachmann". Damit wird der deutliche Hinweis gegeben, dass das Engagement des Mitarbeiters außerhalb des Dachverbands zu wünschen übrig ließ. Und als Fachmann wurde er offensichtlich auch nur außerhalb des eigenen Unternehmens angesehen (vgl. für viele weitere Codierungsbeispiele Jung 2011, S. 795 ff.; Weuster/Scheer 2015, S. 45 ff.).

Abb. 5.1 (Fortsetzung)

5.3   Referenzschreiben als Zeugnisalternative

Gerade im englischsprachigen Raum sind frei formulierte sogenannte „Letter of Recommendation (LOR)" – oder auch „Reference Letter" genannt – ein weit verbreitetes Selektionsinstrument. In Deutschland kommen sie unter dem Namen „Referenz(schreiben)" oder „Empfehlungsschreiben" eher selten vor. Nachfolgend soll die Praxis des LOR näher vorgestellt werden und es wird kritisch geprüft, ob dieses Dokument eine sinnvolle Alternative zur heutigen Zeugnispraxis in Deutschland darstellen kann.

LOR dienen zur Beschreibung der Fähigkeiten, Charaktereigenschaften und Verhaltensweisen eines Arbeitnehmers. Im Gegensatz zum deutschen Arbeitszeugnis sind derartige Dokumente nicht gesetzlich verankert. Es existiert demnach kein Rechtsanspruch auf deren Ausstellung. Jeder Beschäftigte trägt somit eigenverantwortlich dafür Sorge, ob er eine Referenz erhält oder nicht.

Die Besonderheit des LOR ist darin zu sehen, dass sich der Beurteilte den Referenzgeber selbst auswählt. Folglich besteht zwischen den beiden Personen meist eine enge und mitunter sogar freundschaftliche Bindung, die gerade bei einer langjährigen Zusammenarbeit sehr stark sein kann (vgl. Nicklin und Roch 2009, S. 76 ff.).

Es gibt keinerlei Vorgaben zur Gestaltung des LOR, keine einheitliche Struktur und ebenfalls keine einheitliche Vorgehensweise bei der Erstellung. Aus diesem Grund sind die Schreiben bezüglich Form, Aufbau und Inhalt stark von der ausstellenden Person geprägt. Allerdings lassen sich zwei grundsätzliche Arten des Dokumentes unterscheiden. Entweder können sie für einen anonymen Adressaten verfasst werden („To whom it may concern") oder aber persönlich an den ausscheidenden Mitarbeiter gerichtet sein. Letzteres wertet den LOR nochmals auf und steht für eine besonders hohe Wertschätzung des Arbeitnehmers durch den Referenzgeber (vgl. Kolberg 2010, S. 25).

Für die Länge eines Referenzschreibens gibt es ebenfalls keine festen Vorgaben. Es sollte den Beurteilten umfassend darstellen, jedoch nicht überschwänglich oder ausufernd wirken. Zudem wird in der Regel der Fokus auf berufsbezogene Beurteilungskriterien gelegt, um den ohnehin starken subjektiven Einfluss nicht noch weiter auf eine persönliche Ebene zu verlagern (vgl. Tommasi et al. 1998, S. 14).

Im Idealfall orientieren sich die Verfasser an den folgenden sieben Grundforderungen, wonach das Dokument

- authentisch,
- ehrlich,
- eindeutig,
- ausgeglichen (Erwähnung von Stärken und Schwächen),
- vertrauenswürdig,
- angemessen bezüglich der Detailgenauigkeit und Länge,
- klar formuliert (ohne Verwendung berufsspezifischer Abkürzungen)
  sein sollte (vgl. Larkin und Marko 2001, S. 70 ff.).

Es gibt durchaus Bestrebungen, die geringe Standardisierung des LOR zu ändern und zu einer eher formalisierten einheitlichen Struktur zu kommen. Ein „Standardized Letter of Recommendation" soll als eine Art webbasiertes Tool für mehr Transparenz und Einheitlichkeit im Erstellungsprozess sorgen. Durch die darin enthaltenen systematischen Bewertungskriterien soll das Schreiben deutlich aussagekräftiger und leichter verständlich werden. Bisher war eine Art Erzählperspektive des Referenzgebers üblich, von der man sagte, dass sie genauso viel über den Verfasser preisgibt wie über den Beurteilten (vgl. Walters et al. 2006, S. 9).

Folgende Vorteile führen die Befürworter von Referenzschreiben an:

- Empfehlungsschreiben besitzen eine hohe Aussagekraft, da sie freiwillig ausgestellt werden. Gerade wenn ein Bewerber die Referenz eines hochrangigen Mitarbeiters eines Unternehmens vorweisen kann, zeugt dies von der Qualität seiner Arbeitsweise (vgl. Stickling 2010, S. 23).
- Für die Verwendung von Referenzen im Rahmen der Personalauswahl spricht vor allem, dass sie Informationen bieten, die
  - sich auf das bereits gezeigte Leistungsverhalten beziehen,
  - von einer dritten Person stammen,
  - sowohl das berufliche als auch persönliche Profil betreffen (vgl. McCarthy und Goffin 2001, S. 200).

Dadurch sind Rückschlüsse auf die Fähigkeiten, Motivation und die beruflichen Erfahrungen des Kandidaten möglich, die sonst kaum zum Vorschein kommen (vgl. Tommasi et al. 1998, S. 5).

Folgende Nachteile und Probleme sind zu sehen:

- Referenzschreiben sind wegen der fehlenden einheitlichen Struktur und der Unterschiedlichkeit des Erstellungsprozesses kaum vergleichbar. So investieren manche Schreiber viel Zeit in die Erstellung, verwenden Beispiele und unterstützen damit die Gesamtaussage der Referenz. Andere hingegen sehen die Anfertigung als eine lästige Aufgabe an und verfassen in kurzer Zeit einen mit allgemeingültigen Standardaussagen versehenen Text, der dem einzelnen Mitarbeiter keinesfalls gerecht wird (vgl. Larkin und Marko 2001, S. 70 ff.).
- Grundsätzlich sind zumindest in den USA und Großbritannien auch Schadensersatzklagen gegen den Referenzgeber möglich. Somit unterliegen die Aussteller immer einem gewissen Druck, den Beurteilten zufrieden zu stellen, um gerichtliche Auseinandersetzungen zu vermeiden. Nichtssagende Floskeln und unverständlich formulierte Textpassagen sind deshalb ebenfalls Realität.
- Es wird sich kaum jemand einen Referenzgeber suchen, der ihm nicht wohlgesonnen ist. Insofern entsteht tendenziell eine Art „Automatismus für positive Bewertungen". In einer Studie in den USA gaben ca. 90 % der Befragten an, dass weniger als die Hälfte der von ihnen geschriebenen oder gelesenen Dokumente kritische Äußerungen

enthielten. Die Studie kam weiter zu dem Ergebnis, dass die Personen, die regelmäßig Empfehlungen verfassten, häufiger positive Referenzen ausstellen. Bezüglich der Unterschiede zwischen den Geschlechtern kristallisierte sich heraus, dass Männer öfter konstruktive Kritik einfließen lassen als Frauen (vgl. Nicklin und Roch 03/2009, S. 76 ff.). Angesichts dieser Tendenz zu primär positiven Aussagen, ist es auch nicht überraschend, dass Studien gezeigt haben, dass Referenzschreiben nur eine ganz geringe Vorhersagekraft für zukünftiges Leistungsverhalten besitzen (vgl. Aamodt et al. 1993, S. 81 ff.; McCarthy und Goffin 2001, S. 200).

- Da im Prinzip jeder als Referenzgeber fungieren kann, ist die Qualität der Schreiben sehr unterschiedlich. Denn die Erfahrung der Referenzgeber mit diesem Instrument ist höchst unterschiedlich. Grundsätzlich ist das Erstellen von LOR eine Fähigkeit, die man lernen und üben muss. Die Wenigsten besitzen umfangreiche Erfahrungen in diesem Bereich oder kennen die Bedeutung der teilweise codierten Ausdrücke (vgl. Jaffe 2002, S. 1 ff.; Garmel 1997, S. 834).

- Die zum Teil verklausulierte Sprache dient eventuell zur Verschleierung der Wahrheit. Jaffe (2002, S. 1) formuliert dazu provokant: „Good means average. Great means good. Competent is a blistering criticism. Welcome to the world of letter of reference, where you never say what you mean, and sometimes what you don't say, says it all".

Empirische Studien zeigen aber, dass Referenzen trotz aller Probleme bei der Personalauswahl in den USA durchaus Beachtung finden:

- Immerhin 80 % der Unternehmen prüfen derartige Schreiben oder andere Formen von Referenzen, obwohl deren Zuverlässigkeit und Aussagekraft nicht eindeutig bewiesen werden konnten (vgl. Aamodt et al. 1993, S.81 ff).

- Eine andere Untersuchung in den USA, an der sich 532 Referenzgeber und 169 Bewerber beteiligten, fand ebenfalls heraus, dass Empfehlungsschreiben weit verbreitet sind und einen großen Einfluss auf die Einstellungsentscheidung haben. Als besonders positiv wurde dabei die Vielseitigkeit der Texte angesehen. Zudem wurde deutlich, dass viele Arbeitgeber solche Dokumente sehr ernst nehmen und negative Äußerungen durchaus ein Ablehnungsgrund sind (vgl. Colarelli et al. 2002, S. 4 ff.).

- Bei einer Befragung von 575 Professionals in den USA gaben 90,8 % der Teilnehmer an, im Auswahlprozess ein Entscheidungsgewicht von mehr als 50 % auf LOR's zu legen (vgl. Nicklin und Roch 2009, S. 76 ff.).

Fazit Es ist festzuhalten, dass Referenzschreiben keine Vorteile bieten, die nicht auch durch professionell gestaltete Arbeitszeugnisse erreichbar wären. Die enthaltenen Informationen ähneln sich sehr stark. Die exakte Kenntnis der zu beurteilenden Person, ihrer Qualifikationen, Motivation und Leistungscharakteristika kann durch eine intensive Einbindung des direkten Vorgesetzten in die Zeugniserstellung sichergestellt werden. Und eine Ausstellung rein auf freiwilliger Basis, um eine besondere Wertschätzung für die Person zu dokumentieren, wäre auch für Arbeitszeugnisse möglich. Insofern sind keine grundsätzlichen strukturellen Vorteile zu verzeichnen. Die Relevanz dieses Dokuments in der Personalauswahl in den USA ist vor dem Hintergrund zu sehen, dass es dort eben keine Arbeitszeugnisse gibt und jede Zusatzinformation zur vorherigen Tätigkeit entsprechende Beachtung findet.

Die dargestellten Probleme mit dem LOR erinnern doch sehr an die hinreichend ausgeführten Unzulänglichkeiten in der deutschen Zeugnispraxis: Überstarke Tendenz zu positiven Aussagen, Gefälligkeitsschreiben, Angst vor juristischen Konflikten, geringe Vergleichbarkeit der Dokumente, nicht eindeutig entschlüsselbare Sprache, zum Teil unqualifizierte Ersteller. Insofern bieten sich Referenzschreiben als Alternative für Arbeitszeugnisse nicht an. Das hieße „den Teufel mit dem Beelzebub auszutreiben".

Als freiwillige Zusatzdokumente mögen sie ihren Wert haben, um eine besondere Wertschätzung für einen deutlich überdurchschnittlichen Mitarbeiter zum Ausdruck zu bringen. Aber auch nur dann, wenn sich die Ausstellung wirklich auf diesen Personenkreis beschränken würde. Angesichts der typisch deutschen „Höflichkeitskultur" müssen da ernstliche Zweifel angemeldet werden. Wie viele potenzielle Referenzgeber werden sich tatsächlich verweigern, wenn sie von einem Mitarbeiter um die Ausstellung eines Empfehlungsschreibens gebeten werden?

5.4   Entwurf eines alternativen Zeugniskonzepts

In der empirischen Erhebung zeigte sich eindeutig, dass Arbeitszeugnisse bei der Personalauswahl aufgrund der mittlerweile entstandenen Zeugnispraxis nur höchst begrenzt genutzt werden und auch nur einen höchst begrenzten Nutzen stiften. Sie sind vielfach zu einem rein bürokratischen Akt verkommen, der eben statisch und leidenschaftslos „abgearbeitet" wird, trotzdem aber natürlich Ressourcen verbraucht und die wirklichen Bedürfnisse des Zeugnislesers über weite Strecken nicht erfüllt. Referenzschreiben stellen auch keine Problemlösung dar, da sie tendenziell mit ihren oft einseitig positiven und ebenfalls verklausulierten Formulierungen an ähnlichen Problemen wie die Arbeitszeugnisse kranken.

Gegenentwurf Teil 1

Grundsatzüberlegungen

Wie sollten nun Zeugnisse aussehen, die für die Personalauswahl hohen Nutzen stiften? Die Antwort liegt auf der Hand (vgl. Watzka 2013, S. 23 ff.): Es muss eine strikte Beschränkung auf Aussagen stattfinden, die in hohem Maße objektivierbar und potenziell im Zeugnis ausstellenden Unternehmen intern auch überprüfbar und nachvollziehbar sind.

Diese Anforderungen treffen auf präzise und ausführliche Beschreibungen der Aufgaben zu, die der ausscheidende Mitarbeiter während seiner Zeit im Unternehmen verrichtet hat. Fallweise kann die Beschreibung der erzielten Ergebnisse hinzutreten, wenn diese hinreichend objektiv fassbar sind.

Das wäre zum Beispiel bei einem Verkäufer der Fall, dem man im Zeugnis folgendes bescheinigt:

> Herr X hat durch seine Tätigkeit in der Neukundenakquisition das von uns bislang nicht abgedeckte Postleitzahlengebiet 6 erschlossen. Ein aktiver Stamm von 350 Kunden erbringt dem Unternehmen seit fünf Jahren einen zusätzlichen Umsatz von etwa 2 Millionen Euro p.a.

Einer IT-Spezialistin kann man bescheinigen:

> Frau Y hat in einem 6-monatigen, vollzeitlichen Arbeitsprozess selbstständig einen zeitgemäßen Web-Auftritt für alle fünf Produktbereiche unseres Unternehmens entwickelt und im Kontakt mit den Führungskräften der Bereiche mit Inhalten gefüllt.

Sollten in einem Unternehmen regelmäßige Zielvereinbarungen mit schriftlichen Zieldokumentationen und Zielerreichungsgesprächen stattfinden, dann hätte man für derartige Ergebnisaussagen eine perfekte und leicht nutzbare inhaltliche Basis.

Über ein Arbeitszeugnis verlässlich zu wissen,

- was konkret,
- auf welchem inhaltlichen Niveau,
- unter welchen Situationsbedingungen,
- wie lange,
- mit welchem relativen Zeitanteil und
- mit welchen messbaren oder präzise beschreibbaren Ergebnissen

ein Mitarbeiter während seiner Zeit im Unternehmen gemacht hat, stellt für den Zeugnisleser die wichtigste Information dar. Denn diese Fakten lassen valide Rückschlüsse auf die wirklich vorhandenen Qualifikationen und die aufgebauten Erfahrungen in einem Arbeitsfeld zu. Tatsächlich ausgeführte Aufgaben sind der beste Eignungsprädiktor für zukünftige Aufgaben. Und um nichts anderes als um eine fundierte Eignungs- und Leistungsprognose geht es bei der Personalauswahl.

Beschränkung auf einfache Arbeitszeugnisse
In die genaue Beschreibung der ausgeübten Tätigkeit müssen also die Zeit und Energie des Zeugnisausstellers fließen. Auf alle nebulösen, schöngefärbten und von ihrem Wahrheitsgehalt kaum überprüfbaren Aussagen zu „Leistung und Verhalten im Arbeitsverhältnis" ist zu verzichten. Um die Unternehmen aus der derzeitigen, kaum auflösbaren Dilemmasituation zwischen Wahrheit und Wohlwollen zu befreien, sollte der Gesetzgeber die Zeugnispflicht auf die dargestellte präzise Aufgabenbeschreibung beschränken.
    Der Gegenentwurf sieht also den kompletten Verzicht auf qualifizierte Arbeitszeugnisse zugunsten der Ausstellung eines etwas ausgeweiteten einfachen Arbeitszeugnisses vor, das auch Angaben zur Zeitdauer und zum relativen Zeitanteil der verrichteten Aufgabe an der Gesamttätigkeit enthält. Denn selbstverständlich macht es einen Unterschied für die Einschätzung von Qualifikationen und Erfahrungen, ob zum Beispiel ein

Mitarbeiter im Einkauf über einen Zeitraum von zwei Jahren und einem relativen Zeitanteil von 20 % Qualitätsprüfungen direkt vor Ort bei den Zulieferern durchgeführt hat oder diese Tätigkeit von ihm über fünf Jahre und mit 80 % Zeitanteil ausgeübt wurde. Nur auf solch ein informatorisch etwas angereichertes einfaches Arbeitszeugnis sollte der ausscheidende Arbeitnehmer einen gesetzlichen Anspruch haben.

Genauigkeitsmaßstab

Die Anforderungen an die Genauigkeit der Zeitangaben sollten keinesfalls zu hoch sein, denn sonst riskiert man eine Flut von Arbeitsgerichtsklagen, in der um die Richtigkeit der Zeitangaben gestritten wird. Eine pragmatische und sinnvolle Maßeinheit für die Länge des Tätigkeitszeitraums ist ein Halbjahr (6 Monate). Für die Angabe des relativen Tätigkeitsanteils scheint eine Unterteilung der Tätigkeit nach einer „Viertellogik" in 25-%-Segmente angemessen. Es wäre überlegenswert, eine solche Minimalvorgabe in die gesetzliche Regelung aufzunehmen. Zu genaueren Zeitangaben sollten Arbeitgeber gesetzlich nicht verpflichtet sein. Sind im Einzelfall exaktere Zeitangaben möglich, dann sind diese selbstverständlich zur Steigerung der Aussagekraft des Zeugnisses wünschenswert.

Formale Standardisierung

Es wäre weiter zu überlegen, ein einfaches Formblatt im Gesetzesanhang vorzugeben. Dies entlastet Unternehmen von eigenen Überlegungen und sorgt für eine gute Vergleichbarkeit und leichtere Erfassbarkeit von Zeugnissen. Tab. 5.3 zeigt ein Beispiel für das einfache Arbeitszeugnis einer Personalreferentin.

Empirische Begründung

Die Beschränkung auf derart strukturierte einfache Arbeitszeugnisse legen auch eindeutig die erhobenen empirischen Befunde im Fragebogen für die Zeugnisanalytiker nahe. Egal ob Arbeitszeugnisse komplett oder nicht komplett gelesen werden, die Tätigkeitsbeschreibung ist auf alle Fälle mit Abstand der wichtigste Bestandteil (siehe Frage 5, Tab. 4.9 und 4.10). Und auch bei Frage 7 wird unter den wichtigsten Vorteilen des Arbeitszeugnisses mit deutlichem Abstand die „ausführliche Tätigkeitsbeschreibung" auf Rangplatz 1 genannt (siehe Tab. 4.12). Bei den aktiv genannten Verbesserungsvorschlägen für die Zeugnispraxis (siehe Frage 17) verzeichnet die Forderung nach Abschaffung von qualifizierten Zeugnissen und Beschränkung auf einfache Zeugnisse die zweithäufigste Nennungszahl.

Der Wert des einfachen Arbeitszeugnisses für den ausscheidenden Mitarbeiter liegt in der Bestätigung seines selbst erstellten Tätigkeitslebenslaufes durch einen Dritten. Er verfügt damit über eine extern bestätigte Berufsbiografie, die dadurch an Glaubwürdigkeit gewinnt. Die Anfertigung durch den Arbeitgeber sollte daher auf alle Fälle beibehalten werden. Und auch für die Richtigkeit der gemachten Angaben sollte der Arbeitgeber – im Rahmen der oben näher ausgeführten Genauigkeitsgrenzen – rechtlich einstehen.

Tab. 5.3 Formblatt für einfache Arbeitszeugnisse im Gesetzesanhang

Tätigkeitsinhalt	Dauer (Monate)	Zeitanteil (%)
Selbstständige Erstellung der Teilnahmepläne für Hochschulmessen zur Rekrutierung ingenieurtechnischen Fachpersonals. Übernahme des Standdienstes. Verantwortetes Budget: 200.000 € p. a.	36	10
Selbstständiges Führen von Einstellungsinterviews mit technischen Hochschulabsolventen, Treffen von Einstellungsentscheidungen und verantwortliche Ausfertigung der Arbeitsverträge.	48	40
Konzeption und Organisation von Assessment-Centern zur Auswahl von Hochschulabsolventen (4x p. a.) im Zusammenwirken mit einem externen Berater. Regelmäßige Übernahme der Beobachterrolle.	48	20
Erstellung von Entwicklungsplänen für neu eingestellte Hochschulabsolventen auf der Basis von Mitarbeitergesprächen und in enger Kooperation mit der Abteilung „Personalentwicklung".	24	20
Werksweite arbeitsrechtliche Beratung von Führungskräften bei der Handhabung von Vergütungsfragen auf der Basis eines Metall-Tarifvertrags.	12	10

Hinweise:
- Tätigkeiten sind ab einer Dauer von 6 Monaten zwingend und mit einer Genauigkeit von mindestens 6 Monaten anzugeben
- Zeitanteile der Tätigkeit sind ab einem relativen Zeitanteil von 25 % zwingend und mit einer Genauigkeit von mindestens 25 % anzugeben

Vor diesem Hintergrund misslich und inakzeptabel zugleich ist der empirische Befund, dass die Unternehmen bei längeren Beschäftigungszeiten des Mitarbeiters die Rekonstruktion der ausgeübten Tätigkeiten zu 28,3 % als gravierendstes Problem bei der Zeugniserstellung bezeichnen (siehe Tab. 3.20). Diese Situation kann aus den bereits ausgeführten Gründen nicht so bleiben. Mitarbeiter haben einen Anspruch auf eine korrekte externe Bestätigung der von ihnen ausgeübten Tätigkeiten. Diese Information hat auf dem Arbeitsmarkt einen (ökonomischen) Wert. Nun kann man die „Schlampereien" bei der Personalaktenführung in der Vergangenheit nur noch begrenzt rückgängig machen. Hier sollte man also „die Toten ruhen lassen".

Softwaretechnische Unterstützung
Aber für die Zukunft sollte man Vorsorge treffen, dass solche Informationslücken nicht mehr auftreten. Wie könnte dies pragmatisch geschehen? Im Zeitalter der vernetzten IT-Strukturen liegt eine Lösung auf der Hand. Alle Führungskräfte sollten im Halbjahresrhythmus über eine Wiedervorlagefunktion eine Tabelle mit zentralen Aufgaben der unterstellten Mitarbeiter vorgelegt bekommen. In diese Tabelle könnten sie die Informationen einpflegen, wenn sich das Tätigkeitsbild eines Mitarbeiters gravierend und längerfristig geändert hat. Oftmals wird keine Aktivität nötig sein, da alles beim Alten

geblieben ist. Und wenn doch, dann sollte der Einpflegevorgang mit 1 bis 2 Sätzen nur wenige Minuten in Anspruch nehmen. Der Zeitaufwand refinanziert sich dann später durch eine deutlich einfachere Erstellung des Arbeitszeugnisses und in der Gegenwart durch eine stets aktuelle Personalakte, was den Tätigkeitslebenslauf anbelangt. Die Softwareindustrie wird hier sicherlich für ganz kleines Geld eine praktikable Lösung anbieten können.

Vernetzung personalwirtschaftlicher Instrumente
Eine solche Fokussierung von Zeugnissen spannt auch einen eindeutigen Bogen zum Instrument der Stellenbeschreibung. Denn dort werden ebenfalls Tätigkeiten und Zuständigkeiten samt ihrer relativen Zeitanteile fixiert. Sind Stellenbeschreibungen präzise und aktuell, dann existiert eine solide Basis – sinnvollerweise auf dem gleichen Formblatt – für eine effiziente Ausstellung von Zeugnissen. Es wachsen dann personalwirtschaftliche Instrumente zusammen, die auch zusammengehören.

Handlungsspielräume
Die vorgeschlagene Beschränkung des gesetzlichen Zeugnisanspruchs auf einfache Arbeitszeugnisse schließt die Ausstellung eines qualifizierten Arbeitszeugnisses keineswegs aus. Auf freiwilliger Basis können die Vertragsparteien die Ausstellung jedweder Bescheinigung vereinbaren. Es steht dem Arbeitgeber völlig frei, ob er sich einem besonders verdienten oder leistungsstarken Mitarbeiter zu besonderem Dank verpflichtet fühlt und ihm daher ein qualifiziertes Zeugnis oder ein Empfehlungsschreiben aushändigt. Wenn Unternehmen von dieser Möglichkeit maßvoll Gebrauch machen, dann haben diese Dokumente auch einen hohen eignungsdiagnostischen Wert. Wichtig ist dann aber, dass die Entscheidung über eine Ausstellung oder Nichtausstellung einzig und allein im Ermessen des Arbeitgebers liegt, also nicht justiziabel ist. Dies sollte genau so auch gesetzlich kodifiziert sein. Denn wenn erst einmal ein Trend entsteht, sich ein qualifiziertes Zeugnis zu „erklagen", dann entstehen ganz schnell wieder die Gefälligkeitszeugnisse, die man eigentlich abschaffen wollte.

Die Beschränkung auf einfache Arbeitszeugnisse in der hier skizzierten Ausgestaltung ist eindeutig die favorisierte Lösung der Autoren. Das qualifizierte Arbeitszeugnis als Pflichtprogramm für Unternehmen und Rechtsanspruch für Arbeitnehmer sollte man abschaffen.

Nun ist aber gut vorstellbar, dass der gänzliche Verzicht auf wertende Aussagen im Zeugnis nicht konsensfähig ist. Das zeigt sich auch bei einigen empirischen Studien, in denen sich gut 70 % der Befragten gegen eine Beschränkung auf das einfache Arbeitszeugnis aussprachen (vgl. Weuster und Scheer 2015, S. 170). Wie könnte man Bewertungen dann so gestalten, dass sie auch von wenig geübten Zeugniserstellern und -lesern zeitsparend anzufertigen und zu analysieren sind und vor allem eine verbesserte Objektivität aufweisen?

Gegenentwurf Teil 2

Grundsatzüberlegungen

Der Königsweg zu hoher Objektivität führt über die Standardisierung. Sie nimmt Zeugniserstellern große Teile der subjektiven Gestaltungsspielräume und verengt dadurch bei dem Zeugnisleser den subjektiven Interpretationsspielraum. Will man eine schnelle und durchgreifende Verbesserung des Wildwuchses bei Arbeitszeugnissen erzielen, dann muss ein Standard definiert werden, der für alle Unternehmen höchste Verbindlichkeit hat.

Gesetzlich normierte Standardkriterien

Nur wenn alle mitmachen oder sogar mitmachen müssen, kann sich schnell eine breit geteilte und damit verlässliche Handhabungspraxis herausbilden. Insofern kommt als Standardsetzer nur der Gesetzgeber in Frage. Bewertungsdimensionen und -skalierungen für das Arbeitszeugnis müssen als Vorgabe gesetzlich verankert werden! Dies könnte über ein verbindlich definiertes Formblatt geschehen, das in den Gesetzesanhang aufgenommen wird und von den Unternehmen bei der Zeugniserstellung zwingend zu nutzen ist.

Die Forderung nach einer stärkeren Standardisierung des Arbeitszeugnisses ist nicht neu. So machen sich schon früh Sabel (1994, S. 130) und Friedrich (2006, S. 89 ff.) für ein Zeugnis in Tabellenform stark, in dem eine begrenzte Zahl an Beurteilungskriterien vorgegeben ist, die dann in wenigen knappen verbalen Stichpunkten einzuschätzen sind. Dies schafft mehr Struktur und Übersichtlichkeit. Wesentliche Informationen können vom Leser schnell gefunden werden und subjektive Verfälschungsmechanismen durch die Art der Formulierung werden zurückgedrängt. Die Erstellung ist auch sehr zeiteffizient möglich. Insofern greifen die Autoren hier eine schon häufiger geäußerte Idee auf, gehen aber mit ihrem Vorschlag einer gesetzlichen Verankerung von Zeugniskriterien noch einen Schritt weiter.

Empirische Begründung

Es sei hier noch einmal an die erhobenen empirischen Ergebnisse erinnert. Der am häufigsten genannte Verbesserungswunsch der Befragten war die Einführung von festen Standardkriterien in Kombination mit einer einheitlichen Zeugnissprache (siehe Frage 17, Fragebogen 2).

Vorbehalte der Unternehmen

Zugegeben, der Ruf nach dem Gesetzgeber ist in Wirtschaftskreisen wenig populär. Das hat auch die empirische Untersuchung gezeigt, in der sich 85 % gegen „striktere Vorgaben des Gesetzgebers" ausgesprochen haben (siehe Frage 16, Fragebogen 2). Vermutlich hätte man aber fast zu jedem beliebigen Thema ähnlich hohe Ablehnungsquoten gegen staatliche Regulierungen messen können. Das zeigen viele Diskussionen im Vorfeld von wirtschaftsrelevanten Gesetzgebungsverfahren, in denen reflexhaft Eingriffe des Staates abgelehnt werden und die Selbstregulierungskraft der Wirtschaft hervorgehoben wird. Auch die Autoren vertreten im Grundsatz ein wirtschaftsliberales Weltbild.

Aber es gibt auch Fälle, in denen ein klar gesetzter gesetzlicher Rahmen wieder verloren gegangene Ordnung herstellt, Klarheit für die Zukunft schafft und den Unternehmen das Leben erleichtert. Als Vorbild kann hier die Vorgabe eines Musterprotokolls als Anlage im GmbH-Gesetz für die vereinfachte Gründung einer GmbH gesehen werden. Unternehmen können darauf zurückgreifen und sind dadurch eigener Gestaltungsüberlegungen enthoben. Auch bei der Anfertigung von Arbeitszeugnissen ist eine detaillierte gesetzliche Kodifizierung eine wertvolle Arbeitshilfe und für die Unternehmen eine höchst wünschenswerte Komplexitätsreduzierung.

Handlungsspielräume
Es ist noch einmal explizit festzustellen, dass sich der hier entwickelte Standardisierungsvorschlag lediglich auf das gesetzlich geschuldete Arbeitszeugnis bezieht, auf das der ausscheidende Arbeitnehmer einen Rechtsanspruch hat. Darüber hinaus ist das Unternehmen völlig frei, dem Mitarbeiter für seine Bewerbungsunterlage jedwede zusätzliche Bescheinigung in jedweder Form auszustellen. Es ist aber nicht dazu verpflichtet.

Vernetzung personalwirtschaftlicher Instrumente
Bei den Gestaltungsbausteinen eines standardisierten Bewertungsteils für Arbeitszeugnisse muss man das Rad keineswegs neu erfinden. Man kann sich an die übliche Vorgehenslogik bei Leistungsbeurteilungen anlehnen. Das hätte zwei Vorteile: Erstens wird die in vielen Unternehmen bereits vorhandene Erfahrung in der Handhabung eines personalwirtschaftlichen Instruments genutzt. Zweitens kann eine eventuell schon existierende Datenbasis aus der Leistungsbeurteilung relativ direkt auch für Zeugnisse verwendet werden. Der bislang – unverständlicherweise – vorhandene „Methodenbruch" zwischen der Leistungsbeurteilung, die in aller Regel über eine streng kriteriumsorientierte Leistungsbeschreibung vorgenommen wird und dem Arbeitszeugnis, das in einem völlig freien, verbalen Essay-Stil gehalten ist, wäre aufgehoben. Arbeitszeugnisse werden ein wenig mehr wie Leistungsbeurteilungen. Die Instrumente rücken damit in einem logischen Verbund näher zusammen.

Bewertungsdimensionen
Pragmatisch und sinnvoll erscheint für Arbeitszeugnisse die gesetzliche (oder tarifvertragliche) Vorgabe von 8 bis 12 Bewertungsdimensionen als Standardkriterien. Nachfolgend sind als erste Diskussionsgrundlage 16 Vorschläge aufgelistet, aus denen eine Auswahl getroffen werden könnte:

- Fachliche Qualifikation
- Arbeitsmenge
- Arbeitsqualität
- Arbeitsmotivation
- Termineinhaltung
- Zielerreichung

- Selbstständigkeit
- Kooperationsbereitschaft
- Verantwortungsübernahme
- Verbesserungsinitiativen
- Lernbereitschaft
- Verhalten gegenüber gleichgestellten Kollegen
- Verhalten gegenüber Vorgesetzten
- Verhalten gegenüber Externen
- Qualität der Mitarbeiterführung (bei Führungskräften)
- Einhaltung von Regeln

Verhaltensbasierte Kriteriumsbeschreibung

Statt eines eigenschaftsorientierten Ansatzes, bei dem die Bewertungsdimension nur in einem Stichwort benannt wird (z. B. „Arbeitsorgfalt"), sollte eine verhaltensbasierte Beschreibung gewählt werden. In zwei bis drei Sätzen wird beschrieben, wie sich jemand verhält (oder auch nicht verhält), der ein bestimmtes Leistungsmerkmal aufweist. Man bringt damit die Kriterien auf die beobachtbare Ebene und erleichtert so eine zutreffende Bewertung. Zudem wird verhindert, dass Zeugnisaussteller als Kommunikationssender und Zeugnisleser als Kommunikationsempfänger die Bewertungsdimension unterschiedlich interpretieren. Die Gefahr eines nicht einheitlichen Verständnisses von Leistungs- und Verhaltensmerkmalen ist gerade bei unscharfen Konstrukten (z. B. „Sozialkompetenz") sehr hoch. Verhaltensbasierte Kriteriumsbeschreibungen sorgen tendenziell für eine gleiche Verständnisverankerung bei unterschiedlichen Sendern, bei unterschiedlichen Empfängern und zwischen Sendern und Empfängern. Sie sind damit ein wichtiger Beitrag für eine höhere Objektivität von Arbeitszeugnissen. Die Abb. 5.2 zeigt beispielhaft eine verhaltensbasierte Beschreibung für das Beurteilungskriterium „Qualität der Mitarbeiterführung".

Es gilt der Versuchung zu widerstehen, die Bewertungskriterien im Sinne einer präzisen wissenschaftlichen Definition allumfassend zu beschreiben. Die Ausführungen würden in der Praxis sowieso vielfach nicht angemessen zur Kenntnis genommen und verarbeitet werden. Außerdem wäre damit das Ziel einer zeiteffizienten Zeugniserstellung gefährdet. Insofern geht es um einen pragmatischen Kompromiss zwischen einer rein eigenschaftsorientierten Kriteriumsbenennung und einer verhaltensorientierten Kriteriumsverankerung. Ein Maß von zwei bis maximal drei – nicht allzu langen – Sätzen sollte also tatsächlich nicht überschritten werden.

Qualität der Mitarbeiterführung:

Es gelang ihr/ihm durch ihr/sein Führungsverhalten die Mitarbeiter im Sinne der Unternehmensziele auf ein hohes Leistungs- und Motivationsniveau zu führen. Aspekte der Arbeitszufriedenheit und des Betriebsklimas wurden angemessen berücksichtigt.

Abb. 5.2 Verhaltensbasierte Kriteriumsbeschreibung

Flexibilisierungsoptionen

Keinesfalls dürfen Zeugnisaussteller gezwungen sein, eine Leistungs- oder Verhaltensdimension zu bewerten,

- die auf einem Arbeitsplatz kaum relevant ist oder
- für die keine hinreichende Beobachtungsbasis vorhanden war.

Insofern muss die grundsätzliche Möglichkeit bestehen, von der Beurteilung einzelner Kriterien aus diesen beiden Gründen abzusehen und das per Ankreuzoption im Arbeitszeugnis auch explizit deutlich zu machen. Andere Gründe für eine Nichtbewertung sollten nicht zugelassen sein, um nicht einer Bewertungsträgheit Vorschub zu leisten. Die Frage der Beurteilbarkeit sollte grundsätzlich im Ermessen des Arbeitgebers liegen. Vertritt der Mitarbeiter die Auffassung, dass doch eine ausreichende Basis für eine fundierte Bewertung eines Kriteriums vorliegt, dann sollte ihn die Beweislast dafür treffen.

Andererseits muss auch die grundsätzliche Möglichkeit bestehen, eine begrenzte Zahl an Bewertungsdimensionen zu ergänzen, die standardmäßig nicht vorgesehen, jedoch auf einem konkreten Arbeitsplatz von großer Wichtigkeit sind. Denkbar wäre auch eine Ergänzung, um außergewöhnliche Qualifikationen, Persönlichkeitsmerkmale oder Verhaltensdispositionen eines konkreten Mitarbeiters zu thematisieren. Zur Verhinderung einer „schleichenden Ausuferung" des Umfangs von Arbeitszeugnissen im Laufe der Zeit bietet sich eine Limitierung auf drei zusätzliche Bewertungskriterien an. Dies zwingt den Zeugnisaussteller zur Prioritätensetzung. In Form einer „weichen" Sollbestimmung ist zudem eine kurze verhaltensbasierte Beschreibung der zugewählten Dimension abzufordern. Damit wäre gewährleistet, dass Unternehmen nicht vorschnell und unüberlegt Kriterien lediglich als eigenschaftsorientiertes Stichwort definieren, sondern vielmehr kurz erläutern, was sie darunter verstehen. Da diese Erweiterung keine Pflicht ist, sondern lediglich eine fakultative Zusatzoption darstellt, ist den Unternehmen dieser kleine Zusatzaufwand zumutbar. Auch deshalb, weil anzunehmen ist, dass es ein Einmalaufwand ist, da die Unternehmen ein einmal als sehr wichtig erachtetes und daher näher ausdefiniertes Kriterium häufiger verwenden werden.

In Gesamtschau bietet der skizzierte Ansatz eine hohe Standardisierung bei gleichzeitiger Eröffnung von hinreichenden Flexibilitätsoptionen, um das Arbeitszeugnis an die konkreten Bedingungen des Einzelfalls anzupassen.

Explizit abgelehnt wird ein Vorschlag von Friedrich (2006, S. 89 ff.), im Schlussteil des Arbeitszeugnisses noch Platz für individuelle Ergänzungen vorzusehen, die auf die spezifischen Charaktermerkmale des Beurteilten abgestimmt sind. Er möchte damit eine zu starke Erstarrung des Arbeitszeugnisses verhindern. Aus Sicht der Autoren würde dies aber wieder Türen für verbale Formulierungsblöcke öffnen, die in ihrer Aussagekraft kaum valide einzuschätzen sind. Dies wäre die Verlängerung der derzeitigen unbefriedigenden Zeugnispraxis und würde der hier vertretenen Idee einer deutlich stärkeren Standardisierung des Arbeitszeugnisses zuwiderlaufen. Der oben skizzierte Lösungsansatz für die Herstellung von Flexibilität bleibt.

Gegenentwurf Teil 3

Skalenvorschlag

Wie können die beiden konfliktären rechtlichen Vorgaben für Arbeitszeugnisse – Wahrheitspflicht einerseits vs. wohlwollende Formulierung andererseits – hinreichend „versöhnt" werden? Der Weg führt über die Definition der Bewertungsskala. Über eine klassische Skala, bei der die Skalenpunkte gleiche Intervalle abbilden, ist dies keinesfalls möglich. Vorgeschlagen wird daher eine asymmetrisch definierte Skala wie in der Abb. 5.3 dargestellt.

Skalenbegründung

Der Skalenvorschlag beruht auf der Überlegung, dass im Arbeitsverhältnis eine „übliche Arbeitsleistung" (= mittlere Art und Güte nach § 243 Abs. 1 BGB) geschuldet wird. Diese kann über alle vergleichbaren Mitarbeiter hinweg durchaus eine sehr hohe Streubreite aufweisen. Erst wenn ein Arbeitnehmer bei angemessener Ausschöpfung seiner persönlichen Leistungsfähigkeit mit der Leistung in erheblichem Umfang und über längere Zeit unter diesem sehr breit definierten Durchschnitt bleibt, kann eine verhaltens- oder personenbedingte Kündigung in Betracht kommen. Einen „erheblichen Umfang" der Minderleistung mit einem „Missverhältnis zwischen Leistung und Gegenleistung" nimmt das Bundesarbeitsgericht (BAG 2003 2 AZR 667/02) bei einem Unterschreiten der betriebsüblichen Leistung um mehr als ein Drittel an. Es orientiert sich dabei explizit an der „persönlichen Leistungsfähigkeit" und schützt damit im Sinne der Fürsorgepflicht Mitarbeiter, die aus welchen Gründen auch immer objektiv leistungseingeschränkt sind. Auf diesen rechtlichen Überlegungen kann man aufbauen und gesetzliche Regelungen zum Arbeitszeugnis systemkonform zur Arbeitsrechtsprechung des Bundesarbeitsgerichts ausgestalten.

Orientiert man sich also für die Zwecke von Arbeitszeugnissen an den dargestellten rechtlichen Eckpunkten, dann kann man fiktiv unterstellen, dass sich wohl etwa zwei Drittel (70 %) der Mitarbeiter mit ihrer Leistung (ihrem Verhalten) in der sehr weit gesteckten Streubreite einer „üblichen Leistung" (eines „üblichen Verhaltens") bewegen. Und in dieses Skalenintervall sollten sie dann bei der Bewertung auch eingestuft werden. Damit werden etwas schwächere Mitarbeiter im Sinne der Fürsorgepflicht des Arbeitgebers hinreichend geschützt und die Vorgabe einer „wohlwollenden Bewertung" im Arbeitszeugnis wird ebenfalls umgesetzt.

Übertreffen Mitarbeiter sehr deutlich das betriebsübliche Leistungsniveau vergleichbarer Mitarbeiter, dann gehören sie zu den fiktiv angenommenen 20 % Leistungsträgern und bekommen dies im jeweiligen Zeugniskriterium auch attestiert. Diese Einstufung muss der Arbeitgeber nach eigenem Ermessen vornehmen können. Dies ist völlig kompatibel mit der aktuellen Rechtsprechung des Bundesarbeitsgerichts (BAG 9 AZR 584/13), in der

Abb. 5.3 Asymmetrische Bewertungsskala für Arbeitszeugnisse

20%   70%   10%
☐   ☐   ☐

die Beweislast für eine Bewertung über dem Durchschnitt beim Arbeitnehmer angesiedelt ist. Möchte also ein Mitarbeiter gegen die Einschätzung des Arbeitgebers durchsetzen, dass er im Arbeitszeugnis den 20 % Leistungsträgern zugeordnet wird, dann muss er die entsprechenden Belege dafür vor dem Arbeitsgericht vortragen. Es ist sinnvoll, die Regelung der Beweislast direkt in die Gesetzesformulierung aufzunehmen.

Zeigen Mitarbeiter dagegen eine Leistung oder ein Verhalten, das in strenger Betrachtung auch Kündigungsüberlegungen rechtfertigen würde, dann können sie im Arbeitszeugnis als „low performer" in das untere 10 %-Intervall eingestuft werden. Die Beweislast für diese deutlich unterdurchschnittliche Leistung trifft im Streitfall den Arbeitgeber. Auch das wäre keine Neuerung gegenüber der gefestigten Rechtsprechung. Insofern könnte auch diese Beweislastverteilung direkt in den Gesetzestext aufgenommen werden. Alle Regelungen im Gesetz schaffen zusätzliche Klarheit und entlasten die Arbeitsgerichtsbarkeit.

Die Einstufung als „low performer" im Arbeitszeugnis mag auf den ersten Blick hart anmuten. Aber es muss daran erinnert werden, dass der prioritäre Grundsatz für Arbeitszeugnisse die „Wahrheitspflicht" ist (siehe Abschn. 1.2). Und so viel Wahrheit muss und darf dann bei sehr ausgeprägten Problemfällen in Sachen Verhalten oder Leistung auch sein.

Gegenentwurf und Wahrheitspflicht   Für „wahre" Arbeitszeugnisse müssen drei Wahrheitsbedingungen erfüllt sein (vgl. Weuster und Scheer 2015, S. 41 und die zitierte Literatur und Rechtsprechung):

- Erste Wahrheitsbedingung: Zeugnisse sind unter Beteiligung einer Person zu erstellen, die den Mitarbeiter wirklich beurteilen kann. Es muss auch reale Unterschiede zwischen den beurteilten Mitarbeitern korrekt wiedergeben. Aus dieser Wahrheitsbedingung ergeben sich der Grundsatz der Individualität und das Gebot zur Differenzierung im Arbeitszeugnis. Diese Bedingung wird mit der vorgeschlagenen dreistufigen Skala eingehalten.
- Zweite Wahrheitsbedingung: Zeugnisse müssen so formuliert sein, dass ihre Aussagen für den beurteilten Arbeitnehmer klar erkenntlich sind. Für die derzeitige Praxis der codierten Formulierungen ist die Einhaltung dieser Wahrheitsbedingung höchst zweifelhaft. Der hier präsentierte Gegenentwurf wird ihr vollumfänglich gerecht.
- Dritte Wahrheitsbedingung: Zeugnisse müssen so formuliert sein, dass ihre Aussagen für Dritte, insbesondere für Entscheidungsträger in der Personalauswahl, klar erkenntlich sind (= Transparenzgebot). Auch diese dritte Bedingung erfüllt der Gegenentwurf sicherlich in deutlich höherem Maße als die aktuellen Usancen.

Gesetzliche Kodifizierung des Gegenentwurfs
Abschließend soll nun noch als Diskussionsgrundlage ein konkreter Vorschlag präsentiert werden, wie der Gegenentwurf in eine Gesetzesformulierung umgesetzt werden kann. Er ist als alternative Fassung des § 109 Gewerbeordnung zu verstehen (siehe Abb. 5.4). Es wäre zu diskutieren, inwieweit noch weitere Formvorgaben, die in der

§ 109 Gewerbeordnung (neue Fassung)

(1) Der Arbeitnehmer hat bei Beendigung eines Arbeitsverhältnisses Anspruch auf
ein schriftliches Zeugnis. Die Erteilung in elektronischer Form ist ausgeschlossen.

(2) Das Zeugnis muss mindestens Angaben zu Art und Dauer der Tätigkeit enthalten
(einfaches Zeugnis). Tätigkeiten, die mindestens sechs Monate ausgeführt
wurden, sind unter Angabe ihres prozentualen relativen Zeitanteils an der Gesamttätigkeit näher zu beschreiben. In die Beschreibung muss der Arbeitgeber nur
Tätigkeiten aufnehmen, die einen relativen Zeitanteil von mindestens 25 % der
Gesamttätigkeit erreichen. Die Tätigkeitsbeschreibung muss für einen fachkundi-
gen Dritten verständlich sein. Der Arbeitgeber hat für die Zeugnisanfertigung und
die Tätigkeitsbeschreibung das im Gesetzesanhang beigefügte Formblatt zu
verwenden.

(3) Auf Verlangen des Arbeitnehmers muss das Arbeitszeugnis auch eine Bewertung seiner Leistungen und seines Verhaltens im Arbeitsverhältnis beinhalten
(qualifiziertes Zeugnis). Der Arbeitnehmer hat das Recht ein qualifiziertes
Zeugnis zurückzuweisen, das gegen seinen Willen ausgestellt wurde.

(4) Der Arbeitgeber hat die Bewertung im qualifizierten Zeugnis auf Basis der Kriterien und der Skala vorzunehmen, die im Formblatt des Gesetzesanhangs
enthalten sind. Kriterien, für deren fundierte Bewertung keine ausreichende
Beobachtungsbasis vorliegt, sind von der Bewertung auszunehmen. Der Arbeitgeber darf bis zu drei zusätzliche, selbst gewählte Bewertungskriterien in das
Arbeitszeugnis aufnehmen. In diesem Fall sollen die Kriterien in knapper Form
klar und verständlich und verhaltensorientiert beschrieben sein.

(5) Bei der Bewertung von Leistung und Verhalten hat der Arbeitgeber auf Basis der
vorgegebenen Skala durch Ankreuzen anzugeben, ob der Arbeitnehmer
  ○ eine normale, betriebsübliche Leistung erbracht und/oder ein ebensolches
      Verhalten gezeigt hat,
  ○ eine Leistung oder ein Verhalten gezeigt hat, das sehr deutlich über dem
      Niveau vergleichbarer Mitarbeiter liegt,
  ○ eine Leistung oder ein Verhalten gezeigt hat, das mindestens ein Drittel
      unter dem Niveau vergleichbarer Mitarbeiter liegt.

(6) Bewertungen im Arbeitszeugnis müssen dem Grundsatz der Wahrheit entsprechen.

(7) Verlangt der Arbeitnehmer in Abweichung von der Bewertung des Arbeitgebers
die Einstufung im überdurchschnittlichen Skalenbereich, so trifft ihn dafür die
Beweislast. Für eine Einstufung im unterdurchschnittlichen Skalenbereich trägt
der Arbeitgeber die Beweislast.

(8) Das Zeugnis darf keine Merkmale oder Formulierungen enthalten, die den Zweck
haben, eine andere als aus der äußeren Form oder aus dem Wortlaut ersichtliche
Aussage über den Arbeitnehmer zu treffen.

Abb. 5.4 Formulierungsvorschlag für die Neufassung von § 109 Gewerbeordnung

Arbeitszeugnis

Angaben zu Art und Dauer der Tätigkeit
Frau Sybille Schmidt war bei der Schmierstoff AG in Würzburg vom 01.05.2011 bis 31.12.2015 als Einkäuferin für Grundlagenchemikalien beschäftigt.

Beschreibung des Arbeitgebers (fakultativ)
Die Schmierstoff AG in Würzburg ist ....

Tätigkeitsbeschreibung		
Tätigkeitsinhalt	**Dauer (Monate)**	**Zeitanteil (%)**
1.	56	40 %
2.	56	30 %
3. ...	28	30 %
4. ...	28	30 %

- Tätigkeiten sind ab einer Dauer von 6 Monaten zwingend und mit einer Genauigkeit von mindestens 6 Monaten anzugeben.
- Zeitanteile der Tätigkeit sind ab einem relativen Zeitanteil von 25% zwingend und mit einer Genauigkeit von mindestens 25%

Abb. 5.5 Strukturvorschlag für Arbeitszeugnis-Formblatt im Gesetzesanhang

Bewertung von Leistung und Verhalten				
Kriterium	**Nicht beo-bachtbar**	**Bewertung**		
		2	**1**	**3**
• Arbeitsmenge:	☐	☐	☐	☐
• Arbeitsqualität:	☐	☐	☐	☐
• Fachliche Qualifikation:	☐	☐	☐	☐
• Termineinhaltung:	☐	☐	☐	☐
• Selbständigkeit:	☐	☐	☐	☐
• Verbesserungsinitiativen:...........	☐	☐	☐	☐
• Verhalten gegenüber gleichgestellten Kollegen:	☐	☐	☐	☐
• Verhalten gegenüber Vorgesetzten:	☐	☐	☐	☐
• Qualität der Mitarbeiterführung: Es gelang ihr/ihm durch ihr/sein Führungsverhalten die Mitarbeiter im Sinne der Unternehmensziele auf ein hohes Leistungs- und Motivationsniveau zu führen. Aspekte der Arbeitszufriedenheit und des Betriebsklimas wurden angemessen berücksichtigt.	☐	☐	☐	☐

Definition der Bewertungsskala:

1 = Mitarbeiter hat ein(e) normale(s), betriebsübliche(s) Leistung/Verhalten gezeigt.
2 = Leistung/Verhalten liegen sehr deutlich über dem Niveau vergleichbarer Mitarbeiter
3 = Leistung/Verhalten liegen mehr als ein Drittel unter dem Niveau vergleichbarer Mitarbeiter

Abb. 5.5 (Fortsetzung)

Rechtsprechung entwickelt wurden, aus Gründen der Rechtsklarheit ebenfalls in den Gesetzestext aufzunehmen wären. Hier wurde zunächst davon abgesehen.

Nachfolgend soll nun noch eine mögliche Grundstruktur für das standardisierte Formblatt für Arbeitszeugnisse im Gesetzesanhang skizziert werden (siehe Abb. 5.5).

5.5 Akzeptanz des alternativen Zeugniskonzepts

In der durchgeführten empirischen Untersuchung wurde die Akzeptanz des dargestellten alternativen Zeugniskonzepts näher untersucht. Die Schwierigkeit bestand dabei darin, den Befragten auf begrenztem Raum Struktur und Hintergrundüberlegungen zu dem Ansatz nachvollziehbar zu erläutern. Zu diesem Zweck musste die Fragestellung relativ ausführlich formuliert werden. Dies hat sicherlich einige Befragte von einer vertieften Auseinandersetzung mit dem Vorschlag abgehalten. In Summe konnten aber 71 auswertbare Antworten generiert werden (= 79,8 % der Zeugnisanalytiker). Die Fragenformulierung wird hier nicht im Original wiedergegeben, da die Inhalte eine reine Wiederholung der Ausführungen aus Abschn. 5.4 wären. Es wurde über die Frageformulierung versucht, die drei Kernelemente des alternativen Zeugniskonzepts zu transportieren:

- Präzise Tätigkeitsbeschreibung inklusive Angabe der Ausübungsdauer in Monaten und des relativen Zeitanteils an der gesamten Tätigkeit in %.
- Bewertende Leistungs- und Verhaltensbeschreibung eines Mitarbeiters auf der Basis von 8 bis 12 gesetzlich oder tarifvertraglich vorgegebenen Standardkriterien mit kurzen verhaltensorientierten Beschreibungen und Möglichkeiten zur Kriterienabwahl/-zuwahl.
- Bewertung der Leistung und des Verhaltens – festgemacht am Konstrukt der „betriebsüblichen Leistung" – durch Einordnung in eine gesetzlich oder tariflich vordefinierte Verteilungsskala, die den Mitarbeiter nur noch der Gruppe der „Normalleister" (z. B. 70 % aller Mitarbeiter), der „Leistungsträger" (z. B. 20 % aller Mitarbeiter) und der „Schwachleister" (z. B. 10 % aller Mitarbeiter) zuordnet.

Es wurde zunächst global nach der Gesamtbewertung des Vorschlags gefragt und dann sollten in einer offenen Rubrik Begründungen für die Bewertung angegeben werden. Diese wurden von insgesamt 44 Unternehmen dann auch geliefert.

1. Dieser Vorschlag gefällt mir…
   ☐ sehr gut   ☐ gut   ☐ mittelmäßig   ☐ eher nicht   ☐ überhaupt nicht
   Begründung: _____

Ergebnisdarstellung In der Gesamtschau erhielt das alternative Zeugniskonzept von den Befragten die Bewertung „mittelmäßig". Im Gesamtsample liegt der arithmetische

Tab. 5.4 Bewertung des alternativen Zeugniskonzepts (n = 71)

Unternehmen	Min.	Max.	Modalwert	Durchschnitt Ø
Klein	1	3	2	2,1
Mittel	1	4	3	2,8
Groß	1	5	3	3,2
Gesamt	**1**	**5**	**3**	**3,0**

1 = sehr gut
2 = gut
3 = mittelmäßig
4 = eher nicht
5 = überhaupt nicht

Mittelwert auch exakt bei 3,0. Bestätigt wird dies durch den Modalwert, welcher ebenfalls durch die Klasse „mittelmäßig" repräsentiert wird (siehe Tab. 5.4).

Es ist ein eindeutiger Größeneffekt zu beobachten. Je größer das Unternehmen, desto reservierter die Einstellung zu dem alternativen Zeugnisansatz. Kleine Unternehmen finden das Konzept bei einem Mittelwert von 2,1 „gut", große Unternehmen liegen dagegen bei einem Mittelwert von 3,2.

Der Ansatz polarisiert offensichtlich gerade in großen Unternehmen sehr stark. Denn dort wurden alle Bewertungen von „sehr gut" bis „überhaupt nicht" vergeben.

Bei den Begründungen für die positiven Aspekte hatten die Befragten den alternativen Zeugnisansatz in Gesamtheit im Fokus und nannten als Vorteile insbesondere die „höhere Aussagekraft" und die „Standardisierung, die zu einer besseren Vergleichbarkeit der Zeugnisse" führen. Alle geäußerten Aspekte sind mit der Zahl ihrer Nennungen in Tab. 5.5 aufgelistet.

Bei den Begründungen für die negativen Aspekte wurden zum einen Argumente geliefert, die sich global auf das Gesamtkonzept bezogen und zum anderen Argumente, die separat den drei Gestaltungselementen zugeordnet werden konnten (siehe Tab. 5.5). Global wurden vor allem ein zu geringer Detaillierungsgrad und eine zu geringe Möglichkeit, das Zeugnis zu individualisieren, kritisch gesehen. Wenig nachvollziehbar ist mit drei Nennungen der Vorwurf der „hohen Subjektivität und Abhängigkeit vom Vorgesetzten", da dies für die derzeitige Zeugnispraxis in gleicher Weise zutrifft.

Bei den Kritikpunkten mit Bezug zu den Einzelelementen des Zeugniskonzepts wurde vor allem deutlich, dass insbesondere die vorgeschlagene Bewertungsskala mit Skepsis gesehen wird. Einwände zur Beschreibung der Tätigkeit (= Element 1) und zu den verhaltensorientiert formulierten und vorgegebenen Standardkriterien kamen nur sehr vereinzelt vor. Bei der vorgeschlagenen Bewertungsskala mit der Einordnung des Großteils der Mitarbeiter in die Kategorie einer „betriebsüblichen Normalleistung" wird mit den meisten Nennungen „Aussagekraft und Differenzierungsvermögen" vermisst. Die zweithäufigsten Bedenken liegen auf der rechtlichen Ebene. Es wird befürchtet, dass die Mitarbeiter arbeitsgerichtlich gegen ihre Bewertungen vorgehen. Vermutlich haben die

Tab. 5.5 Vor- und Nachteile des alternativen Zeugniskonzepts (n = 44)

Vorteile
• Hohe Aussagekraft (3)
• Hohe Vergleichbarkeit der Zeugnisse durch Standardisierung (2)
• Einfach, eindeutig und praktisch (1)
• Objektiv (1)
• Sehr übersichtlich (1)
Globale Nachteile
• Zu geringe Detaillierung und Individualisierbarkeit (4)
• Hohe Subjektivität und Abhängigkeit vom Vorgesetzten (3)
• Zu kompliziert (2)
• Zeitintensive Erstellung (1)
• Kein großer Unterschied zum bisherigen Zeugnis (1)
Nachteile der Einzelelemente
Element 1:
• Keine Aussage über Qualität der Arbeit und Eignung des Mitarbeiters (1)
• Sehr komplex und zeitaufwendig (1)
• Schwierige Realisierbarkeit der zeitlichen Prozentangaben für die relativen Gewichte der Einzeltätigkeit an der Gesamttätigkeit (1)
• Erfordert umfangreiche und regelmäßige Dokumentation (1)
Element 2:
• Schwierig zu analysieren (1)
• Lieber Note je Bewertungskriterium statt verbaler Formulierungen (1)
• Wer soll Standardkriterien festlegen? (1)
Element 3:
• Zu wenig aussagekräftig/differenziert, wenn 70 % im mittleren Bereich liegen (7)
• Befürchtung von Rechtsstreitigkeiten (6)
• Wie soll Einteilung der Mitarbeiter gemessen werden? (2)
• Behinderung des beruflichen Werdegangs (2)
• Nicht mit aktueller Rechtsprechung vereinbar (1)
• Widerspricht Grundsatz des Wohlwollens (1)
• Wird sicher nicht ehrlich bewertet (1)
• Numerische Bewertung würdigt Leistung des Mitarbeiters nicht genug (1)

Befragten damit insbesondere eine mögliche Einstufung mit „deutlich unterdurchschnittlich" im Auge. Rechnet man die Einzelaussagen, dass der Ansatz „nicht mit der aktuellen Rechtsprechung vereinbar" ist, „dem Grundsatz des Wohlwollens widerspricht" und möglicherweise „den beruflichen Werdegang behindert" hinzu, dann vereinen die rechtlichen Bedenken sogar die meisten Nennungen auf sich.

Kommentierung Es zeigt sich auch hier wieder die bereits in der Kommentierung zu Frage 17/Fragebogen 2 angesprochene Schizophrenie der Unternehmen. Sie sehen sehr klar, dass das Arbeitszeugnis als Instrument der Personalauswahl erheblich an Bedeutung verloren und nur noch eine höchst beschränkte Aussagekraft hat. Ihnen ist ebenfalls sehr bewusst, dass die Gründe in ihrem eigenen Verhalten zu suchen sind, nämlich in der mangelnden Bereitschaft Negatives im Arbeitszeugnis überhaupt zu thematisieren, es sprachlich klar zum Ausdruck zu bringen und zwischen unterschiedlichen Leistungsniveaus von ausscheidenden Mitarbeitern hinreichend zu differenzieren. Genau diese selbst verschuldeten Defizite werden nun genutzt, um einen alternativen Zeugnisansatz zu kritisieren. Sie erwarten ein Maß an Bewertungsdifferenzierung, das sie selbst mehrheitlich über Jahrzehnte nicht bereit waren zu liefern. Insofern steht man mit der Zeugnispraxis am Scheideweg. Bringen die Unternehmen – trotz aller juristischen Bedenken – den Mut auf, Arbeitszeugnisse klarer und ehrlicher zu formulieren, dann bräuchte man keinen neuen Ansatz, da so der althergebrachte Zeugnistyp ein höchst nützliches Instrument für die Personalauswahl wäre. Angesichts der jahrzehntelangen Fehlentwicklung in der Zeugnispraxis muss man aber an dem Willen der Unternehmen zweifeln, diesen Weg zu gehen. Also sollten sie sich ehrlicherweise eingestehen, dass die Forderung nach starker Leistungsdifferenzierung und der Wunsch nach einem möglichst geringen arbeitsrechtlichen Risiko bei der Formulierung von Arbeitszeugnissen die Quadratur des Kreises darstellt und einfach nicht zusammengeht. Die Unternehmen müssen sich damit von zu hoch gesteckten, inkompatiblen Erwartungen – um nicht provokant von „Träumereien" zu sprechen – verabschieden. Es wird dann doch ein neuer Ansatz benötigt, der die Pole Wahrheit, Wohlwollen und Aussagekraft auf einem etwas niedrigeren Niveau neu aufeinander einjustiert. Der vorgestellte alternative Ansatz kann dies leisten.

Die Autoren fühlen sich aufgrund der skeptischen Reaktionen auf die vorgeschlagene Bewertungsskala in ihrer Empfehlung bestätigt, Arbeitszeugnisse auf die präzise und ausführliche Beschreibung der ausgeübten Tätigkeit zu beschränken und damit das einfache Arbeitszeugnis zum generellen Standard zu machen. Sobald Bewertungen ins Spiel kommen, werden die Unternehmen von rechtlichen Bedenken umgetrieben, gehen auf die sichere Seite und versuchen arbeitsrechtliche Risiken durch Verzicht auf Klarheit, Wahrheit und Differenzierung zu vermeiden. Dieser Reflex ist sicherlich der komplexen und bei vielen Akteuren nicht hinreichend exakt bekannten Rechtsprechung zum Arbeitszeugnis geschuldet. Will man ihn aufbrechen und damit ein bewertendes, also qualifiziertes Arbeitszeugnis beibehalten, dann ist es nötig, über ausführlichere gesetzliche Regelungen zum Arbeitszeugnis mehr Klarheit und Rechtssicherheit für die Zeugnisersteller zu schaffen. Nur unter diesen Bedingungen besteht die Chance, im Arbeitszeugnis Bewertungen zu Leistung und Verhalten zu realisieren, die in höherem Ausmaß dem Primat der Wahrheit und der Differenzierung entsprechen. Die vorgeschlagene Neufassung des § 109 Gewerbeordnung mit der Aufnahme der Wahrheitspflicht ins Gesetz und der Kodifizierung der Beweislastverteilung kann dazu ein wichtiger Beitrag sein. Gesetze finden eher den Weg in die Köpfe der Akteure als Leitsätze der Rechtsprechung.

Es wurde auch deutlich, dass insbesondere kleinere Unternehmen dem alternativen Zeugniskonzept sehr aufgeschlossen gegenüberstehen. Für sie bedeutet die stärkere Standardisierung eine höhere Sicherheit und vor allem eine bürokratische Entlastung. Daher sollte man im Auge behalten, dass die Wirtschaftsstruktur der Bundesrepublik Deutschland durch kleine und mittelständische Unternehmen geprägt ist. Mithilfe einer stärkeren

Standardisierung des Arbeitszeugnisses kann man eine große Breitenwirkung erzielen und für eine große Anzahl an Unternehmen Verwaltungsvereinfachungen erzielen und so Bürokratielasten abbauen.

5.6 Schlusswort

Die vorgelegte empirische Studie stellt aufgrund der limitierten Teilnehmerzahl natürlich nur eine Teilerhebung mit explorativem Charakter dar und kann nur eingeschränkt Repräsentativität für sich beanspruchen. Bei der Verallgemeinerung der Ergebnisse sollte man also eine gewisse Restvorsicht walten lassen. Andererseits ist das Sample aber auch so groß, dass die Defizite in der deutschen Zeugnispraxis mit hinreichender Wahrscheinlichkeit deutlich wurden. Und diese Defizite sind unübersehbar und gravierend.

Mit unseren erhobenen Daten liegt der Ball nun in der Mitte des Spielfelds. Einfach in der Umkleidekabine zu bleiben und das Spielgerät zu ignorieren, ist inakzeptabel. In irgendein Tor muss der Ball nun geschossen werden. Auf Basis der empirischen Befunde stehen mehrere Tore zur Verfügung, in denen die Lederkugel landen kann:

- man ignoriert die erhobenen Ergebnisse und lässt in der Handhabung von Arbeitszeugnissen schulterzuckend alles so, wie es ist,
- man wählt unter dem Eindruck der Defizite eine extreme und mutige Lösung, indem die gesetzliche Pflicht zur Ausstellung von Arbeitszeugnissen komplett und ersatzlos abgeschafft wird,
- man trennt sich von der Idee, dass es in Arbeitszeugnissen mehrheitlich jemals ehrliche und wahre Bewertungen geben wird, schafft das qualifizierte Zeugnis ab und beschränkt die gesetzliche Zeugnispflicht auf die ausführliche und präzise Auflistung der ausgeübten Tätigkeit und damit auf das einfache Arbeitszeugnis,
- man erhält die Bewertungen von Leistung und Verhalten im Arbeitszeugnis, findet aber einen Weg, den Unternehmen klarere, ehrliche und wahrere Bewertungen zu ermöglichen, ohne dass für sie das gefühlte juristische Risiko eine zu große Belastung wird. Mit dem skizzierten alternativen Zeugniskonzept samt seiner neu gefassten gesetzlichen Grundlage für § 109 Gewerbeordnung liegt eine erste Diskussionsgrundlage auf dem Tisch.

Gänzlich indiskutabel wäre aus Sicht der Autoren das erste Reaktionsmuster. Das ist Vogel-Strauß-Politik. Aber wer zu lange den Kopf in den Sand steckt, der knirscht ja bekanntlich irgendwann mit den Zähnen. Und das Knirschen ist schon jetzt unüberhörbar. Wie aufgezeigt, ist bei der deutschen Zeugnispraxis mächtig Sand im Getriebe. Im Übrigen wäre eine „Politik des einfach Wegschauens" auch einer Wirtschaftsnation nicht ganz würdig, die sich gerne Innovationsfähigkeit, Erneuerungsfähigkeit und

Bürokratiereduzierung auf die Fahnen geschrieben hat. Unsinnige, erstarrte Rituale haben da einfach keinen Platz.

Ein informativ gestaltetes Arbeitszeugnis kann durchaus einen wichtigen Platz bei der Personalauswahl haben. Die durch einen externen Dritten beigesteuerte Perspektive ist eine wertvolle Ergänzung von Bewerbungsunterlagen. Nicht das Arbeitszeugnis als solches ist also das Problem, sondern seine Handhabung. Insofern bedarf es des Mutes und der Kraft zum Umdenken.

Die favorisierte Lösung der Autoren stellt – wie schon mehrfach angedeutet – die Beschränkung auf einfache Arbeitszeugnisse dar. Man muss diese Meinung nicht teilen, aber man sollte sie intensiv diskutieren und in einem Wettbewerb der Ideen um eine Verbesserung der derzeitigen Situation ringen. Unternehmen und ihre Verbände, Personalverantwortliche, Tarifpartner und natürlich auch Fachpolitiker sind zum Diskurs und zur kritischen Auseinandersetzung mit der derzeitigen Zeugnispraxis aufgerufen.

Das Arbeitszeugnis steht an einem Scheideweg. Die Diskussion ist eröffnet: „Ladies and gentlemen, start your engines!" „Let's get ready to rumble!".

Literatur

Aamodt, M. G., Bryan, D. A., & Withcomb, A. J. (1993). Predicting performance with letters of recommendation. *Public Personnel Management, 01,* 81–90.

Colarelli, S. M., Alampy, R. H., & Alani, K. G. (2002). Letters of recom mendation: An evolutionary perspective. *Human Relations, 03,* 1–49.

Friedrich, H. (2006). *Zeugnisse im Beruf: Rechtslage, Zeugnistypen, Formulierungen.* München: Goldmann.

Garmel, G. M. (1997). Letters of recommendation: What does good really mean? *Academic Emergency Medicine, 08,* 833–834.

Jaffe, S. (2002). Painlessly write the painful truth. *Scientist, 02,* 1–3.

Kolberg, A. (2010). Kein Exportschlager. *Personalwirtschaft, 06,* 24–25.

Larkin, G. L., & Marco, C. A. (2001). Ethical considerations in writing letters of recommendation. *Academic Emergency Medicine, 01,* 70–73.

McCarthy, J. M., & Goffin, R. D. (2001). Improving the validity of letters of recommendation: An investigation of three standardized reference forms. *Military Psychology, 04,* 199–222.

Nicklin, J. M., & Roch, S. G. (2009). Letters of recommendation: controversy and consensus from expert perspectives. *International Journal of Selection, 03,* 76–91.

Sabel, H. (1994). *Arbeitszeugnisse richtig schreiben und bewerten.* Bamberg: Lexika-Verlag.

Stickling, E. (2010). *Eine unglaubliche Ressourcenverschwendung. Personalwirtschaft, 06,* 22–23.

Tommasi, G. W., Williams, K. B., & Nordstrom, C. R. (1998). Letters of recommendation: What information captures hr professionals' attention. *Journal of Business and Psychology, 01,* 5–14.

Walters, A. M., Kyllonen, P. C., & Plante, J. W. (2006). Developing a standardized letter of recommendation. *Journal of College Admission, 03,* 8–17.

Watzka, K. (2013). Arbeitszeugnisse – mehr als nur ein sinnfreies Ritual? *Personalführung, 03,* 18–26.

Watzka, K. (2014). *Personalmanagement für Führungskräfte.* Wiesbaden: Springer Gabler.

Weuster, A., & Scheer, B. (2015). *Arbeitszeugnisse in Textbausteinen Deutsch-Englisch: Rationelle Erstellung, Analyse, Rechtsfragen* (13. Aufl.). Stuttgart: Boorberg.

The manufacturer's authorised representative in the EU is Springer
Nature Customer Service Centre GmbH, Europaplatz 3, 69115 Heidelberg,
Germany. If you have any concerns regarding our products, please
contact ProductSafety@springernature.com

Printed and bound by CPI Group (UK) Ltd, Croydon, CR0 4YY
30/04/2026
02100585-0001